LA COMPTABILITÉ PRATIQUE

PARTIE DE L'ÉLÈVE.

LIVRE DEUXIÈME

Cours de Comptabilité Générale, de Comptes Courants et de Tenue des Livres par toutes les Méthodes

Ouvrage rédigé conformément aux Programmes Officiels, et destiné, par sa disposition, aux Ecoles Primaires et à l'Enseignement secondaire spécial.

PAR EM. PERRIN

OFFICIER D'ACADÉMIE, PROFESSEUR AU LYCÉE DE LIMOGES.

DEUXIÈME ÉDITION.

PARIS,
LIBRAIRIE DE CH. FOURAUT ET FILS,
Rue Saint-André-des-Arts, 47.

LIMOGES.
LIBRAIRIE DE Mme J. DUMONT,
Place et rue St-Martial 17.

1876

LA

COMPTABILITÉ PRATIQUE

PARTIE DE L'ÉLÈVE.

LIVRE DEUXIÈME

Cours de Comptabilité Générale, de Comptes Courants et de Tenue des Livres par toutes les Méthodes

Ouvrage rédigé conformément aux Programmes Officiels, et destiné, par sa disposition, aux Ecoles Primaires et à l'Enseignement secondaire spécial.

PAR EM. PERRIN

OFFICIER D'ACADÉMIE, PROFESSEUR AU LYCÉE DE LIMOGES.

DEUXIÈME ÉDITION.

PARIS,
LIBRAIRIE DE CH. FOURAUT ET FILS,
Rue Saint-André-des-Arts, 47.

LIMOGES.
LIBRAIRIE DE Mme J. DUMONT,
Place et rue St-Martial, 17.

PRÉFACE.

Depuis que l'enseignement de la comptabilité a trouvé place dans les programmes de l'Université, il a été écrit ou révisé de bons livres sur cette branche de nos études classiques. Toutefois, il faut bien le reconnaître, ces livres coûtent trop cher, et ne répondent pas encore complétement aux besoins scolastiques : les uns, en effet, presque exclusivement théoriques, et ce sont généralement les mieux faits, se bornent à exposer la science du comptable, sans indiquer les lois qui en réglent l'économie ; d'autres établissent des comptabilités raisonnées, et semblent plutôt destinés à servir de guides aux teneurs de livres, qu'à être mis entre les mains d'élèves qui les lisent ou les copient sans retirer de fruit réel de leur travail.

Un enseignement méthodique, un bon enseignement, ne doit pas suivre ces errements : il faut que la théorie, — livre ou résumé des leçons du professeur, — y soit accompagnée d'exercices élémentaires bien préparés, et que les élèves s'habituent, sans le secours de traduction, à disposer ces exercices en articles sur les différents livres de comptabilité qui font l'objet de leur programme, de manière qu'en fin d'année, à l'époque des compositions triples, par exemple, ils puissent rendre exactement compte des opérations fictives qu'on leur a confiées.

Cette méthode n'est d'ailleurs pas nouvelle : elle est déjà suivie dans le plus grand nombre des établissements qui ont à cœur de rendre leur enseignement immédiatement utile. Mais presque partout : à l'Ecole Primaire, à la Pension, au Collége, au Lycée même, le professeur, obligé de dicter les opérations et les principales règles de sa comptabilité, n'a pas le temps d'achever son cours, n'a pas le temps, surtout, de former ses élèves à la pratique des écritures d'inventaire, qui résument les connaissances essentielles du teneur de livres. Il manque donc un ouvrage classique, qui soit à la portée de toutes les intelligences et de toutes les bourses. Nous avons essayé de le faire.

Nous réunissons, en un volume, un cours pratique complet de comptabilité générale et spéciale, de comptes courants et de tenue des livres par toutes les méthodes. Nous divisons ce volume, comme le Livre Ier de notre cours, en Titres, Chapitres, et Paragraphes indépendants. Nous y ajoutons, en supplément, deux petites comptabilités agricoles, un exemple de liquidation et des notions de comptabilité supérieure.

Cette disposition permettra au professeur d'enseigner ce qu'il voudra. — Les élèves des écoles des deux sexes y trouveront de nombreux modèles de dessin linéaire, des principes de style épistolaire et plus de 400 sujets de petites lettres d'affaires.

Puisse notre modeste cours faciliter la tâche de nos collègues, et nous mériter les encouragements que notre Livre Ier nous a valus de Monsieur le Recteur de l'académie de Poitiers, de plusieurs Inspecteurs et d'un grand nombre de chefs d'établissements, de professeurs et d'instituteurs.

Em. PERRIN.

LA COMPTABILITÉ PRATIQUE.

PARTIE DE L'ÉLÈVE.

LIVRE DEUXIÈME.

De la Comptabilité, des Comptes courants et de la Tenue des Livres.

TITRE I.

Des Premiers Principes et des Documents Essentiels de Comptabilité.

CHAPITRE PREMIER.

DE LA COMPTABILITÉ ET DES DIVERSES CATÉGORIES DE COMPTES.

§ I. — *De la Comptabilité en Général.*

1. La comptabilité est l'ensemble des principes suivant lesquels on doit établir les comptes d'une maison ou d'une administration ; c'est la science des combinaisons appliquées aux affaires. — Elle a pour objet :

1° La Conception des opérations de la maison dont on tient les écritures et des moyens de les exécuter ;

2° Le choix et la disposition de ses livres ;

3° L'organisation, la tenue régulière et le règlement de ses comptes.

2. Il ne faut pas confondre la comptabilité avec la tenue des livres : la comptabilité est la science des comptes, tandis que

la tenue des Livres n'est que l'art d'écrire avec méthode les opérations d'une gestion, sur des registres disposés à cet effet.

« Il suffit qu'un teneur de Livres soit un homme d'ordre, de précision et de classement, tandis qu'un comptable doit être à la fois administrateur, économiste et financier. » (*Programme officiel,* p. 201.)

Il y a deux sortes principales de comptabilités : les comptabilités spéciales et la comptabilité générale.

1° Des Comptabilités Spéciales.

3. Dans le commerce et dans l'industrie, on donne le nom de comptabilité spéciale à la tenue des livres auxiliaires ; mais on appelle vulgairement comptabilité spéciale, l'organisation et la tenue des livres et des pièces ou documents comptables d'une gestion particulière. Ainsi la comptabilité des postes, celle des contributions directes, celle du commerce, la comptabilité agricole, etc., etc., sont considérées comme des comptabilités spéciales.

4. Chaque comptabilité se compose d'un plus ou moins grand nombre de livres et de pièces ou documents spéciaux à la gestion dont elle a les écritures pour objet ; mais toutes les comptabilités reposent sur les mêmes principes, et, par conséquent, les livres essentiels de toutes les gestions doivent être tenus d'après les mêmes règles.

2° De la Comptabilité Générale.

5. La comptabilité générale est l'ensemble des principes généraux sur lesquels reposent toutes les comptabilités spéciales ou particulières ; dans la pratique, c'est l'application des règles d'après lesquelles on doit établir une comptabilité quelconque.

6. En comptabilité privée, les principes de la comptabilité générale se bornent aux règles de la tenue des livres en partie double.

En comptabilité officielle, ces principes sont déterminés par le décret du 31 mai 1862 et par le règlement d'administration publique spécial à chaque ministère, qui en est le complément.

§ II. — *Des Comptes.*

7. Un compte est un état détaillé des affaires ou des opérations faites par une personne avec une ou plusieurs autres personnes. Chaque compte se compose de deux parties, écrites sur deux pages en regard l'une de l'autre, ou sur une seule page divisée en deux : le débit ou le Doit, à gauche, et le crédit ou l'Avoir, à droite.

8. Le débit est la partie du compte dans laquelle on écrit toutes les sommes, valeurs, marchandises, denrées, etc., etc., qu'on fournit ou que l'on remet à l'ayant-compte (1).

9. Le crédit est l'autre partie du compte, celle dans laquelle on écrit toutes les sommes, valeurs, marchandises, denrées, etc., etc., qu'on reçoit de l'ayant-compte.

APPLICATION.

Si, par exemple :

F° 1. (2) —— Le 1er novembre 1875. ——

Un cultivateur consacre à la gestion de son exploitation savoir :

En espèces		2.000
N° 101, Billet Lenoir, à s/ordre, au 15 janvier,	625	1.360
» 102, id. Solvard, id. au 1er mars	735	
Un cheptel mort et vif estimé		6.000
Pour 1200 fr. de denrées en grenier, ci		1.200
Pour 2500 fr. de fourrage en magasin, ci		2.500
Un mobilier estimé		1,500
En tout		14.560

(1) On appelle ayant-compte ou correspondant la personne à laquelle un compte est ouvert.

(2) Nous plaçons avant la date des exemples qui suivent le folio du Journal où nous les supposons régulièrement transcrits, et nous écrivons, comme cela se fait, chaque folio dans la première colonne de référence des comptes (page 7 et 8) auxquels nous transportons les opérations fictives indiquées par ces exemples. — Voyez Livre Ier, n° 453, et les nos 35, 39 et 41 ci-après.

Il inscrit, comme dans le modèle de comptes ci-après, savoir :

Folios du Grand-Livre (1). Doit.	Avoir.		
3.		Au Doit ou à l'Entrée du compte de Caisse..	2.000
4.		Au doit ou à l'Entrée du compte des Effets à Recevoir............................	1.360
6.		Au Doit ou à l'Entrée de celui de Cheptel...	6.000
5.		Au Doit ou à l'Entrée de celui de Grenier...	1.200
7.		Au Doit ou à l'Entrée de celui de Magasin..	2.500
2.		Au Doit ou à l'Entrée de celui de Mobilier...	1.500
		Et il porte le total de ces sommes.....	14.560
	1.	A l'Avoir ou à la sortie du compte de Capital. (Voyez, page 7 et 8, aux folios indiqués en marge, les comptes dénommés dans chaque ligne ci-dessus.)	
		Fo 2. —— Le 25 novembre 1875. ——	
		Ce cultivateur vend au comptant une paire de bœufs 1.200 fr. — Il inscrit cette somme au Doit du compte	
3.		de Caisse, qui la reçoit, et à l'Avoir du compte de	
	6.	Cheptel, qui la fournit ou, plutôt, qui en fournit l'équivalent.	
		Fo 3. —— Le 30 novembre 1875. ——	
		Il estime que son cheptel a consommé pour 300 fr. de fourrage et de paille, et que lui-même a pris pour 150 fr. de denrées dans son grenier pour l'usage de sa maison.	
6.		Il inscrit les 300 fr. au Doit de Cheptel et à l'Avoir	
	7.	de Magasin de Fourrage, et les 150 fr. au Doit de	
13.	5.	Dépenses Domestiques, et à l'Avoir de Grenier.	
		Fo 4. —— Le 10 décembre 1875. ——	
		Il perd un bélier qu'il estime 45 fr.	
10.		Il débite de cette perte le compte de Pertes et Pro-	
	6.	fits, et il en crédite celui de Cheptel.	

(1) Colonnes de référence du Journal en partie double. — On écrit les folios des comptes débiteurs du Grand-Livre dans la première colonne à gauche, et ceux des comptes créditeurs, dans l'autre colonne.

Fo 5. ——— Le 15 décembre 1875. ———

Il vend, au boulanger Rousselet, 20 hectolitres de froment, à 25 fr. l'un, soit 500 fr., payables dans deux
14. mois. — Il débite le compte de Rousselet de 500 fr. et
5. crédite celui de Grenier de pareille somme.

Fo 6. ——— Le 20 décembre 1875. ———

Il paie à la Sauvegarde sa prime d'assuran-rances contre l'incendie..................	35f,75
Au Percepteur, le solde de ses Impôts......	86,50
A ses domestiques et à ses journaliers......	784,75
En tout.........	907 »

11. Il débite de cette somme le compte de Frais Géné-
3. raux, et crédite celui de Caisse de la même somme.

Fo 7. ——— Le 26 décembre 1875. ———

Il achète un lot de 80 moutons, à fr. 27,25 la paire, soit.................................	1090f »
Un paire de bœufs, la somme de..........	785 »
En tout........	1875 »

Il remet en paiement,

Espèces..........................	1.250f »
No 101, billet Lenoir, au 15 janvier......	625 »
Somme égale au prix d'achat........	1.875 »

6. En conséquence, il débite le compte de Cheptel, de 1875 fr. et crédite

3.	Le compte de Caisse, de..........	1250	1875 f.
4.	Le compte d'Effets à Recevoir, de.	625	

Fo 8. ——— Le 30 décembre 1875. ———

Le cultivateur, faisant au journal le relevé de ses notes sur les opérations de son exploitation, trouve :

1o Qu'il a fait retirer de ses étables pour 145 fr. d'engrais ;

9. Il débite le compte d'Engrais de 145 fr. et crédite
6. celui de Cheptel de pareille somme.

2° Que les frais de préparation des terres destinées aux récoltes de mars doivent être estimés, savoir :

Pour engrais, à	70f	»
Pour travaux de son cheptel, à	80	»
Pour travaux de ses domestiques, à	65	»
En tout	215	»

8. Il débite le compte de Récoltes de Mars de 215 fr., et crédite

9.	Le compte d'Engrais, de	70	215 fr.
6.	Le compte de Cheptel, de	80	
12.	Le compte de Salaires, de	65	

Fo 9. — Le 31 décembre 1875. —

Il consulte les notes de son granger, et trouve que son cheptel a consommé pour 235 fr. de fourrage et de litière.

6. Il débite le compte de Cheptel de 235 fr. et crédite
7. de pareille somme celui de Magasin de Fourrage.

Nota. — Remarquez bien que les chiffres inscrits dans la première colonne, à gauche, ci-contre, indiquent les folios où se trouvent, au Grand-Livre, les comptes débiteurs; que les chiffres de l'autre colonne indiquent les folios des comptes créditeurs, comme vous pouvez vous en assurer en examinant attentivement les comptes ci-dessous, avant de les refaire de tête à l'aide des indications qui précèdent. — Voyez le Journal et le Grand-Livre, ci-après, ch. II.

MODÈLES DE COMPTES.

F° 1. DOIT Capital : Capital, AVOIR : F° 1.

			(1)							(1)			
							1875						
							9bre.	1	PAR Divers, m/ capital......	1	»	14560	»

F° 2. DOIT Mobilier : Mobilier, AVOIR : F° 3.

1875													
9bre.	1	A Capital, m/ mobilier.......	1	1	1500	»							

F° 3. DOIT Caisse : Caisse, AVOIR : F° 2.

1875							1875						
9bre.	1	A Capital, espèces...........	1	1	2000	»	xbre.	20	PAR Frais Généraux, div. frais	6	11	907	»
»	25	» Cheptel, 2 bœufs..........	2	6	1200	»	»	26	» Cheptel, div. achats......	7	6	1250	»

F° 4. DOIVENT Effets à Recevoir, AVOIR : F° 4.

1875							1875						
9bre.	1	A Capital, N°s 101, 102.......	1	1	1360	»	xbre.	26	PAR Cheptel, N° 101.........	7	6	625	»

F° 5. DOIT Grenier : Grenier, AVOIR : F° 5.

1875							1875						
9bre.	1	A Capital, denrées..........	1	1	1200	»	9bre.	30	PAR Dépenses Dom. prélevé..	3	13	150	»
							xbre.	15	» Rousselet, 20 hectolitres.	5	14	500	»

F° 6. DOIT Cheptel : Cheptel, AVOIR : F° 6.

1875							1875						
9bre.	1	A Capital, m/ cheptel........	1	1	6000	»	9bre.	25	PAR Caisse, 2 bœufs..........	2	3	1200	»
»	30	» Fourrage, pr fourrage......	3	7	300	»	xbre.	10	» Pertes et Profits, 1 bélier.	4	10	45	»
xbre.	26	» Divers, divers achats.......	7	»	1875	»	»	30	» Engrais, divers engrais...	8	9	145	»
»	31	» Fourrage : foin et paille...	9	7	235	»	»	30	» Récoltes de Mars, travaux.	8	8	80	»

(1) Colonnes de référence du Grand-Livre. — On écrit le folio du Journal dans la 1re colonne, à gauche, et celui de chaque compte énoncé après l'un des mots : A ou PAR, dans la 2e colonne. — Lorsque la somme inscrite relève de divers comptes, on remplace les folios de ces comptes par un guillemet.

F° 7. DOIT *Magasin de Fourrage, AVOIR : F° 7.*

1875							1875						
9bre.	1	A Capital, inventaire........	1	1	2500	»	9bre.	30	PAR Cheptel, consommation..	3	6	300	»
							xbre.	31	» id., id:,	9	6	235	»

F° 8. DOIVENT *Récoltes de Mars, AVOIR : F° 8.*

1875													
xbre.	30	A Divers, travaux et engrais..	8	»	215	»							

F° 9. DOIVENT *Engrais : Engrais, AVOIR : F° 9.*

1875							1875						
xbre.	30	A Cheptel, engrais..........	8	6	145	»	xbre.	30	PAR Récoltes de Mars, engrais.	8	8	70	»

F° 10. DOIVENT *Pertes et Profits, AVOIR : F° 10.*

1875													
xbre.	10	A Cheptel, 1 bélier..........	4	6	45	»							

F° 11. DOIVENT *Frais Généraux, AVOIR : F° 11.*

1875													
xbre.	20	A Caisse, divers frais........	6	3	907	»							

F° 12. DOIVENT *Salaires : Salaires, AVOIR : F° 12.*

							1875						
							xbre.	30	PAR Récoltes de Mars, trav.	8	8	65	»

F° 13. DOIVENT *Dépenses Domestiques, AVOIR : F° 13.*

1875													
9bre.	30	A Grenier, denrées..........	3	5	150	»							

F° 14. DOIT *Rousselet, Boulanger à..., AVOIR : F° 14.*

1875													
xbre.	15	A Grenier, 20 hectolitres....	5	5	500	»							

§ III. — *Des Différentes Sortes de Comptes.*

10. Il y a trois catégories de comptes : les comptes particuliers ou comptes des tiers, les comptes personnels du chef de la maison et les comptes généraux, ou comptes que l'on ouvre aux objets ou matières de la même espèce, afin de connaître exactement, quand on le veut, les résultats des opérations auxquelles on s'est livré sur ces objets, et de contrôler aisément les comptes particuliers. Mais les comptes du chef de la maison et ceux des choses personnifiées ayant la même forme, on ne distingue dans la tenue des livres que deux sortes de comptes : les comptes particuliers et les comptes généraux.

§ IV. — *Des Comptes Particuliers.*

11. Les comptes particuliers ou comptes des tiers sont ceux qu'on ouvre aux personnes avec lesquelles on fait des affaires à terme. Chaque compte particulier a pour titre le mot DOIT suivi du nom de l'ayant-compte, de son adresse et du mot AVOIR.

§ V. — *Des Comptes Généraux.*

12. Les comptes généraux sont ceux qu'on ouvre à chaque branche des affaires ou de l'industrie de la maison dont on tient les écritures. Ainsi, le compte dans lequel on inscrit toutes les dépenses du ménage est un compte général ; — celui dans lequel on prend note des bénéfices et des pertes de la maison, est aussi un compte général ; — le compte que le cultivateur d'ordre ouvre à son cheptel, pour savoir, quand il le veut, quel résultat il en obtient, est encore un compte général ; — le compte que les commerçants ouvrent, sous le titre de Marchandises Générales, aux choses qui sont l'objet de leur principal négoce, est également un compte général, etc., etc.

On appelle les comptes ouverts aux choses comptes généraux, parce qu'on y inscrit, en général, tout ce qui a du rapport à la chose principale à laquelle chaque compte est ouvert.

13. Il n'y a ordinairement de comptes généraux, c'est-à-dire

de comptes de choses personnifiées, que dans les écritures tenues en partie double.

Chaque compte général a pour titre un nom qui représente à l'esprit l'idée des choses à l'inscription desquelles il est destiné.

Ainsi, on donne le titre de

Capital.	Au compte dans lequel on inscrit toutes les choses consacrées par une maison à ses affaires, à son commerce, ou à son industrie : argent, mobilier, matériel, denrées, marchandises, etc., etc., parce que toutes ces choses forment le capital de la maison (Liv. Ier, n° 454);
Profits et Pertes.	Au compte dans lequel on inscrit les bénéfices et les pertes de la maison ;
Mobilier ou Matériel.	Au compte destiné à l'inscription des objets mobiliers consacrés par la maison à l'exploitation de son commerce ou de son industrie ;
Caisse.	Au compte dans lequel la maison écrit ses encaissements et ses paiements ;
Effets à Recevoir.	Au compte dans lequel on inscrit le montant des effets qui entrent en portefeuille et qui en sortent (Liv. Ier, n° 523);
Effets à Payer.	Au compte dans lequel on constate les engagements pris et acquittés par la maison (Liv. Ier, n° 524) ;
Marchandises Générales.	Au compte destiné à l'inscription des achats et des ventes des marchandises. Ce compte se subdivise souvent en comptes spéciaux de marchandises et de primes y relatives, comme Escomptes et Rabais, Commissions, etc.;
Matières Premières, Produits Manufacturés, etc.	Aux comptes dans lesquels on inscrit le prix de revient des matières ou des produits, et les frais qui en augmentent le coût ;

Cheptel, Elevage, etc.	Aux comptes destinés à l'inscription du prix des animaux, des produits qu'on en retire et des frais qu'ils occasionnent.
Engrais, Denrées, Prairies,	Aux comptes dans lesquels on inscrit les prix de revient et les produits qu'on retire des engrais, etc., etc. ;
Frais Généraux, Salaires, etc., etc.	Aux comptes dans lesquels on inscrit les frais qui s'appliquent à divers objets, tels que l'éclairage, les fournitures de bureaux, les impôts, etc., et les salaires payés pour des travaux qui se répartissent sur plusieurs objets.

14. Le nombre et le titre des comptes généraux de chaque maison varient suivant la nature et l'importance des opérations de la maison. Toutefois, il y a six comptes généraux qui sont les mêmes dans toutes les maisons ; ce sont :

Les comptes de Capital, de Pertes et Profits, de Mobilier ou de Matériel d'exploitation, de Caisse, d'Effets à Recevoir, appelé parfois Traites et Remises, et celui d'Effets à Payer.

15. Les comptes de Capital, d'Immeubles, de Pertes et Profits et leurs subdivisions, les comptes de Frais Généraux, de Dépenses Domestiques, etc., sont des comptes personnels des patrons ou chefs de maison.

§ VI. — *Des Subdivisions des Comptes Généraux.*

16. Dans les grandes entreprises et en agriculture, la plupart des comptes généraux comprennent plusieurs subdivisions. Ainsi, les comptes de Pertes et Profits, de Marchandises Générales, de Cheptel, d'Exploitation, etc., admettent plusieurs subdivisions.

17. Le compte de Pertes et Profits se subdivise partout en compte de Dépenses Domestiques (1) et de Frais Généraux (2).

---

(1) Le compte de Dépenses Domestiques est prescrit par la loi. — Il prend le nom de Levées dans les sociétés commerciales dont chaque associé prélève, tous les mois, une somme déterminée, pour ses besoins et ceux de sa famille.

(2) Les petits ménages et les maisons qui n'exercent ni commerce ni industrie, ne tiennent pas de compte de Frais Généraux.

18. Le compte de Frais Généraux se subdivise lui-même, suivant les besoins, savoir :

1° En comptes de Loyer ou de Fermage, d'Impôts et d'Assurances, d'Intérêts, d'Escomptes, de Salaires, d'Affrètement et de Prêts à la Grosse, de Commissions, etc.

2° En comptes de Frais de Premier Etablissement, d'Agencement, de Brevet d'Invention, de Fonds de Commerce [1], dans les établissements dont les frais de fondation peuvent atteindre ou dépasser les bénéfices de la première année [2].

3° En compte de Frais de Constructions. Mais ce dernier compte est plutôt une subdivision du compte de Capital que de celui de Frais Généraux. Il est établi par les compagnies de chemins de fer, les compagnies maritimes, les sociétés immobilières et les agriculteurs qui consacrent des sommes relativement importantes à des constructions ou à de grandes réparations. — On débite ce compte des frais de construction, et on le solde par capital.

19. Le compte de Marchandises Générales se subdivise dans certaines maisons en comptes spéciaux de Soieries, Draperies, Cotonnades, Denrées Coloniales, Sucre, Vins, Liqueurs, Escomptes et Rabais.

20. Le compte de Cheptel peut se subdiviser en comptes de Bœufs, Vaches, Elevage, Bergerie, Porcherie, Basse-Cour, Engrais et Foin, Paille, Chaume, Pâtures, etc.

21. Le compte d'Exploitation Agricole peut également se subdiviser en comptes de Prairies Naturelles, Prairies Artificielles, Bois, Vignes, Soles et de Denrées de toutes les espèces, etc.

22. Mais la multiplicité des comptes, dans une maison,

---

(1) On appelle fonds de commerce l'achalandage ou pas-de-porte d'une maison de commerce, et non les marchandises que possède le commerçant qui cède son fonds.

(2) On débite ces comptes des frais de fondation, d'installation, d'organisation, de publicité, d'achat de fonds ou de brevet, etc., etc., et on les crédite chaque année de tant pour cent d'amortissement, afin de répartir ces frais entre plusieurs exercices, au lieu de les passer tout de suite par Pertes et Profits.

nécessite la tenue des livres auxiliaires spéciaux, et l'emploi, par suite, de plusieurs commis aux écritures. Il est donc bon de se renfermer dans un cercle de comptes aussi restreint que possible, surtout en agriculture, où l'on ne peut pas généralement sacrifier le temps qu'il faudrait pour noter minutieusement, montre à la main, et pour écrire dans une foule de comptes, tous les détails des opérations journalières de chaque exploitation.

23. En agriculture, outre les comptes particuliers et les six principaux comptes généraux (n° 14), il suffit d'avoir des comptes de Cheptel, de Récoltes, de Frais de Réparations et d'Amendements, de Grenier, de Salaires et de Fermage, s'il y a lieu.

Questionnaire.

1. Qu'est-ce que la comptabilité, et qu'a-t-elle pour objet? — 2. Avec quoi ne faut-il pas la confondre, et combien y a-t-il de sortes de comptabilités? — 3. Dans le commerce, à quoi donne-t-on le nom de comptabilité spéciale, et qu'appelle-t-on ordinairement ainsi? — 4. De quoi se compose chaque comptabilité, et sur quoi reposent toutes les comptabilités? — 5. Qu'est-ce que la comptabilité générale? — 6. A quoi se bornent les principes de la comptabilité générale en comptabilité privée, et en comptabilité officielle?

7. Qu'est-ce qu'un compte, et de quoi se compose chaque compte? — 8. Qu'est-ce que le débit? — 9. Qu'est-ce que le crédit? — Donnez des exemples et appuyez-les de modèles de comptes.

10. Combien y a-t-il de catégories de comptes, et combien en distingue-t-on de sortes dans la tenue des livres?

11. Qu'est-ce que les comptes particuliers, et qu'a pour titre chaque compte?

12. Qu'est-ce que les comptes généraux, et pourquoi les appelle-t-on ainsi? — 13. Dans quelles écritures y a-t-il des comptes généraux, et qu'a pour titre chaque compte général? — Donnez des exemples. — 14. Comment le nombre et le titre des comptes généraux varient-ils, et quels comptes sont les mêmes dans toutes les maisons? — 15. Quels sont les comptes personnels des chefs de maison?

16. Dans les grandes entreprises et en agriculture, quels comptes généraux admettent des subdivisions? — 17. Quelles sont les subdivisions du compte de Pertes et Profits? — 18. Comment se subdivise le compte de Frais Généraux, et par qui est établi le compte de Frais de Constructions? — 19. Comment se subdivise le compte de Marchandises Générales? — 20. Comment peut se subdiviser le compte de Cheptel? — 21. Comment peut également se subdiviser le compte d'Exploitation agricole? — 22. Que nécessite la multiplicité des comptes, et dans quel cercle de comptes est-il bon de se renfermer? — 23. Quels comptes suffit-il d'avoir en agriculture?

CHAPITRE II.

DES LIVRES DE COMPTABILITÉ PRIVÉE.

24. Les livres de comptabilité sont des registres dans lesquels on inscrit toutes les affaires d'une maison : ses opérations commerciales, industrielles ou agricoles, ses recettes, ses dépenses, son avoir et ses dettes.

Il y a deux sortes de Livres de comptabilité : les Livres principaux et les Livres auxiliaires ou accessoires.

§ I. — *Des Livres Principaux.*

25. Les Livres principaux sont des registres prescrits par la loi, ou que l'on ne peut se dispenser de tenir sans s'exposer à des irrégularités d'écritures et à des erreurs de compte.

La loi ne prescrit que trois livres : le Livre-Journal, le Livre des inventaires et le Livre copie de lettres ou Livre de correspondance, mais elle exige que ces trois livres, qui doivent être préalablement visés, cotés et paraphés, soient tenus par ordre de dates, sans blancs, lacunes, surcharges, ni transports en marge.

26. Pour ne pas s'exposer à contrevenir aux prescriptions de la loi, tout bon comptable écrit d'abord, à main courante, les opérations de sa maison sur un livre particulier, appelé Brouillard; puis, il les copie, le soir, à tête reposée, au Journal et sur les Livres auxiliaires dans lesquels elles doivent être inscrites ; ensuite, il les transporte par ordre de comptes dans un autre livre spécial, appelé Grand-Livre. De cette manière, il évite des irrégularités d'écritures presque infaillibles, et prévient des omissions possibles dans le règlement des comptes.

27. Il y a donc cinq livres principaux, c'est-à-dire cinq livres indispensables : le Brouillard, le Journal, le Grand-Livre, le Livre des inventaires et le Copie de lettres ou Livre de correspondance.

Toutefois, dans la pratique, on ne compte que trois livres principaux : le Journal, le Grand-Livre et le Livre des inventaires. On classe le Brouillard et le Livre copie de lettres au nombre des livres auxiliaires.

Quoiqu'il en soit, le Brouillard et le Livre de correspondance sont des livres indispensables : ils contiennent l'historique complet des affaires de la maison. Ce sont les deux livres, et surtout le Brouillard, que la justice consulte avec le plus de soin.

§ II. — *Du Brouillard ou Main-Courante.*

28. Le Brouillard est le livre dans lequel on inscrit à main courante, sous le nom d'articles, toutes les opérations de la maison, au fur et à mesure qu'elles se font. Il est la minute du Journal et de tous les Livres auxiliaires. Il a, à gauche, une petite colonne, appelée colonne de référence, dans laquelle on indique le folio du Journal où chaque opération est inscrite au net, et, à droite, deux doubles colonnes de francs et de centimes.

29. Les colonnes de chiffres se comptent de droite à gauche : la première, appelée colonne extérieure, est destinée à recevoir en francs et centimes le résultat de chaque opération, qui n'y figure jamais qu'une fois, lors même que l'article est complexe ; l'autre est une colonne intérieure, destinée à recevoir les résultats des objets partiels de l'opération. S'il y a dans l'article plusieurs objets de même nature, on en écrit les détails dans une troisième colonne intérieure.

30. L'arrangement et la rédaction des articles de la main courante doivent être conçus de manière que les opérations soient comprises du premier coup d'œil par le teneur de livres, qui les transforme en articles de Journal.

31. Le libellé des articles ne doit rien contenir de diffus ni d'oiseux ; — il se compose de trois choses : la date, l'explication et l'énumération.

32. La date comprend le quantième, le mois et l'année ; elle s'écrit en tête de l'article, entre deux tirets. Dans l'intérieur de la page, elle s'exprime par le quantième et les mots id. id. pour le même mois et la même année; mais elle se répète toujours en tête de chaque page.

33. L'explication indique la nature de l'opération, la maison ou la personne avec laquelle l'opération est faite, et les conditions du marché ; elle s'exprime au moyen d'un participe passé employé à la voix active, comme acheté, vendu, payé, reçu, etc.

L'énumération s'entend des détails essentiels des objets de l'opération ; — s'il s'agit de marchandises, elle en fait connaître la quantité, la désignation, le prix et le produit; — s'il s'agit d'effets de commerce, le numéro, la place où il est payable, l'échéance et la somme, et ainsi des autres. (Programme officiel, page 97).

Nota. — Pour faciliter le comptable, les grandes maisons de commerce ont deux Brouillards : l'un pour les lundi, mercredi et vendredi ; l'autre pour les mardi, jeudi et samedi.

EXEMPLES D'ARTICLES DU BROUILLARD.

	F.	C.	F.	C.
1er Art. — *Du 30 juin 1875.*				
Vendu à Dutour, à Versailles,				
50 hect. froment, ens^{ble} 4000^{k}, à f. 25 les 100^{k}	1.000	»		
175 — avoine, — 7875^{k} — 16 —	1.260	»	2.260	»
2e Art. — *Du 31 juillet 1875.*				
Reçu de Dutour, à Versailles,				
N° 124, s/b^{et} à m/o/, au 15 7bre proc., ci 575^{f}				
» 125, s/t^{te} s/ Julien, à Paris, 30 id.. 845^{f}	1.420	»		
En espèces..............................	840	»	2.260	»

§ III. — *Du Journal.*

34. Le Journal est la copie au net du Brouillard ; c'est le livre dans lequel tout homme d'ordre écrit, jour par jour, les opérations de son industrie, ses négociations, acceptations ou endossements d'effets, ses recettes et ses paiements, et, mois par mois, les sommes employées à la dépense de sa maison.

35. Il se compose, dans la tenue des livres en partie simple, des mêmes colonnes que le Brouillard. La petite colonne à gauche, appelée colonne de référence, est destinée à l'inscription des folios des comptes du Grand-Livre, ou des folios du livre de Caisse, auxquels sont transportés les articles.

Dans la tenue des Livres en partie double, le Journal a deux colonnes de référence, au lieu d'une. La première, à gauche, est destinée à l'inscription des folios des comptes débiteurs du Grand-Livre auxquels sont transportées les opérations ; l'autre, à l'inscription des folios des comptes créditeurs.

36. Les colonnes de chiffres sont disposées de la même manière et ont la même destination au Journal qu'au Brouillard ; la rédaction des articles diffère seule d'un livre à l'autre, selon la méthode de comptabilité qu'on adopte.

EXEMPLES D'ARTICLES DU JOURNAL.

1° ARTICLES DU BROUILLARD TRANSPORTÉS AU JOURNAL TENU EN PARTIE SIMPLE.

	F.	C.	F.	C.
1er Art. —— *Du 30 juin 1875.* ——				
Doit Dutour, à Versailles,				
50 hect. froment, ens^{ble} 4.000^{k}, à f. 20 les $^{o}/_{o}$ ^{k}	1.000	»		
75 — d'avoine, — 7.875, — 16 —	1.260	»	2.260	»
2e Art. —— *Du 31 juillet 1875.* ——				
Avoir Dutour, à Versailles,				
Il me remet ce qui suit en règlement :				
N° 124, s/b^{et}/à m/o/, au 15 septemb., ci 575^{f}				
» 125, s/t^{te}/s/Julien, à Paris, 30 id., ci 845^{f}	1.420	»		
En espèces.	840	»	2.260	»

2° TRANSPORT DES MÊMES ARTICLES AU JOURNAL TENU EN PARTIE MIXTE.

Nota. — En Partie mixte, le 1er article se rédige au Journal comme en Partie simple, mais le 2e article en forme trois, si l'on tient un compte d'Effets à Recevoir.

	F.	C.	F.	C.
2e Art. —— *Du 31 juillet 1875.* ——				
Avoir Dutour, à Versailles, etc. (comme ci-dessus, 2e article).				
3e Art. —— *Du 31 id., id.* ——				
Doivent effets à recevoir,				
M. Dutour, à Versailles, me remet les effets suivants :				
N° 124, s/b^{et}/à m/o/, au 15 septembre, ci. .	575	»		
» 125, s/t^{te}/s/Julien, à Paris, au 30 id., ci.	845	»	1.420	»
4e Art. —— *Du 31 id., id.* ——				
Doit caisse,				
Reçu de Dutour, à Versailles,				
En espèces, pour solde.			840	»

3° TRANSPORT DES MÊMES ARTICLES AU JOURNAL EN PARTIE DOUBLE.

	F.	C.	F.	C.
1er ART. —— *Du 30 juin 1875.* ——				
Doit DUTOUR, de Versailles, A GRENIER,				
50 hect. froment, ensble, 4.000k, à f. 25 les °/ₒk	1.000	»		
175 — avoine, — 7.875k, — 16 —	1.260	»	2.260	»
2e ART. —— *Du 31 juillet 1875.* ——				
Doivent divers, A DUTOUR, de Versailles,				
Il me remet en règlement :				
Caisse,				
Espèces..............................	840	»		
Effets à recevoir,				
N° 124, s/bct/à m/o/, au 15 septemb., ci 575f				
» 125, s/tte/s/Julien, à Paris, 30 id., ci 845f	1.420	»	2.260	»

§ IV. — *Du Grand-Livre et de son Répertoire.*

37. Le Grand-Livre est un registre dans lequel on écrit les opérations d'une gestion par ordre de comptes, et non par ordre de dates, comme au Journal. Chaque compte y occupe deux pages, en regard l'une de l'autre : le Débit, la première page, à gauche ; le Crédit, la seconde, à droite.

38. *Autrefois, chaque compte s'inscrivait sur un registre particulier; de sorte que chaque maison avait un livre de Capital, un livre de Pertes et Profits, un livre de Frais Généraux, un livre de Dépenses Domestiques, un livre de Caisse, un livre de Marchandises Générales, etc., etc. Mais on a renoncé, depuis longtemps, à la tenue de cette multitude de livres. Aujourd'hui, tous les comptes d'une maison s'ouvrent et se tiennent dans un seul livre, plus grand que les autres livres de comptabilité, et qu'on appelle, pour cette raison, le Grand-Livre. — De cette manière, un chef de maison, ayant dans le même livre toutes ses affaires, — réunies par nature d'opération et par comptes particuliers, — peut en vérifier plus facilement les écritures, et se rendre compte de sa situation, quand il le veut, en moins de temps, et plus aisément, qu'il ne pourrait le faire par l'ancien système.*

Comme on le voit, le Grand-Livre, appelé aussi livre de raison, tire son nom du grand format qu'on est obligé de lui donner pour y inscrire tous les comptes des particuliers et des choses personnifiées.

39. Dans la tenue des livres en partie double, chaque page du Grand-Livre est divisée en sept colonnes, contenant, savoir :

La 1re et la 2e, le millésime, en tête, et, au-dessous, le nom et la date du mois dans lequel a eu lieu chaque opération ;

La 3e, au Débit, le nom du Créancier ou Créditeur, précédé de A, et au Crédit, celui du Débiteur précédé de PAR, et suivis, l'un et l'autre, du motif de l'inscription, écrit en quelques mots, sur une seule ligne ;

La 4e, le folio du Journal où l'article reporté est inscrit ;

La 5e, au Débit, le folio du Grand-Livre où se trouve le compte Créditeur, et au Crédit, le folio du Grand-Livre où se trouve le compte Débiteur ;

La 6e et la 7e colonne, les francs et les centimes de chaque article du Journal.

40. En partie simple, la 3e colonne ne contient que le motif de l'inscription, et il n'y a qu'une colonne de référence, celle des folios du Journal. (Voy. le modèle du grand-Livre, page 7 et 8.)

41. Cette indication au Journal des folios du Grand-Livre, et au Grand-Livre, des folios du Journal et des folios des comptes créditeurs, au Débit, et de ceux des comptes débiteurs, au Crédit, est une excellente disposition, car elle facilite la vérification des écritures, et les recherches qu'on peut avoir à faire d'un livre sur l'autre.

42. Le répertoire du Grand-Livre est une table alphabétique des comptes de la maison. Les noms des ayant-compte ou correspondants y sont précédés, en marge, de l'indication de leur domicile, et suivis de la désignation, en chiffres, des folios du Grand-Livre où sont ouverts leurs comptes. (Voy. nos 63 et 64.)

§ V. — *Du Livre des Inventaires.*

43. Le Livre des inventaires est celui dans lequel on inscrit l'inventaire que l'on fait chaque année. Il est réglé et rédigé absolument comme le Journal. (Voyez l'inventaire titre IV, ci-après, et page 205 de la partie du Maître.)

Nota. — Voyez le livre copie de lettres, chap. III, ci-après, et les livres auxiliaires, au titre II. Quant aux autres documents et valeurs, voyez le Liv. 1er, titre III.

§ VI. — *Législation relative aux Livres de Comptabilité.*

44. Les livres prescrits par la loi (le Journal, le Livre des inventaires et le Livre copie de lettres), doivent être visés, cotés et paraphés par un des juges du tribunal de commerce, par le maire ou par un adjoint, dans la forme ordinaire et sans frais; ils sont tenus par ordre de dates, sans blancs, lacunes, surcharges ni transport en marge : les erreurs y sont corrigées par de nouveaux articles, et non par des ratures et des interlignes.

45. Le Journal et le Livre des inventaires doivent être visés et paraphés de nouveau, chaque année, après l'inventaire. — Le livre copie de lettres n'est pas soumis à cette dernière formalité.

46. Les livres de comptabilité, une fois achevés, les lettres et les factures reçues par la maison, doivent être conservés pendant dix ans au moins.

47. La loi impose à tout commerçant le devoir de tenir au moins les trois Livres qu'elle prescrit, et d'inscrire, dans son Journal, jour par jour, tout ce qu'il reçoit et paie, à quelque titre que ce soit, et mois par mois, les sommes employées à la dépense de sa maison. D'où il suit que,

48. Outre les opérations à crédit, il faut encore écrire au Journal :

1° Les achats et les ventes au comptant;

2° Le total des achats et des ventes réglés en partie au moment de la livraison;

3° Enfin, les échanges dans lesquels le débit annule le crédit.

49. Les commerçants sont tenus de faire, tous les ans, leur inventaire, sous seing privé, sur une feuille volante, et de le copier, année par année, sur le livre des inventaires. (Liv. Ier, n° 473.)

50. Tout commerçant failli qui ne s'est pas conformé à la loi dans la tenue de sa comptabilité, est passible :

1° D'un emprisonnement d'un mois à deux ans, avec affiche et publication du jugement;

2° D'une condamnation aux travaux forcés à temps, c'est-à-dire de cinq à vingt ans, s'il a soustrait ses livres ou s'il y a consigné de fausses mentions.

51. Les livres régulièrement tenus font foi en justice, où ils ont, par conséquent, force d'actes sous seing privé.

52. La représentation des livres en justice peut se faire par extrait certifié par le juge. — La communication à la partie adverse n'en peut être ordonnée que dans les affaires de succession, communauté, partage de société, et dans le cas de faillite. (Voyez art. 8 — 17, 84, 96, 102, 586 et 591 Code de com.; art. 402 Code pénal; art. 12 de l'arrêté du 17 prairial an X, ou 16 juin 1802.)

Questionnaire.

24. Qu'est-ce que les Livres de comptabilité, et combien y en a-t-il de sortes?

25. Qu'est-ce que les Livres principaux, et quels sont ceux que la loi prescrit? — 26. Que fait un bon comptable pour ne pas s'exposer à contrevenir aux prescriptions de la loi? — 27. Combien y a-t-il donc de Livres principaux, et comment classe-t-on le Brouillard et le Livre de correspondance? — Ces deux livres n'en sont-ils pas moins indispensables?

28. Qu'est-ce que le Brouillard, et quelles colonnes a-t-il? — 29. Comment se comptent les colonnes de chiffres, et quelle en est la destination au Brouillard? — 30. Comment doivent être conçus l'arrangement et la rédaction des articles de la main courante? — 31. Que doit contenir le libellé des articles, et de combien de choses se compose-t-il? — 32. Que comprend la date? — 33. Qu'indique l'explication, et comment s'entend l'énumération? — Donnez des exemples, et faites une formule du Brouillard.

34. Qu'est-ce que le Journal? — 35. De quelles colonnes se compose-t-il? — 36. Comment y sont disposées les colonnes de chiffres, et quelle en est la destination? — Faites une formule du Journal pour chaque mode de comptabilité?

37. Qu'est-ce que le Grand-Livre, et qu'y occupe chaque compte? — 38. Où s'inscrivait autrefois chaque compte? — 39. Dans la tenue des Livres en partie double, en combien de colonnes chaque page du Grand-Livre est-elle divisée, et que contiennent ces colonnes? — 40. En partie simple, que contient la troisième colonne du Grand-Livre, et combien y a-t-il de colonnes de référence? — 41. Pourquoi l'indication des folios dans les colonnes de référence est-elle une bonne disposition? — 42. Qu'est-ce que le répertoire du Grand-Livre, et de quelles indications y sont accompagnés les noms des ayant-compte?

43. Qu'est-ce que le Livre des inventaires? — Lisez le nota.

44. A quelles formalités les Livres prescrits par la loi sont-ils soumis, et comment doivent-ils être tenus? — 45. Quels Livres doivent être visés tous les ans? — 46. Combien de temps doivent être conservés les Livres et les autres documents de comptabilité. — 47. Qu'est-ce que la loi impose à tout commerçant? — 48. Que faut-il écrire au journal, outre les opérations à crédit? — 49. Qu'est-ce que les commerçants sont tenus de faire tous les ans?

— 50. De quelles peines tout commerçant failli qui ne s'est pas conformé à la loi dans la tenue de sa comptabilité, est-il passible? — 51. Quelle foi font en justice les Livres régulièrement tenus? — 52. Comment peut se faire la représentation des Livres en justice, et dans quelles affaires la communication peut-elle en être ordonnée?

CHAPITRE III.

DE LA CORRESPONDANCE ET DU LIVRE COPIE DE LETTRES.

§ I. — *De la Correspondance en Général.*

53. La correspondance est l'ensemble des rapports par lettres qu'ont entre elles les personnes qui s'écrivent; on appelle aussi correspondance les lettres elles-mêmes.

54. L'art de correspondre consiste, en général, à écrire simplement, et aussi brièvement que possible, ce qu'on dirait de vive voix, sans trivialité, sur le sujet qu'on traite par correspondance.

55. La simplicité n'exclut ni la grâce, ni même l'élégance; mais elle interdit la recherche, l'affectation, en un mot, tout ce qui sent l'apprêt. Dans le style simple, les phrases sont généralement courtes et coupées sans symétrie; les mots semblent s'y être placés d'eux-mêmes, comme dans les œuvres de Fénelon. C'est le seul genre qui convienne aux lettres d'affaires; c'est aussi le seul qui réussisse le mieux sur tous les sujets, même en poésie. Racine en donne un exemple ravissant, quand il fait dire à Hippolyte surpris de ne plus se retrouver lui-même :

« Mon arc, mes javelots, mon char tout m'importune;
» Je ne me souviens plus des leçons de Neptune,
» Mes seuls gémissements font retentir les bois,
» Et mes coursiers oisifs ont oublié ma voix. »

56. Quelque sujet qu'on traite, le cérémonial d'une lettre doit être en rapport avec les qualités de la personne à qui l'on écrit : la disposition, les termes et la salutation sont présentés sous des formes plus respectueuses dans une lettre à un supérieur ou à une personne ayant une position élevée, que dans celle qu'on écrit à un égal ou à un inférieur, auquel on doit moins de déférence.

57. Toutefois, le cérémonial trouve rarement place dans les lettres d'affaires. Le commerçant se borne, dans sa correspon-

dance, à la politesse et à l'affabilité que tout homme qui se respcte, apporte dans ses relations personnelles.

§ II. — *De la Correspondance Commerciale.*

58. La correspondance commerciale n'exige que des études élémentaires; mais elle ne peut être bien faite que par les gens qui possèdent les éléments essentiels de la législation usuelle, et qui ont une certaine habileté des affaires. Il ne faut pas perdre de vue qu'une lettre sur ce sujet est un titre que celui qui l'écrit fournit contre lui-même. Mais il ne faut pas oublier non plus que, pour éviter de prendre des engagements qu'on ne veut pas s'imposer, on ne doit jamais employer de termes ambigus, ni recourir à des finesses que la loyauté réprouve : on juge un homme par ses écrits, et les ruses sont bientôt démasquées. Si donc la loyauté n'était pas un devoir primordial, elle nous serait imposée par l'intérêt.

Les lettres d'affaires sont datées en tête et numérotées.

59. Pour se former à la correspondance commerciale, les élèves qui ne font pas d'études classiques, doivent s'exercer de bonne heure à écrire de petites lettres d'affaires, sur les divers sujets dont les opérations du Brouillard leur fourniront les textes. (Voyez l'observation, § IV ci-après.)

§ III. — *Du Livre de Correspondance et de son Répertoire.*

60. Le livre de correspondance est un registre de forme ordinaire, sur lequel on copie, à la main ou à la presse, les lettres qu'on écrit à ses correspondants. — Quelques maisons y tracent en marge une petite colonne dans laquelle elles inscrivent, en regard de chaque correspondance, soit le folio de la dernière lettre écrite au même correspondant, soit un zéro quand elles lui écrivent pour la première fois. De sorte qu'en se reportant à la dernière lettre adressée à un correspondant, elles retrouvent sans peine les copies de toutes les autres lettres qu'elles lui ont écrites.

61. Mais cette précaution n'est pas d'une grande ressource dans la recherche des correspondances : le répertoire du copie de lettres y supplée avantageusement.

62. Les lettres reçues sont numérotées et mises en liasses, année par année. Quelques maisons en recopient le texte ou les analysent sur un Livre spécial, mais ce travail ne les dispense point de conserver leur correspondance pendant dix ans.

63. Le répertoire du Livre copie de lettres est, comme tous les répertoires, un registre dont les feuillets sont découpés à la tranche et affectés des vingt-cinq lettres de l'alphabet.

64. On écrit les noms des correspondants sur les feuillets dont la tranche est affectée de leurs initiales; — chaque nom de correspondant y est précédé, en marge, de l'indication de son domicile, et suivi de la désignation des folios du livre de correspondance où sont copiées les lettres qu'on lui a adressées.

Donnons, comme exemple de correspondance, quelques formules de requêtes et de lettres de crédit.

65. On appelle requête une demande écrite adressée aux tribunaux ou à l'autorité civile. Les requêtes sont faites sur papier au timbre de 60 centimes.

F° 1

FORMULES DE REQUÊTES ET DE LETTRES DE CRÉDIT.

N° 1. — Requête faite au Président du tribunal de commerce, ou, à son défaut, au juge de paix, dans le cas de refus des objets transportés (n° 376, Liv. 1; art. 106, c. de com.)

A Monsieur le Président du tribunal de Commerce de Poitiers.

MONSIEUR LE PRÉSIDENT,

0 Le soussigné, Louis Lebon, négociant, patenté sous le n° 37, demeurant à Poitiers, rue de la Traverse, 18, a l'honneur de vous exposer que le sieur Duperron, commissionnaire de roulage, demeurant à Limoges (Haute-Vienne), vient de lui envoyer, sous la conduite du sieur François Legot, voiturier, demeurant au dit Limoges, trois barriques de vin rouge de Libourne, et une caisse de soixante-quinze bouteilles de vin vieux de Bordeaux, qui lui sont expédiées par M. Ferret, marchand de vins à Limoges, par l'intermédiaire du sieur Duperron, ci-dessus qualifié.

L'exposant ayant reconnu que la caisse est brisée, et que plusieurs bouteilles sont cassées,

Requiert qu'il vous plaise, Monsieur le Président, ordonner votre transport, rue de la Traverse, 18, dans la cour de la maison qu'habite le requérant, pour y procéder, en présence dudit sieur François Legot, voiturier, dûment appelé en son nom et en celui du sieur Duperron qu'il représente, à la vérification de ladite caisse marquée, comme dans la lettre de voiture, des lettres L. B. et du numéro 330, ainsi que des bouteilles qui s'y trouveront contenues, et même de vous faire assister de tels experts qu'il vous plaira commettre d'office. (Voy. liv. 1, p. 158.)

Daignez agréer, Monsieur le Président, l'hommage du profond respect, avec lequel je suis

Votre très-humble et
Très-obéissant serviteur,
L. Lebon.

Poitiers, le 17 novembre 1875.

Soit faite la vérification demandée, aujourd'hui, à trois heures du soir, aux lieux indiqués par la présente, où nous nous transporterons. Nommons, pour nous assister dans ladite vérification, le sieur Maxime Joyeux, menuisier, et le sieur Alzir Guillerot, aubergiste, demeurant séparément à Poitiers. En conséquence, mandons à M. Bertrand, notre huissier, etc.

No 2. — Requête pour obtenir du juge l'autorisation de s'opposer au paiement d'une lettre de change perdue.

A......... le........ 187 ...

A Monsieur le Président du tribunal de Commerce de Nantes.

Monsieur le Président,

0 Le soussigné, Louis Salvin, négociant patenté, demeurant à La Rochelle, a l'honneur de vous exposer qu'il a égaré, sans y avoir mis aucun endossement, une lettre de change contre le sieur Haubert, négociant à Nantes, de la somme de quinze cents francs, qu'il a reçue, le 30 novembre dernier, par endossement régulier, du sieur Jounaud, négociant à Bordeaux.

Dans la crainte que cette lettre de change ne soit acquittée au bénéfice d'un tiers porteur, avant qu'il ait rempli les formalités prescrites par le code de commerce pour s'en assurer le paiement, l'exposant vous supplie de daigner, Monsieur le Président, sur la présente requête, et y faisant droit, lui permettre de signifier au sieur Haubert, son opposition au paiement de ladite lettre de change, avant qu'il en soit autrement ordonné par le juge.

Daignez agréer, Monsieur le Président, l'hommage du profond respect de

Votre très-humble et
Très-obéissant serviteur,
L. SALVIN.

N° 3. — Demande de l'ordonnance du juge pour obtenir le paiement d'une lettre de change perdue, sur une seconde en donnant caution. (Art. 151, code com.)

A......... le......... 187 ...

A Messieurs les Président et Juges du tribunal de Commerce de...........

MESSIEURS,

2 Le soussigné, Louis Salvin, négociant patenté, pour la présente année, sous le n°...., demeurant à La Rochelle,

A l'honneur de vous exposer qu'il a égaré une lettre de change de la somme de quinze cents francs, qu'il a reçue, par la voie de l'endossement, du sieur Jounaud, négociant à Bordeaux; qu'étant parvenu, — en suivant les dispositions du code de commerce, — à découvrir que cette lettre de change a été tirée par le sieur Ferret, négociant à Limoges, sur le sieur Haubert, négociant à Nantes, qui l'avait acceptée, il a obtenu du sieur Ferret une nouvelle lettre de change par seconde, que les sieurs Lebon, Roger, Armand, Sureau, Lambert et Jounaud, endosseurs de la lettre perdue, ont revêtue de nouveaux endossements.

Ladite lettre de change écherra le 15 décembre, présent mois, et l'exposant, prévenu qu'il n'en recevra le paiement du sieur Haubert, accepteur, qu'autant qu'il donnera caution, conclut à ce qu'il vous plaise, Messieurs,

Vu la lettre de change par seconde dont s'agit, les sommations des....., ensemble la présente requête, à laquelle il vous prie de faire droit,

L'autoriser à assigner devant vous, le jour qu'il vous plaira indiquer, le sieur Haubert, négociant à Nantes, pour se voir condamner à payer le montant de ladite lettre de change, tirée par seconde, sur l'engagement que prend l'exposant de le garantir ou de l'indemniser de toutes poursuites en vertu de la première, lui offrant pour caution, à cet effet, le sieur...... négociant à...., qui fera au greffe les soumissions qu'exige la loi.

Agréez, Messieurs, l'hommage du profond respect de

Votre très-humble et
Très-obéissant serviteur,

L. Salvin.

N° 4. — Demande de l'ordonnance du juge pour le paiement d'une lettre de change perdue, en justifiant de sa propriété par ses livres. (Article 152, C. c.)

A......... le........ 187 ...

A Messieurs les Président et Juges du Tribunal de Commerce de Nantes.

Messieurs,

3 Le soussigné, Louis Salvin, négociant patenté, pour la présente année, sous le n°...., demeurant à La Rochelle,

A l'honneur de vous exposer qu'il a perdu, sans y avoir ajouté aucun endossement, une lettre de change de la somme de quinze cents francs, datée du 15 novembre 1875, à l'échéance du 15 décembre, présent mois, tirée par M. Ferret, négociant à Limoges, sur M. Haubert, à Nantes, qui l'a acceptée ; laquelle est à l'ordre de M. Lebon, et a été passée à MM. Roger, Armand, Sureau, Lambert et Jounaud négociant à Bordeaux, de qui l'exposant l'a reçue par voie d'endossement, le 1er décembre, comme le constate son livre-journal;

Qu'il a formé, entre les mains dudit M. Haubert une opposition au paiement d'icelle, par exploit de.., en date du.., enregistré à.., le..;

Qu'il n'a pu obtenir une nouvelle lettre de change par seconde, bien qu'il ait agi conformément aux dispositions de la loi.

Ces formalités remplies, l'exposant ose conclure à ce qu'il vous plaise, Messieurs,

Vu son livre-journal, l'opposition faite à sa requête, le....., les sommations des...., ensemble la présente requête, et y faisant droit,

Lui permettre de demander audit M. Haubert le paiement de la lettre de change perdue, sous le cautionnement de M....., négociant, qui fera au greffe les soumissions qu'exige la loi.

Daignez agréer, Messieurs, l'hommage du profond respect de

Votre très-humble et
Très-obéissant serviteur,

L. Salvin.

Nota. — S'il s'agissait d'un billet à ordre, on en substituerait le nom, dans la demande, à celui de la lettre de change, et l'on y supprimerait les termes qui ont rapport au tireur.

No 5. — De la Lettre de Crédit, Livre Ier, no 433.

Limoges, le 18 décembre 1875.

A Monsieur Lamarche, Banquier à Lyon.

Monsieur,

Ayez la bonté, je vous prie, d'ouvrir, pour mon compte, à M. Roux, propriétaire à Limoges, porteur de la présente, un crédit de six mille francs, que vous lui remettrez, contre son reçu, en une seule fois, ou par fractions s'il le désire, et dont vous débiterez mon compte.

Agréez, Monsieur, l'expression de mes sentiments dévoués.

J. Ferret.

No 6. — Lettre d'avis de Crédit, Livre Ier, no 434.

Limoges, le 19 décembre 1875.

Monsieur Lamarche, Banquier à Lyon,

J'ai l'honneur de vous informer que je viens de délivrer sur votre caisse, à Monsieur Roux, de Limoges, une lettre de crédit de six mille francs, que je vous prie de lui remettre, en tout ou en partie, comme il le désirera, et dont vous pouvez vous rembourser sur moi, aux conditions d'usage.

Vous trouverez ci-joint un bulletin de la signature que M. Roux apposera au bas des reçus qu'il aura à vous remettre.

Agréez, Monsieur, l'expression de mes sentiments dévoués.

J. Ferret.

ROUX.

Ce bulletin est fixé au bas de la lettre, au moyen de colle à bouche.

N° 7. — Formule d'une Lettre circul^re^ de Crédit, dite d'indication, Liv. I, n° 435.

Limoges, le 31 décembre 1875.

A Messieurs Lamarche, à Lyon;
Laborde frères, à Nice;
J. M. Smith, à Venise;
Bornelli et Cie, à Rome;
Popelli et Fils, à Naples;
Le Directeur de la Banque de crédit Italien, à Florence.

Messieurs,

Je prends la liberté de vous recommander M. de Villevers, avocat à Limoges, porteur de la présente, et je vous prie de lui ouvrir, pour mon compte, un crédit de quinze mille francs, que vous aurez la bonté de lui remettre, en tout ou en partie, à sa convenance, sous déduction de vos frais et contre ses reçus.

Veuillez noter au verso de cette lettre, qui doit rester entre les mains du porteur, le montant des sommes que vous lui fournirez, et dont vous m'adresserez les quittances, en m'informant du moyen que vous aurez choisi pour vous rembourser sur moi.

Agréez, Messieurs, les salutations empressées de

Votre très-humble et Très-obéissant serviteur,

Milhac,
banquier à Limoges.

DE VILLEVERS.

N° 8. — Lettre circulaire de crédit, accompagnée de Traites.

Limoges, le 31 décembre 1875.

A Messieurs les Banquiers désignés dans la Lettre d'Indication.

MESSIEURS,

6 Je vous prie de remettre sans frais (ou sous déduction de vos frais) à M. de Villevers, avocat à Limoges, porteur de la présente, contre sa traite ci-jointe (ou ses traites) sur moi, la somme de quinze mille francs, au cours du change de votre place sur Limoges, ou au change combiné avec la place cambiste (Liv. Ier, n° 547) la plus voisine. Vous trouverez la signature de M. de Villevers, dans ma lettre d'indication.

Agréez, Messieurs, l'expression de mes civilités les plus empressées.

MILHAC,
banquier à Limoges.

§ IV. — *Exercices de Correspondance dans les Ecoles.*

OBSERVATION. — Une méthode de comptabilité ne pouvant être un cours de style épistolaire, nous ne donnons, comme exemple de correspondance, que quelques formules de requêtes et de lettres de crédit, dont la rédaction pourrait embarrasser les lecteurs qui n'ont pas l'habitude des affaires.

Les opérations du Brouillard (Chap. IV ci-après) contiennent la matière de plus de 400 sujets de lettres *d'offres de services, d'entrées en relations, de demandes, d'avis d'expéditions, d'accusés de réception, de renseignements, de plaintes, etc.* Le maître pourra donc y prendre, pour chaque classe de français, le texte d'une petite lettre de huit à dix lignes. Un jour, il donnera pour devoir, par exemple, la lettre que Roux à dû écrire à FERRET pour lui offrir des denrées coloniales ; il expliquera qu'il faut s'exprimer à peu près ainsi :

Monsieur J. FERRET, à Limoges,

Je suis chargé par la maison JOUNAUD, de Bordeaux, dont je suis le représentant à Limoges, de vous offrir les cafés de toute provenance aux meilleures conditions.

La maison peut vous livrer, à Limoges,

Le café Martinique, à 2 fr. 60 le kilogramme ;
Le — Moka, à 3 fr. 20 —
Le — Bourbon, à 2 fr. 80 —
Le — Myssore, à 2 fr. 56 —
Le — Sta-Yago, à 2 fr. 75 —

Si vous me faites l'honneur d'accepter mes offres, il vous sera accordé deux mois pour le paiement et un escompte de 4 1/2 p. %.

Dans l'attente de vos ordres,
Je vous prie, Monsieur, d'agréer mes salutations empressées.

Un autre jour, il donnera, pour devoir la lettre de demande de Ferret, ou fera refaire la première lettre, etc., etc.

Les élèves éprouveront d'abord quelques difficultés à exprimer leur pensée; mais ils s'habitueront bien vite à écrire correctement ce qu'ils sauraient dire de vive voix au correspondant, si on les chargeait de le faire.

Ces exercices sont si propres à développer l'esprit des enfants : ils sont d'une utilité immédiate si capitale pour le plus grand nombre, qu'à notre avis, ils devraient être la base de l'enseignement de l'Orthographe et du Français dans toutes les Ecoles.

Questionnaire.

53. Qu'est-ce que la correspondance ? — 54. En quoi consiste, en général, l'art de correspondre ? — 55. Qu'est-ce que la simplicité n'exclut pas ? — qu'interdit-t-elle, et comment sont les phrases dans le style simple ? — 56. Avec quoi doit être en rapport le cérémonial d'une lettre dans quelque sujet qu'on traite ? — 57. Le cérémonial trouve-t-il place dans les lettres d'affaires, et à quoi se borne le commerçant?

58. Quelles études exige la correspondance commerciale, et que ne faut-il pas perdre de vue ? — 59. Que doivent faire les élèves pour se former à la correspondance commerciale?

60. Qu'est-ce que le livre de correspondance, et qu'y tracent quelques maisons? — 61. Cette précaution est-elle d'une grande ressource ? — 62. Que fait-on des lettres reçues ? — 63. Qu'est-ce que le répertoire du copie de lettres? — 64. Sur quels feuillets écrit-on les noms des correspondants, et de quoi chaque nom y est-il précédé et suivi ? — 65. Qu'appelle-t-on requête, et sur quel papier les requêtes sont-elles faites ? — Exercez-vous à écrire des lettres et à rédiger des requêtes.

Lisez l'observation sur les exercices de correspondance dans les Ecoles.

CHAPITRE IV.

BROUILLARD OU MÉMOIRE.

(1)		F.	C.	F.	C.
	1 ——— *Du 2 novembre 1875.* ———				
1	Versé à ma caisse la somme de........			16.000	»
	2 ——— *Du 3 id.* ———				
1	J'ouvre un compte à M. Milhac, à Limoges, m/ banquier, qui me doit 1587 fr., valeur du 30 juin dernier, ci............	1587	»		
	et je lui remets en compte courant à 5 p. %.	9000	»	10.587	»
	3 ——— *Du 3 id.* ———				
1	J'ouvre un compte à Gatinaud, à Châteauroux, et j'y inscris 7000 fr. que je lui ai prêtés, le 2 novembre 1874, sur obligation reçue par M° Dumard, notaire à Limoges, ci.			7.000	»
	4 ——— *Du 4 id.* ———				
1	Jounaud, à Bordeaux, me fait livrer pour son compte, par Roux, à Limoges :				
	3 sacs café Martiniq[ue], ens. net 262k,5, à f. 2,60	682	50		
	2 — — Moka trié, — — 170, », — 3,20	544	»		
	4 — — Bourbon, — — 370, », — 2,80	1036	»		
	5 — — Myssore, — — 435, », — 2,56	1113	60		
	5 — — Sta-Yago, — — 430, », — 2,75	1182	50		
	Total......	4558	60		
	Escompte 4 1/2 p. %.....	205	15		
	Net......			4.353	45
	5 ——— *Du 5 id.* ———				
1	Reçu franco de Lambert, à Angoulême :				
	10 barriques de vin de Libourne, récolte de 1871, ens. 22 hectol. 80, à f. 52 l'hect.	1185	60		
	500 bouteilles de vin de Bordeaux, à f. 1,10	550	»		
	50 barriques de vin d'Angoumois, ensem. 110 hectolitres, à f. 16, ci..........	1760	»		
	30 barr. de vin de Brantôme, ens. 75 h., à f. 17	1275	»	4.770	60

(1) Cette colonne est destinée à l'inscription des folios du journal auxquels sont reportés les articles du brouillard. (Voyez le journal à la partie du Maître).

		F.	C.	F.	C.
	NOTA. Ayant l'intention de joindre le commerce des vins à celui de l'épicerie, j'ouvre au grand-livre un compte particulier à chacun de ces genres de négoce, sous les noms de Marchandises Générales et de Vins et Liqueurs. Cette division me fournira le moyen de me rendre plus facilement et plus vite un compte exact de mes opérations sur chaque branche de mon commerce.				
	6 — *Du 5 novembre 1875.* —				
2	Acheté au comptant, pour le chauffage de mon magasin, 7 stères de bois, scié et mis en place, à fr. 12 le stère.			84	»
	7 — *Du 5 id.* —				
2	Payé à M. Roux six mois d'avance du prix de mon loyer, à imputer sur le dernier semestre de mon bail, ci.			1200	»
	8 — *Du 6 id.* —				
2	Mis en cave, pour être consommés dans le ménage, les vins suivants :				
	1 barrique de vin de Libourne, $2^{h}28$, à f. 52	118	56		
	1 — — de Brantô^{me}, 2,50 — 17	42	50		
	3 — — d'Angou^{mois}, 6,60 — 16	105	60		
	75 bouteilles — de Borde^{aux}, 0,75 — 1,10	82	50		
	TOTAL.	349	16		
	Payé les droits à la régie, sur $12^{h}13$, -10,23	124	09	473	25
	9 — *Du 7 id.* —				
2	Escompté à RÉAL, à Limoges :				
	N° 101, traite LOMBARD, à Tulle, s/ Bontant, à Guéret, au 15 décembre, ci. . . .	1275	»		
	» 102, b^{et}/ LEDOUX, à Nantes, à s/ ord/, au 25 décembre.	2150	»		
	» 103, b^{et}/ DARPON, à Bordeaux, à s/ ord/, au 31 décembre.	1500	»		
	» 104, s/ tr^{te} à m/ ordre, s/ JOUNAUD à Bordeaux, 31 décembre.	1740	»		
	ENSEMBLE.	6665	»		
	Je lui remets				
	Un bon sur la caisse de MILHAC, m/ banq^{er}, de	4000	»		
	En espèces.	2585	60		
	Je lui retiens				
	Intérêts à 6 p. °/₀ l'an. . . . . fr. 54,40 } Change de place et commis^{on} 3/8 p. °/₀ 25 » }	79	40		
	TOTAL égal.	. . . .	. .	6665	»

		F.	C.	F.	C.
	10 —— *Du 7 novembre 1875.* ——				
2	Reçu de HAUBERT, à Nantes, ce qui suit, qu'il a acheté pour m/ compte, par l'entremise d'un courtier :				
	300 pains de suc^re^, ens. 3120^k^00 d.				
	Tare 6 p. °/₀ 187,20				
	TOTAL net.. 2932^k^80, à 120^f^ les °/₀^k^	3519	35		
	Courtage 1/4 p. °/₀ .... 8^f^80				
	Commission 2 1/2 p. °/₀ 88,00	96	80		
	TOTAL...........	3616	15		
	Escompte 4 1/2 pour °/₀ sur f. 3519,35....	158	35		
	NET.....	3457	80		
	Payé le port de 3120^k^, à f. 4,60 les °/₀^k^ 143,50				
	Payé le timbre et donné la pièce au camionneur............ 0,70	144	20		
	En tout.................	3602	»		
	Je lui envoie en paiement de cette facture :				
	N° 1, m/ billet à s/ ordre, au 5 janvier prochain, de.......... 1457,80				
	Un group, dont il paiera le port à l'administ^tion^ du chemin de fer, de 2000 »	3457	80		
	Acquitté les frais de transport.......	144	20	3602	»
	11 —— *Du 8 id.* ——				
3	Acquitté le mémoire des travaux de menuiserie que REDON, menuisier à Limoges, a faits dans mon magasin, s'élevant, y compris les bois fournis par cet ouvrier, à........			275	»
	12 —— *Du 8 id.* ——				
3	Reçu de M. GATINAUD, par les mains de Me DUMARD, notaire à Limoges, les intérêts échus de 7000 francs qu'il me doit...			350	»
	13 —— *Du 10 id.* ——				
3	Vendu au comptant, à M. ROUX, à Limoges, ce qui suit :				
	22 kil. 52 d. de sucre de Nantes, à fr. 1,35	30	40		
	4 — » de café Martinique, — 3, »	12	»		
	2 — » — Moka, — 3,80	7	60		
	3 — » — Bourbon, — 3,20	9	60		
	3 — » — Myssore, — 3, »	9	»		
	TOTAL.........	68	60		
	50 bouteilles de vin de Bordeaux, à fr. 1,50	75	»	143	60

		F.	C.	F.	C.
	14 —— *Du 11 novembre 1875.* ——				
3	Vendu à divers, au comptant :				
	40 bouteilles de vin de Bordeaux, à fr. 1,50	60	»		
	44 kilog. café Myssore, à f. 3, » 132, »				
	77 kilog. 48 déc. de sucre, à f. 1,35 104,60	236	60	296	60
	15 —— *Du 12 id.* ——				
4	Expédié à Lebon, à Poitiers, par le roulage, et à ses frais :				
	3 barriques de vin de Libourne, récolte 1871, contenant ensemble 6 hectolitres 84 litres, à fr. 65 l'hectol.... 444,60				
	75 bouteilles de vin de Bordeaux, à fr. 1,25, ci.............. 93,75	528	35		
	Escompte 6 p. %, ci........	32	30	506	05
	16 —— *Du 13 id.* ——				
4	Reçu de Tritschler & Cie, à Limoges, les objets suivants, que j'ai achetés pour le compte de Latour, à Tulle :				
	3 char^es^-arair^es^, soc en acier, à f. 30, net 28, »	84	»		
	3 — fouilleuses, à une roue, sans règle, soc en fonte, ... à f. 40, — 37,50	111	75		
	1 tarare perf^né^, s/poulie, — 60, — 56, »	56	»		
	3 ratissoires à bras pour allées de jardin.... — 25, — 23,50	70	50		
	12 pelles plates .... — 3,50 — 3,25	39	»		
	12 — creuses....... — 4, » — 3,65	43	80		
	12 dragues à drainage.. — 5, » — 4,50	54	»		
	6 broches à poser les drains........... — 3, » — 2,75	16	50		
	Total.....	475	55		
	Je règle leur facture ainsi :				
	Espèces............................	461	30		
	Escompte à 3 p. % que je leur retiens sur fr. 475,55............	14	25	475	55
	Nota. Cet article sera inscrit au livre des Commissions, et ne figurera pas au livre de Magasin.				
	17 —— *Du 13 id.* ——				
4	Expédié à Latour, à Tulle, ce qui suit :				
	Les instruments aratoires que j'ai achetés pour lui, et qui s'élèvent, aux prix forts ci-dessus indiqués, à la somme de.....	513	»		
	178 kil. café Myssore, à fr. 2,85, ci......	507	30	1020	30

		F.	C.	F.	C.
	18 —— *Du 15 novembre 1875.* ——				
5	Reçu de Lebon, à Poitiers :				
	3 sacs trèfle nouv., ens. 240^k, à f. 80 les $^o/_o{}^k$	192	»		
	5 — — incarnat, net 400, — 50 —	200	»		
	15 — pois cass., ens. 1200, — 50 —	600	»		
	6 — chènevis, — 450, — 40 —	180	»		
	3 caisses savon bleu pâle, coupe ferme, 360^{kg}				
	Tare 15 p. $^o/_o$, 54				
	Poids net, 306^k, à f. 79 les $^o/_o{}^k$	241	75		
	5 caisses savon bleu vif, coupe douce, ens. 560^{kg}				
	2 caiss. savon blanc, ens. 250				
	Total.... 810^{kg}				
	Tare 18 p. $^o/_o$... 145,8				
	Poids net... 664,2, à f. 76 les $^o/_o{}^k$	504	80		
	5 tierç. huile colza épurée 600^{kg}				
	Tare 20 p. $^o/_o$... 120				
	Poids net....... 480^k, à f. 96 les $^o/_o{}^k$	460	80		
	8 — huile pétrole raffinée 880^{kg}				
	Tare 20 p. $^o/_o$.... 176				
	Poids net...... 704^k, à f. 70 les $^o/_o{}^k$	492	80		
	Ensemble......	2872	15		
	Escompte 4,50 p. $^o/_o$, ci....	129	25		
	Net de sa facture......	2742	90		
	Payé le port à raison de f. 3,55 les $^o/_o{}^k$, sur 4962 k., poids brut de l'envoi.. fr. 176,15 Timbre et pièce au camionneur, ci. 0,85	177	»	2919	90
	19 —— *Du 15 id.* ——				
5	M. Lebon, à Poitiers, me prie de lui fournir une valeur de fr. 1500, à 30 jours, sur Nantes ; acquiesçant à sa demande, je tire : N° 105, m/ l^{te}/, à s/ ord/, s/ Haubert, 15 déc.	1500	»		
	Et j'envoie, à ce dernier, pour le couvrir de la lettre de change que je fournis sur lui : N° 2, m/ billet à s/ ord/, au 6 déc. prochain.			1500	»
	20 —— *Du 16 id.* ——				
5	Adressé à Lebon, à Poitiers, s/ pli chargé : N° 105, m/ traite à son ordre, sur Haubert, à Nantes, au 15 décembre........			1500	»

		F.	C.	F.	C.
	21 —— *Du 17 novembre 1875.* ——				
5	LAMBERT, à Angoulême, m'informe qu'il transporte le montant de sa facture du 5 courant, valeur du 1er février, savoir :				
	A M. LATOUR, à Tulle........... 1860f »				
	A M. MILHAC, banquier à Limoges. 2910, 60	4770	60		
	En conséquence de ce virement,				
	Je débite LAMBERT de........... 4770 60				
	Et je crédite				
	LATOUR, à Tulle, de................	1860	»		
	MILHAC, à Limoges, de.............	2910	60	4770	60
	22 —— *Du 18 id.* ——				
5	Vendu à GATINAUD, à Châteauroux,				
	30 barr. vin d'Angoumois, ens. 66h, à f. 19,50	1287	»		
	15 — — de Brantôme, — 37,50 — 21, »	787	50		
	TOTAL.......	2.074	50		
	Escompte à 4 1/2 p. %...........	93	35		
	NET..........	1.981	15		
	3 sacs café Myssore, ensemb. 210k, à fr. 1,85..................... 598,50				
	3 sacs café Sta-Yago, ensemb. 258k, à fr. 3, »..................... 774, »				
	2 sacs café Bourbon, ensemb. 135k, à fr. 3,10..................... 418,50				
	1 sac café Moka, ens. 85k, à f. 3,60. 306, »				
	2 sacs café Martinique, ens. 171k, à fr. 2,80..................... 478,80				
	TOTAL............. 2.575,80				
	Escompte 4 1/2 p. %.... 115,95	2.459	85		
	NET de ma facture......	4.441	»		
	M. GATINAUD me règle ainsi :				
	Espèces..............................	1972	05		
	N° 106, s/ mandat à m/ ord/, s/ RÉAL, à Limoges, 15 janvier...... 575,80				
	» 107, traite DELORME, à Paris, s/ MILHAC, à Limoges, 31 janv., 1842,60	2418	40		
	Il me retient :				
	Escompte 2,50 p. % sur fr. 2022,60......	50	55	4441	»
	23 —— *Du 20 id.* ——				
6	Réglé comme suit avec M. ROUX, à Limoges, mandatre de JOUNAUD, à Bordeaux, sa facture du 4 courant, pour le compte de ce dernier :				

		F.	C.	F.	C.
	N° 103, billet DARPON, à Bordeaux, au 31 décembre.......... 1500				
	» 104, traite RÉAL, à mon ordre sur JOUNAUD, 31 décembre.... 1740	3240	»		
	J'accepte				
	» 3, s/ traite, au 5 janvier..........	1113	45	4353	45
	24 —— *Du 20 novembre 1875.* ——				
6	M. Roux, voulant cesser son commerce de draperie, me cède son fonds, et m'abandonne, à titre gratuit, jusqu'au 1er novembre proch., son magasin, situé au rez-de-chaussée de la maison que j'habite, à Limoges.				
	Ce fonds se compose de :				
	4 p. drap pointillé, ensble 114m50, à f. 7,50	858	75		
	2 p. — noir, — 90m », — 10,50	945	»		
	2 p. castor noir, — 97m80, — 11, »	1075	80		
	5 p. droguet gris, — 239m50, — 1,95	467	»		
	3 p. flanelle, — 139m80, — 1,75	244	65		
	2 p. tartanelle, — 130m — 1,25	162	50		
	3 p. mouchoirs Chollet, 36 d. — 6, »	216	»		
	2 — — Inde, 76 d. 6, — 9, »	688	50		
	5 — — 4/2, 113 d. », — 2,60	293	80		
	2 — cravates de deuil 36 d. 8, — 5,90	216	35		
	1 — — fond blanc, 23 d. 6, — 6,50	152	75		
	3 — madras, ensemble 357m — 0,58	207	05		
	1 — orléans, — 47m — 1,60	75	20		
	2 — mérinos, — 116m — 1,95	226	20		
	1 — alpaga, — 63m — 2,50	157	50		
	1 — coutil gris, — 77m — 1,90	146	30		
	5 — toile de ménage, 250m — 1,75	437	50		
	Total du fonds..........	6570	85		
	Escompte 6 p. %..........	394	25		
	NET......	6176	60		
	Acheté en outre le mobilier du magasin..	570	40		
	TOTAL, payable fin mars prochain...			6747	»
	NOTA. J'ouvre au grand-livre un compte aux marchandises ci-dessus, sous la dénomination de ÉTOFFES ET NOUVEAUTÉS.				
	25 —— *Du 20 id.* ——				
6	J'accepte la trte, ord/ DUFORT, que LEBON, à Poitiers tire sur moi, au 1er mars de....	736	85		
	et j'en passe écritures sous le n° 4 de mes Effets à payer, ci....................			736	85

		F.	C.	F.	C.
	26 —— *Du 23 novembre 1875.* ——				
7	Remis à MILHAC, banquier à Limoges :				
	N° 101, traite LOMBARD, sur Guéret, 15 déc..	1275	»		
	» 102, billet LEDOUX, à Nantes, 25 déc..	2150	»	3425	»
	27 —— *Du 25 id.* ——				
7	J'adresse à ROUIX, à Clermont, pour qu'il les vende pour mon compte, moyennant une commission de 3 p. °/₀, les marchandises suivantes :				
	4 p. drap pointillé, ens. 114m50, à f. 8,50	973	25		
	2 — — castor noir, — 97m80, — 12,25	1198	05		
	5 — droguet gris, — 239m50, — 2,20	526	90		
	3 — flanelle, — 139m80, — 2, »	279	60		
	2 — tartanelle, — 130m », — 1,50	195	»		
	3 — madras, — 357m », — 0,75	267	75		
	3 — mouchoirs Chollet, ens. 36 d. à fr. .... 9, »	324	»		
	5 p. mouchoirs 4/2, ens. 113 d. à f. 3,60	406	80		
	2 — — Inde, — 76 d. 6, — 10, »	765	»	4936	35
	NOTA. J'ouvre à ce sujet, au grand-livre, un compte à ETOFFES chez ROUIX.				
	28 —— *Du 27 id.* ——				
7	Echangé à M. LEJEUNE, à Limoges, ce qui suit, et dont il paiera les droits :				
	1 barriq. de vin de Libourne, 2 h. 28, à fr. 65	148	20		
	2 — — d'Angoumois, 4 h. 40, à fr. 21	92	40		
	Ensemble.......	240	60		
	Contre				
	2 p. de toile de ménage, ens. 120m30, à f. 2 »			240	60
	29 —— *Du 28 id.* ——				
7	Vendu au comptant, à divers, dans la semaine :				
	10 douz. cravates de deuil, à fr. 7,20, ci..	72	»		
	15 douz. cravates fond bl., — 9, », ci..	135	»		
	1 pièce orléans, de 47 m., à fr. 1,80 le m..	84	60	291	60
	30 —— *Du 29 id.* ——				
7	M. VILLIERS, fabricant à Rouen, m'adresse, pour que je les vende pour son compte, moyennant une commission de 3 p. °/₀ :				
	60 pièc. rouennerie, ens. 3000m, à f. 1,25.	3750	»		
	40 — — — 2000m, — 1,60.	3200	»		
	Ensemble.......	6950	»		
	Je paie le port de ces marchandises, f. 85,40				
	Je donne la pièce au camionneur.... 0,60	86	»	7036	»

		F.	C.	F.	C.
	NOTA. J'ouvre au grand-livre deux nouveaux comptes : l'un à VILLIERS, et l'autre aux MARCHANDISES de VILLIERS.				
	31 —— *Du 30 novembre 1875.* ——				
8	Je paie à mes employés, savoir : 1 mois des appoint. de m/ chef de chai, f. 120 1 — — de m/garçon de mag., 70 10 jours — de mon commis,.... 50 Je prélève Pour frais de correspondance et d'emballage.......................... 75	315	»		
	Pour dépenses domestiques............	125	71	440	71
	NOTA. Dans le transport des articles de la main courante au Journal en Partie Simple et en Partie Double (titre III et titre IV, ci-après), nous divisons les opérations du Brouillard en trois comptabilités. — Nous comprenons, Dans la première, les opérations du mois de novembre ; Dans la deuxième, les opérations du mois de décembre, moins celles de la société F. R. L.; Dans la troisième, les opérations de la société en *participation* de MM. FERRET, ROUX et LEJEUNE. Nous avons adopté cette division, sur les conseils bien motivés de M. PERRIER Inspecteur à Tulle. Elle n'engage personne, mais l'expérience nous a démontré que les élèves saisissent mieux le mécanisme de la comptabilité par de courts exercices plusieurs fois répétés, que par une longue application de principes dont ils ne voient pas bientôt le résultat final. Quelques maîtres préfèreraient que les trois comptabilités fussent séparées au Brouillard, et que, par exemple, l'art. 38 de la deuxième ne fût pas entremêlé avec les articles des opérations en participation. Nous ne sommes pas de cet avis : nous tenons à présenter aux élèves les opérations comme elles se font dans la pratique. Or, les affaires ne se traitent pas symétriquement comme l'établissent beaucoup de méthodes de tenue des livres.				
	32 —— *Du 1er décembre 1875.* ——				
8	Pris à la caisse de MILHAC, mon banquier, et versé dans la mienne...............			2500	»
	33 —— *Du 1er id.* ——				
8	Escompté à LEJEUNE, à Limoges : N° 108, traite Ménard, à Limoges, à s/ordre, sur Delorme, à Paris, 15 déc. 1840 » 109, billet Dupars, à Orléans, ordre Aymard, à La Rochelle, 25 déc. 1460 *A reporter*.......... 3300				

			F.	C.	F.	C.
	Report..........	3300				
	N° 110, s/ mand/ à m/ ord/, sur Bontant, à Guéret, à vue...	650	3950	»		
	Je lui retiens :					
	Intérêts à 6 p. °/₀ l'an, ci........	12,05	21	90		
	Change de place 1/4 p. °/₀.......	9,85				
	NET du bordereau que je lui remets en espèces......................		3928	10	3950	»
	NOTA. Les intérêts sur les nos 108 et 110 sont comptés pour 15 jours.					
	34 —— *Du 1er décembre 1875.* ——					
8	Remis à MILHAC, mon banquier,					
	N° 108, sur Paris, au 15 courant.......		1840	»	2490	»
	» 110, sur Guéret, à vue, valr du 5 courᵗ..		650	»		
	35 —— *Du 2 id.* ——					
9	Vendu à LATOUR, à Tulle :					
	91 pains de sucre de Nantes, ens. 936k, à f. 1,23		1151	25		
	2 sacs trèfle nouveau, ensemb. 160, — 0,95		152	»		
	3 — — incarnat, — 240, — 0,70		168	»		
	2 — chènevis du Poitou, — 150, — 0,60		90	»		
	5 caisses savon bleu vif, ens. 459k p. net, 0,80		367	20		
	2 — — blanc, — 205k — 0,80		164	»	2655	65
	8 barriques huile de pétrole, 704k — 0,80		563	20		

36 —— *Du 3 id.* ——

Je forme une association en participation avec MM. LEJEUNE et ROUX, à Limoges, pour une opération sur les vins de Bordeaux, dont le montant ne pourra s'élever au-dessus de la somme de 80,000 fr.

Je serai seul chargé de l'opération, et mes co-associés verseront chacun 25,000 fr. à la caisse de M. Milhac, banquier à Limoges, qui ouvrira un compte courant à l'association.

Le compte que j'ouvrirai sur mes livres à cette opération, sera intitulé : VINS à 1/3 F. R. L., et les titres des autres comptes qui y auront rapport, seront également affectés de la raison F. R. L.

Les bénéfices, déduction faite des intérêts à 5 p. °/₀ l'an de l'argent avancé par les associés, et autres frais, seront partagés par 1/3 ; il en sera de même des pertes, s'il y a lieu, que viendront augmenter les susdits frais d'intérêts et autres.

		F.	C.	F.	C.
9	En vertu de ces conventions, MM. Lejeune et Roux versent à la caisse de M. Milhac, pour le compte de la société F. R. L. chacun fr. 25,000, ci...................			50000	»
	37 —— *Du 5 décembre 1875.* ——				
9	Acheté à Jounaud, de Bordeaux, pour le compte de la société F. R. L. :				
	100 tonneaux (1) de vin de Pauliac, qu'il me livrera sous le plus bref délai, à f. 750 l'un.	75000	»		
	Escompte 3 1/2 p. %......	2625	»		
	Net de sa facture.......			72375	»
	38 —— *Du 6 id.* ——				
9	Pris à la caisse de Milhac, m/ banquier.	1500	»		
	Acquitté				
	N° 2, m/ billet ord/ Haubert, échu.......			1500	»
	39 —— *Du 8 id.* ——				
9	Reçu de Jounaud, de Bordeaux, les vins qu'il m'a vendus, et pris à la caisse de Milhac, pour en payer le transport et l'emmagasinage, savoir :				
	Transport pour 100 tonneaux, à f. 16 l'un.	1600	»		
	Emmagasinage, à f. 0,40 par tonneau, ci.	40	»		
	Pièces aux camionneurs.............	5	»	1645	»
	40 —— *Du 9 id.* ——				
10	Vendu à Bontant, à Guéret, pour le compte de la société F. R. L., payables fin courant, 50 barriques de vin de Pauliac, à f. 215 l'une.			10750	»
	41 —— *Du 9 id.* ——				
10	Vendu à Domard, à Limoges, pour le compte de la société F. R. L.,				
	75 barriques de vin de Pauliac, à f. 210 l'une	15750	»		
	Domard a ainsi réglé ma facture :				
	En espèces........................	6000	»		
	Billet Suriot, à Limoges, au 15 fév., ci. 2575 »				
	Traite Bontant, sur Romain, à Périgueux, au 31 décembre........ 3680 »				
	S/ billet à m/ ord/, au 1er mars... 3495 »	9750	»		
	Et je verse le montant de ce règlement à la caisse de Milhac, ci...............			15750	»

(1) Le tonneau de vin vaut 4 barriques de 228 litres chacune ; 100 tonneaux valent donc 400 barriques. (Voyez Liv. I, la note du n° 35 et le n° 247.)

		F.	C.	F.	C.
	42 —— *Du 10 décembre 1875.* ——				
10	Réglé ainsi avec le voyageur de JOUNAUD le montant de la facture, du 5 courant, de ce dernier :				
	Espèces prises à la caisse de Milhac, 51875f »				
	Les 3 effets que je remis hier à ce dernier, et que je retire de ses mains, s'élevant à....... 9750 »	61625	»		
	M/tte s/Bontant, à Guéret, au 31 courant, de	10750	»	72375	»
	NOTA. Cet article en nécessite deux au journal, où il faut d'abord débiter le compte des *Effets à Recevoir,* F. R. L., par le crédit de Bontant.				
	43 —— *Du 10 id.* ——				
10	Vendu à M. DELORME, à Paris, pour le compte de la société F. R. L. :				
	50 tonneaux de vin de Pauliac, à fr. 800 le tonneau, ci........................	40000	»		
	M. Delorme me remet en paiement :				
	Un bon sur la caisse du Crédit agricole, à Limoges, de........................	20000	»		
	Deux traites acceptées, de chacune 5.000 f., sur Laurent et Cie, à Limoges, au 15 janvier, ci........................	10000	»		
	Son billet, à mon ord/, au 1er février, de..	10000	»		
	Je remets moi-même la somme et les valeurs composant ce règlement, à M. Milhac, ci........................			40000	»
	44 —— *Du 12 id.* ——				
11	Vendu à GANDAUD, à Châteauroux, pour le compte de la société F. R. L.				
	75 barriques de vin de Pauliac, à fr. 215, ci.	16125	»		
	Escompte 4 p. %, ci............	645	»		
	Net............	15480	»		
	Qu'il me règle ainsi :				
	Son virement sur Milhac, banquier de la société, de........................	8780	»		
	Sa traite sur Lejeune, au 5 janvier, de 2875				
	Billet Villars, à Limoges, à s/ ord, au 31 décembre, de.............. 1840				
	S/ billet, à mon ord/, au 31 janv... 1985	6700	»		
	Je remets ces valeurs à Milhac, ci.....			15480	»

		F.	C.	F.	C.
	45 — *Du 13 décembre 1875.* —				
11	L'opération en participation F. R. L. étant terminée, j'en règle le compte.				
	Je porte au débit de l'association :				
	1° Les frais de magasinage, de chargements, de ports de lettres et autres que j'ai déboursés, et qui s'élèvent à......	406	25		
	2° Les intérêts et changes dus à Milhac, suivant compte courant arrêté ce jour, ci..	112	95		
	3° Les intérêts dus à Roux et à Lejeune, sur 50.000 fr. fournis à la société, à 5 p. °/₀, pendant 10 jours, ci........	69	45	588	65
	46 — *Du 13 id.* —				
12	Le compte général de participation étant arrêté, on trouve qu'il s'élève :				
	Au crédit, à........................	81980	»		
	Au débit, à.........................	74608	65		
	D'où il résulte un bénéfice de...........	7371	35		
	Dont le tiers pour Roux est de..........	2457	10		
	— tiers — Lejeune est de........	2457	15		
	— tiers — Moi est de............	2457	10	7371	35
	47 — *Du 13 id.* —				
12	Les résultats de l'opération étant donnés, il ne reste qu'à établir la situation de Milhac vis-à-vis des associés ; or, le débit de son compte s'élève à la somme de..........	121230	»		
	Le crédit, à celle de..................	63382	95		
	Il est donc débiteur de la somme de......	57847	05		
	Cette somme doit être répartie ainsi :				
	A Roux, p^r cap^al fourni à la société 25.000, »				
	Pour intér. à 5 p. °/₀ pendant 10 j^rs 34,75				
	Pour le 1/3 des bénéfices...... 2.457,10	27491	85		
	A Lejeune, pour capital fourni à la société............... 25.000, »				
	Pour intér. à 5 p. °/₀ pendant 10 j^rs 34,70				
	Pour le 1/3 des bénéfices....... 2.457,15	27491	85		
	A moi, pour les frais généraux.. 406,25				
	Pour le 1/3 des bénéfices...... 2.457,10	2863	35	57847	05
	48 — *Du 14 id.* —				
12	Monsieur LEJEUNE, épicier à Limoges, me demande de lui ouvrir un compte courant, aux intérêts réciproques de 4 1/2 p. °/₀ l'an, avec 1/4 p. °/₀ de commission en ma faveur,				

		F.	C.	F.	C.
	sur toutes les valeurs qu'il me fournira en dehors de Limoges. Acceptant cette proposition, je prends pour mon compte sa créance sur Milhac, valeur du 13 courant, de.....			27491	85
	49 — *Du 15 décembre 1875.* —				
12	Reçu de Jounaud, à Bordeaux,				
	500 bouteilles de rhum et autres liqueurs assorties, à fr. 2,75, ci.... 1.375, »				
	Escompte 3 p. %........ 41,25				
	Net.................. 1.333,75				
	Prix du transport........... 14,70	1348	45		
	1 barrique de sucre de canne, de 480 kilog., à fr. 1,50, ci...... 720, »				
	2 barriques de sucre de Bordeaux, Ensemble 900 kilog., à fr. 1,18. 1062, »				
	Ensemble.......... 1782, »				
	Escompte 3 p. %... 53,45				
	Net............... 1728,55				
	Prix du transport... 18, »	1746	55	3095	»
	Nota. Nous divisons le montant de cette facture et des frais de transport en deux sommes, pour bien indiquer aux élèves qu'ils doivent en passer écritures, suivant cette indication, aux comptes respectifs de vins et liqueurs et de marchandises générales, comme aux art. 13, 14, 22. etc. — Nous séparons pour le même motif (art. 56) le prix de nos 25 pièces de toile de celui des marchandises de Villiers.				
	50 — *Du 16 id.* —				
13	Vendu à Gatinaud, à Châteauroux,				
	300^k de sucre des colonies, à f. 165 les %k.	495	»		
	260 bouteilles de vin de Bordeaux, à fr. 1,40 la bouteille, ci....... 364, »				
	150 bouteilles, liqueurs assorties, à fr. 3,25 la bouteille, ci....... 487,50				
	6 barriques de vin de Libourne, ensemble 13 h. 68 l., à fr. 60, ci.... 820,80	1672	30	2167	30
	Nota. Je suis convenu d'ouvrir un compte courant, aux intérêts réciproques de 5 p. % l'an, à Gatinaud, et d'y porter les 7000 fr. qu'il me doit par obligation, valeur du 2 novembre, ci........................	7000	»		
	Le montant de la facture ci-dessus, valeur du 15 mars prochain, ci........................	2167	30		
	En tout....................	9167	30		

		F.	C.	F.	C.
13	*51* —— *Du 17 décembre 1875.* ——				
	Vendu à Lefort, à Cahors, par l'intermédiaire de Rousseau, à Limoges :				
	30 pièces rouennerie de Villiers, ensemble 1500 m., à fr. 1,40.	2100	»		
	20 pièces de rouennerie de Villiers, ensemble 1000 m., à fr. 1,80.	1800	»		
	Ensemble.	3900	»		
	Lefort me remet :				
	N° 111, s/ mand/, à m/ ord/, sur Royer, à Paris, 28 février.			3900	»
	52 —— *Du 17 id.* ——				
14	Je paie, en espèces, à Rousseau, sa commission, 1 p. °/₀ sur 3900 fr., ci.			39	»
	53 —— *Du 18 id.* ——				
14	Rouix, de Clermont-Ferrand, m'envoie le compte de vente des marchandises que je lui ai remises en commission, le 25 novembre dernier.				
	Ce compte est ainsi conçu :				
	4 p. drap pointillé, ens. 114m50, à fr. 9, »	1030	50		
	2 — id. castor noir, — 97m80, — 12, »	1173	60		
	5 — droguet gris, — 239m50, — 2,20	526	90		
	3 — flanelle, — 139m80, — 2,20	307	55		
	2 — tartanelle, — 130m », — 1,70	221	»		
	3 — mouch. Chollet, — 36 douz. — 10, »	360	»		
	2 — id. Inde, — 76 d. 6, — 12, »	918	»		
	5 — id. 4/2 — 113 d. », — 4,80	542	40		
	3 — madras, — 357m », — 0,90	321	30		
	Ensemble.	5401	25		
	A déduire :				
	Frais de transport et de correspondance 43f »				
	Commission 3 p. °/₀. 162,05	205	05		
	Net.	5196	20		
	Qu'il me règle ainsi :				
	25 p. toile de lin, ens. 1875 m., à fr. 0,75.	1406	25		
	N° 112, s/ traite à m/ ord/, sur Delorme, Paris, au 15 février. . . . . . 1875, »				
	» 113, s/ trte s/Lafond, Lyon 5 mars, 1914,95	3789	95	5196	20
	Payé le port des 25 pièces de toile, ci. .			9	55
	54 —— *Du 18 id.* ——				
14	Remis à Gatinaud, à Châteauroux, N° 109, sur Orléans, 25 déc.			1460	»

		F.	C.	F.	C.
	55 —— *Du 19 décembre 1875.* ——				
	Je remets à Roux, à Limoges, une lettre de crédit de six mille francs sur la maison LAMARCHE, banquier à Lyon, et je lui ouvre un compte courant, au crédit duquel je porte les 6747 f., valeur du 31 mars prochain, que je lui dois (1), ci....................			6747	»
	NOTA. Les intérêts de ce compte seront calculés sur le pied de 6 p. %.				
	56 —— *Du 18 id.* ——				
14	Vendu à M. MEILHARD, à Périgueux,				
	30 p. rouenn. de VILLIERS, ens. 1500m, à f. 1,40	2100	»		
	20 — — — — 1000 — 1,90	1900	»		
	Ensemble..........................	4000	»		
	Escompte 4 1/2 p. %..............	180	»		
	NET..............................	3820	»		
	25 p. toile de lin de Clermont, ensemble 1875m, à f. 0,90.............. 1687,50				
	Escompte 4 1/2 p. %.... 75,95	1611	55		
	TOTAL..........................	5431	55		
	Il me paye ainsi :				
	N° 114, Blet BERTHON, à Périgueux, à s/ ord. 15 mars........................ 985				
	» 115, s/mand/, à mon ord/, s/ RÉAL, à Limoges, 15 mars............ 735	1720	»		
	En espèces..............................	3618	75		
	Escompte 2 1/2 p. % sur fr. 3711,55 payés comptant..........................	92	80	5431	55
	57 —— *Du 19 id.* ——				
15	J'informe VILLIERS, à Rouen, de la vente de ses marchandises, dont le prix s'élève à la somme de 7.720 fr., ci..............	7720	»		
	Desquels il faut déduire :				
	1° Le coût du transport, soit 86				
	2° La commission ROUSSEAU, 1 p. % 39				
	3° Ma commission 3 p. %, ci....... 231,60	356	60		
	NET (2)..........................	7363	40		

(1) Nous ne passons pas au journal cette ouverture de Crédit : nous n'en ferons écritures qu'au fur et à mesure qu'elle donnera lieu à des opérations de banque. Voyez, titre IV, ci-après, observations sur les ouvertures de crédit.

(2) Le prix net de vente des marchandises de VILLIERS dépasse de 413 fr. 40 leur prix d'estimation, comme on peut le voir au grand-livre. Donc il faut débiter le compte qui leur est ouvert de ces 413 fr. 40, et créditer de la même somme celui de VILLIERS.

		F.	C.	F.	C.
	Je lui remets en paiement :				
	N° 113, sur Lyon, au 5 mars, de.. 1914,95				
	» 114, sur Périgueux, au 15 mars, 985 »	2899	95		
	Et je l'invite à tirer sur moi, à fin mars, pour le reliquat, soit..................	4463	45	7363	40
	58 ——— Du 20 décembre 1875. ———				
15	Haubert, à Nantes, m'écrit que ma traite du 15 nov. sur sa maison, ayant été présentée pendant son absence, a été protestée ; et il m'envoie, pour en solder le compte de retour,				
	Un chèque à vue sur la caisse de la société de Crédit industriel et commercial, à Paris, comprenant le montant dudit compte.....	1540	75		
	Plus les intérêts pour 15 jours, à 6 p. °/₀.	3	85		
	En tout.......	1544	60		
	Je remets ce chèque à Milhac, valeur du 25 courant, ci..................			1544	60
	Et j'acquitte le compte de retour de f. 1540,75 qui m'est présenté aujourd'hui par le commis-voyageur de Lambert, à Angoulême.				
	59 ——— Du 20 id. ———				
16	Pris à la caisse de Milhac, et versé dans la mienne..........................			8000	»
	60 ——— Du 20 id. ———				
16	Remis à Lejeune, à Limoges,				
	N° 106, sur Limoges, 15 janvier.... 575,80				
	» 107, » id. 31 id...... 1842,60	2418	40		
	En espèces..........................	2540	»	4958	40
	61 ——— Du 21 id. ———				
16	Gatinaud, à Châteauroux, me fait remettre par Rousseau, à Limoges :				
	N° 116, s/ t^te à m/ ord/, sur Royer, à Paris, au 1er avril prochain, de.. 3.875, »				
	» 117, b^let Dupré, à Châteauroux, à s/ ord/, au 5 avril..... 1.285, »	5160	»		
	En espèces..........................	2400	»		
	Son virement sur Lejeune, à Limoges, valeur du 16 courant, ci...............	1367	50	8927	50
	62 ——— Du 22 id. ———				
16	Acquitté :				
	N° 5, t^te Roux, o/ Lamarche, à Lyon, à vue.			800	»

		F.	C.	F.	C.
	63 —— *Du 22 décembre 1875.* ——				
16	Escompté à ROUSSEAU, à Limoges :				
	N° 118, sa t^te^, à m/ ord/, sur DESVILLES, à Laval, au 31 janvier. . . . 1.245, »				
	» 119, t^te^ LEFORT, à Cahors, ord/ LEBLANC, à Toulouse, sur MASSIN, à Paris, fin cour^t^. 3.817, »				
	» 120, mand/ BERGER, à Bordeaux, à s/ord/, s/DELORME, Paris, au 5 février, ci. . . . . 4.350, »	9412	»		
	Je lui remets :				
	En espèces.	9338	80		
	Intérêts à 6 p. °/₀. 46,55				
	Change 1/2 p. °/₀ sur 1245 fr. . . . 6,25				
	id. 1/4 p. °/₀ sur 8167, Paris. 20,40	73	20	9412	»
	64 —— *Du 23 id.* ——				
17	Remis à Mme ROUX, sur l'autorisation de son mari,				
	En espèces.	250	»		
	Accepté :				
	N° 6, tr^te^ ROUX, ord/ LAMARCHE, à Lyon, sur moi, à 3 jours de vue.	1260	»	1510	»
	65 —— *Du 24 id.* ——				
17	Vendu à LEJEUNE, à Limoges,				
	180^kg^ sucre des colonies, à fr. 1,70	306	»		
	100 pains de sucre de Nantes, ensemble 1044^k^, à fr. 1,24	1294	55		
	87 k. 5 h. café Martinique, à fr. 2,90	253	75		
	83 k. café Moka, à fr. 3,60	298	80		
	120 k. — Bourbon, à fr. 3,10	372	»		
	3 caisses savon bleu pâle, ensemble 306^k^, à fr. 0,80	244	80		
	2 barriques huile de colza, ensemble 192^kg^, à fr. 1,10	211	20		
	Ensemble.	2981	10		
	50 bouteilles de liqueurs assorties, à f. 3,25	162	50		
	Total, valeur du 28 février, ci.			3143	60
	66 —— *Du 26 id.* ——				
17	MILHAC, à Limoges, me demande des valeurs sur Paris, m'offrant de me tenir compte de 1/8 p. °/₀ de commission.				

		F.	C.	F.
	Je lui remets le bordereau ci-dessous :			
	N° 111, sur Royer, au 28 février... 3.900, »			
	— 112, sur Delorme, au 15 février. 1.875, »			
	— 116, sur Royer, au 1er avril... 3.875, »			
	— 119, sur Massin, 31 décembre.. 3.817, »			
	— 120, sur Delorme, au 5 février. 4.350, »	17817	»	
	Il me retient :			
	Intérêts à 5 p. °/°....................	126	50	
	Net du bordereau, valeur de ce jour.....	17690	50	17817
	67 — *Du 26 décembre 1875.* —			
18	Lejeune verse dans ma caisse.........			2800
	68 — *Du 27 id.* —			
18	Acquitté m/ acceptation du 23 courant, N° 6, à trois jours de vue, ci...........			1260
	69 — *Du 26 id.* —			
18	Accepté les traites suivantes que Jounaud, à Bordeaux, me fait présenter :			
	N° 7, au 15 février prochain, de.........	1500	»	
	» 8, au 5 avril prochain, de............	1562	30	3062
	70 — *Du 27 id.* —			
18	Reçu de divers les marchandises ci-dessous :			
	De Villiers, à Rouen,			
	5 pièces drap d'Elbeuf, ensemble 250 m., à fr. 12,50, ci........ 3.125, »			
	15 pièces rouennerie, ensemble 675 m., à fr. 1,10, ci......... 742,50			
	25 pièces rouennerie, ensemble 1200 m., à fr. 1,30, ci....... 1.560, »			
	30 pièces calicot, ensemb. 1500 m., à fr. 0,55, ci................. 825, »			
	500 kilogram., coton Louisiane, à fr. 2,25, ci. .... 1.125, »			
	Ensemble............ 7.377,50			
	Escompte 6 p. °/°............ 442,65			
	Net................. 6.934,85			
	Payé le port............... 27,50	6962	35	
	De Bertin, à Lyon,			
	1 b. grége d'Espagne, 48 k. 6 h., à f. 32,50, ci. 1.579,50			
	A reporter.... 1.579,50	6.962	35	

			F.	C.	F.	C.
	Reports.......	1.579,50	6962	35		
	1 b. grége de Brousse, 35 k. 5 h., à f. 24, ci..................	852, »				
	1 b. organsin, 35 k. 65 d., à f. 38, ci	1.354,70				
	1 balle trame du pays, 42 k., 5 h., à f. 41, ci..................	1.742,50				
	Ensemble...........	5.528,70				
	Escompte, 15 p. %.........	829,30				
	Total payable fin janvier....	4.699,40				
	Payé le port.............	36,40	4735	80	11698	15
	71 — *Du 27 décembre 1875.* —					
18	Je fais ma caisse, et j'y trouve un déficit de 80 fr.; ne sachant point d'où vient ce déficit, j'en débite le compte de Pertes et Profits, ci....................				80	»
	72 — *Du 28 id.* —					
19	Expédié aux suivants :					
	A Rouix, à Clermont,					
	3 p. drap d'Elbeuf, ensemb. 150m, à f. 14, ci..................	2.100, »				
	15 p. rouennerie, ensemble 675m, à fr. 1,25, ci...............	843,75				
	15 pièces calicot, ensemble 750m, à fr. 0,60, ci...............	450, »				
	200 k. coton Louisiane, à f. 2,60, ci.	520, »	3913	75		
	A Meilhard, à Périgueux,					
	2 p. drap noir, ens. 90m, à f. 12, ci.	1.080, »				
	26 d. 8 cravates deuil, pour 26 d., à f. 7,20, ci............	187,20				
	1 p. alpaga, 63 m., à f. 2,90, ci....	182,70				
	1 p. coutil gris, 77 m., à f. 2,10, ci.	161,70				
	1 p. organsin, 35k65, s/escompte, à f. 42,50, ci..............	1.515,10	3126	70	7040	45
	73 — *Du 29 id.* —					
19	Vendu au comptant à divers,					
	100 p. sucre de Nantes, ens. 1040 k., à f. 1,25		1300	»		
	2 sacs trèfle incarnat, — 160 k., à f. 0,80		128	»		
	5 sacs pois cassés, — 400 k., à f. 0,60		240	»		
	2 sacs chènevis, — 150 k., à f. 0,70		105	»	1773	»

		F.	C.	F.	C.
	74 ——— *Du 29 décembre 1875.* ———				
19	Payé à Gandy, à Limoges, les marchandises suivantes, achetées pour le compte de Latour, à Tulle :				
	15 douz. gants de femme, mi-soie, peluchés, 3 fils, à fr. 10, net 9,25	138	75		
	7 douz. gants d'homme, couleur paille, à fr. 18, net. 16,80	117	60		
	10 douz. paires de bas blancs, à côtes, à fr. 11,80, net. 10,75	107	50		
	12 douzaines vinaigre de Bully, à fr. 14,60, net. 13,50	162	»		
	8 douzaines savons d'Avelines, à fr. 4,65, net. 3,90	31	20		
	10 douzaines savons des familles, à f. 3,90, net. 3,25	32	50		
	Total.	589	55		
	Expédié ces marchandises à Latour, par le courrier de Tulle, pour la somme de. . .			645	40
	Soit un bénéfice de.	55	85		
	75 ——— *Du 30 id.* ———				
19	Vendu aux suivants :				
	A. M. De Villevers, à Limoges,				
	1 sac trèfle nouveau, 80 k., à f. 1,30. . 104, »				
	2 p. toile de ménage, ens. 120m,30, à fr. 2,10, ci. 264,65	368	65		
	A Salon, négociant à Limoges,				
	2 pièces mérinos, ensemble 116m, à fr. 2,60, ci. 301,60				
	1 balle soie, trame du pays, 42k5, à fr. 58, ci. . . . . 2.465, »				
	Ensemble. 2.766,60				
	Escompte 10 p. °/₀ sur f. 2.465. . 246,50	2520	10	2888	75
	Nota. Comme il n'est pas probable que je fasse beaucoup d'affaires avec ces deux clients, je les inscris au compte particulier de Divers.				
	76 ——— *Du 30 id.* ———				
20	La maison Ardant et Cie, de Limoges, expédie les porcelaines que je lui achète pour le compte de Sirvain, à Paris, et ajoute à sa facture, s'élevant à 12.685 fr., ma commission de 1 p. °/₀, qu'elle me paie pour le				

		F.	C.	F.	C.
	compte de Sirvain, suivant l'autorisation de ce dernier, ci.			126	85
	77 ——— *Du 31 décembre 1875.* ———				
20	REDON, menuisier à Limoges, me remet 30 fr., ce qui me rappelle que je lui en ai prêté 80 la semaine dernière, et m'explique le moins trouvé de 80 fr. dans ma caisse, le 27 du courant.				
	En conséquence, je débite en 2 articles :				
	Redon des 80 fr. que je lui ai prêtés. . . .			80	»
	La caisse des 30 fr. que je reçois, ci.			30	»
	NOTA. Le transport de cet article au Journal peut se faire en un seul article de Divers à Divers, mais il est préférable d'en faire deux articles.				
	78 ——— *Du 31 id.* ———				
20	Je paie les frais suivants :				
	Mon prélèvement pour dépenses domestiques dans le mois. 143,50				
	Le trimestre de mon fils, au lycée. 192,60	336	10		
	Un mois des appointements de mon commis des marchandises. . . . . . . 150, »				
	Un mois des appointements de mon chef de chai. . . . . 120, »				
	Un mois des appointements de mon garçon de magasin. . . . . 70, »				
	Mes ports de lettres et menus frais. 27, »				
	Les journées des ouvriers que j'ai employés. 43,50	410	50	746	60
	79 ——— *Du 31 id.* ———				
21	Voulant faire mon inventaire, je porte en dépense deux mois de mon loyer, auquel j'ouvre un compte intitulé : LOYER A PAYER.	400	»		
	Et j'inscris 2/12 de ma patente, que je n'ai pas encore payée, au crédit du percepteur. (Compte de divers).	47	50		
	Je porte le tout au débit des frais généraux, ci			447	50
	80 ——— *Du 31 id.* ———				
21	Expédié à LAMBERT, à Angoulême, les marchandises suivantes, que j'ai achetées pour son compte à MM. Ardant et Cie, à Limoges :				

		F.	C.	F.	C.
	18 douz. assiettes, porcelaine commune, à f. 3,25, vente. 3,60	64	80		
	6 services à thé, porcelaine fine, à f. 30, vente. 32,50	195	»		
	15 douz. tasses à café, porcelaine ordinaire, à f. 10,20, vente. 11,40	171	»		
	40 paires chandeliers porcelaine, à f. 1,25, vente. 1,60	64	»		
	Il doit en outre l'emballage.	7	50		
	Ensemble.	502	30		
	Je paie à MM. Ardant et Cie :				
	Le net de cette facture. . . . . 441,50 / A l'emballeur 7,50	449	»		
	Bénéfice pour ma commission.	53	30	502	30
	81 —— *Du 31 décembre 1875.* ——				
21	Je règle les comptes courants de mes correspondants, et je débite :				
	MM. Gatinaud, à Châteauroux, Des intérêts qu'il me doit, ci.	96	05		
	Milhac, banquier à Limoges, Des intérêts en ma faveur, ci.	192	»		
	Roux, à Limoges, Des intérêts qui me sont dus.	103	80	391	85
	Je crédite le compte de Lejeune à Limoges, des intérêts que je lui dois, ci. . . .			88	95
	82 —— *Du 31 id.* ——				
22	Mes écritures, vérification faite, étant exactes je procède à mon inventaire, que j'établis comme suit, après avoir compté 2 p. °/₀ de dépréciation sur le mobilier de mes magasins, ci.			16	90
	83 —— *Du 31 id.* ——				
	Je remets à M. de Villevers, avocat à Limoges, une lettre circulaire de crédit de quinze mille francs, sur les maisons Lamarche, à Lyon, Laborde frères, à Nice, etc. Et je lui ouvrirai, le 1er janvier, un compte courant à 6 p. °/₀, que je débiterai de 368 f. 65, qu'il me doit, valeur de ce jour.				

INVENTAIRE SOUS SEING PRIVÉ PRESCRIT PAR L'ART. 9 DU CODE DE COMMERCE.
(Voyez n° 473, livre Ier).

RÉSUMÉ DE L'INVENTAIRE.

ACTIF.			PASSIF.		
Caisse :			Effets à payer :		
Espèces en caisse	1650	35	Effets en circulation	6370	40
Mobilier :			Créanciers divers :		
Mobilier des magasins	828	50	Bertin, à Lyon, etc	41342	20
Marchandises générales :			Loyer à payer :		
Marchandises en magasin	2585	10	Deux mois de mon loyer	400	»
Vins et liqueurs :			Le Percepteur :		
Vins en magasin	2540	80	Les 2/12 de ma patente	47	50
Etoffes et nouveautés :			D'où il résulte que mon actif net est de	32843	80
Etoffes en magasin	6821	75			
Effets à recevoir :					
Effets en portefeuille	3265	»			
Loyer payé d'avance :					
Payé d'avance 6 mois de mon loyer.	1200	»			
Débiteurs divers :					
Lambert, à Angoulême, etc.	62112	40			
Total de l'actif	81003	90	Total pour preuve	81003	90

Certifié le présent Inventaire sincère et conforme à mes écritures, sauf erreur ou omission.

Limoges, le 31 décembre 1875.

J. FERRET.

NOTA. Nous avons transcrit cet inventaire en détail au n° 473 du Livre I, et à la Partie du Maître; nous donnons celui du mois de novembre, c'est-à-dire l'inventaire de la première partie de nos écritures, au Titre IV, ci-après. Mais ces exemples ne sauraient dispenser les élèves de refaire eux-mêmes cette partie importante de nos exercices de comptabilité. Dans l'étude d'un art ou d'une science, rien ne supplée aux exercices pratiques : *Fit fabricando faber*.

TITRE II.

De la Comptabilité auxiliaire.

66. La comptabilité auxiliaire est l'inscription, par nature d'affaire, sur des livres accessoires, de tous les détails qui se rattachent aux opérations d'une gestion. C'est le développement des écritures de comptabilité générale, que le besoin de se rendre compte, à chaque instant, de son état de situation oblige le comptable à passer avec la plus grande concision sur les livres principaux.

67. Elle a pour objet de fournir à l'administrateur qui en fait usage tous les renseignements dont il pourra avoir besoin sur les résultats de ses opérations, et pour la bonne direction de son industrie ou de ses affaires.

68. Le fabricant qui, par exemple, veut conserver le souvenir des éléments dont se compose le prix de revient de chaque produit de son industrie, pour y puiser ultérieurement des renseignements utiles, fait *écritures*, sur des livres accessoires, du prix d'achat des matières premières qu'il emploie, du tant pour cent de déchet qu'elles éprouvent dans les différentes manipulations auxquelles il les soumet, et des divers frais de fabrication ou de mise en œuvre qu'en exige l'appropriation à nos besoins ; puis, il en transporte le total sur ses livres principaux, où il ne saurait transcrire ces mille détails sans nuire à la clarté de sa comptabilité, sinon sans la rendre inintelligible dans beaucoup de cas.

69. Le cultivateur qui désire savoir exactement dans quelle proportion ses divers frais d'amendement et de culture entrent dans le prix de revient de chaque produit qu'il obtient, ouvre des comptes particuliers, sur des Livres spéciaux, aux diverses branches de son exploitation ; il y écrit en détail ses

produits et ses frais, et, chaque semaine ou chaque mois, il en transcrit le montant sur ses livres principaux, etc., etc.

70. En résumé, on appelle comptabilité auxiliaire toutes les écritures de comptabilité qui ne sont pas faites sur les Livres principaux de la maison ou de l'administration dont elles ont les opérations pour objet.

Il y a deux sortes de comptabilités auxiliaires : la comptabilité auxiliaire ordinaire, ou la tenue des livres auxiliaires en partie simple, qui est la même dans tous les modes de comptabilité, et la comptabilité auxiliaire spéciale, ou la tenue des Livres auxiliaires en partie double, et dont il n'est fait usage que dans les maisons qui tiennent leurs écritures suivant les règles de la comptabilité générale (nos 5 et 6).

QUESTIONNAIRE.

66. Qu'est-ce que la comptabilité auxiliaire ? — 67. Qu'a-t-elle pour objet ? — 68. Que fait le fabricant qui veut conserver le souvenir des éléments dont se compose le prix de revient de chaque produit de son industrie, etc. ? — 69. Comment opère le cultivateur qui désire savoir dans quelle proportion ses frais de culture entrent dans le prix de revient de chaque produit qu'il obtient ? — 70. En résumé, qu'appelle-t-on comptabilité auxiliaire, et combien y en a-t-il de sortes ?

Première Section.

De la Comptabilité Auxiliaire Ordinaire.

CHAPITRE PREMIER.

DES LIVRES AUXILIAIRES OU ACCESSOIRES.

§ I. — *Des Livres Auxiliaires en Général.*

71. Les Livres auxiliaires sont des registres spécialement destinés à l'inscription des opérations de même nature, qu'on désire exposer avec plus de développement qu'on ne peut le faire dans les livres principaux sans nuire à la clarté des écritures.

Il y a deux sortes de Livres auxiliaires : les Livres auxiliaires ordinaires et les Livres auxiliaires spéciaux.

72. Les Livres auxiliaires ordinaires s'emploient dans tous les modes de comptabilité, et s'y tiennent de la même manière. Les Livres auxiliaires spéciaux ne sont en usage que dans les maisons dont les *écritures* sont tenues en partie double, et dans la comptabilité officielle.

§ II. — *Des Livres Auxiliaires Ordinaires.*

73. Les Livres auxiliaires ordinaires ont principalement pour objet :

Le contrôle du mouvement des marchandises, des denrées, des matières premières, des fonds employés (paiements et encaissements (n° 21, Livre Ier), des valeurs de portefeuille; l'enregistrement des échéances, des commissions, des salaires d'ouvriers et autres frais, des ouvertures de crédit, des règlements et arrêtés de comptes, etc.

74. Il y a une foule de livres auxiliaires : le nombre et la forme de ces livres varient, dans chaque comptabilité *publique* ou *privée*, selon l'étendue et le genre des renseignements qu'on désire conserver sur les opérations à l'inscription desquelles ils sont destinés.

75. Les Livres auxiliaires les plus usités dans le commerce, et dans les exploitations qui occupent des ouvriers, sont :

Les Livres d'achats, de ventes, de commissions, d'entrée et de sortie des marchandises ou des denrées, d'expéditions, de rente ou de paye, de caisse ou de recettes et de dépenses, d'enregistrement des effets à recevoir, d'enregistrement des effets à payer, les carnets d'échéances des effets à recevoir et des effets à payer, etc.

76. Tous ces livres ne sont pas indispensables : beaucoup de maisons de commerce, qui tiennent leur comptabilité en partie double, en limitent le nombre à trois : le Livre de ventes ou Livre copie de factures, le Livre d'expéditions et le carnet d'échéances de leurs engagements. — Un grand nombre d'entrepreneurs et de cultivateurs ne tiennent que le Livre de *paye*

ou de *rente*, et inscrivent leurs échéances dans un agenda. Mais les établissements industriels, les banques et les grandes maisons de commerce tiennent une multitude de Livres accessoires et de documents de comptabilité, dont les en-tête sont imprimés ou litographiés.

QUESTIONNAIRE.

71. Qu'est-ce que les Livres auxiliaires, et combien y en a-t-il de sortes? — 72. Dans quel mode de comptabilité s'emploient les Livres auxiliaires ordinaires, et dans quelles maisons les Livres spéciaux sont-ils en usage?

73. Qu'ont pour objet les Livres auxiliaires ordinaires? — 74. Combien y a-t-il de Livres auxiliaires ordinaires, et comment en varient le nombre et la forme? — 75. Quels sont les livres auxiliaires les plus usités? — 76. Tous ces livres sont-ils indispensables, et à quelle quantité beaucoup de maisons en limitent-elles le nombre?

CHAPITRE II.

DE LA TENUE DES LIVRES DE MARCHANDISES ET DE DENRÉES.

§ I. — *Du Livre d'Achats.*

77. Le Livre d'achats est un registre dans lequel on copie les factures reçues, et l'on prend note des achats faits sans facture.

On n'inscrit dans ce livre que les marchandises achetées pour être revendues : il n'y est question ni des choses achetées pour les besoins domestiques, ni du prix du mobilier ou du matériel nécessaire à l'exploitation du commerce ou de l'industrie de la maison.

78. Les marchandises achetées pour compte ou reçues pour être vendues en commission, y sont inscrites pour mémoire : le prix n'en figure qu'à la colonne *intérieure*, et n'est jamais compris dans le total des achats.

79. Le Livre d'achats a la même forme que le Brouillard, et les colonnes de francs et de centimes y reçoivent la même destination. — La première colonne, à gauche, est destinée à l'inscription des numéros d'ordre que l'on donne aux factures, à mesure qu'on les reçoit. Chaque article y commence par le

mot : AVOIR, suivi du nom du correspondant, et de l'énumération des objets de l'opération.

80. La tenue du Livre d'achats ne dispense pas les maisons de commerce de mettre en liasse les factures qu'elles reçoivent, ni de les conserver pendant dix ans, comme les lettres de leurs correspondants.

Le Livre d'Achats et le Livre Copie de Lettres reçues (n° 62), ne sont point indispensables ; mais, dans le cas de perte de Facture ou de Lettre, ils peuvent faire foi en justice, s'ils sont cotés, paraphés et régulièrement tenus.

FORMULE DU LIVRE D'ACHATS.

Nos des factures.	*Du 4 novembre 1875.*	F.	C.	F.	C.
	AVOIR JOUNAUD, à Bordeaux, sa facture du 2 courant, payable fin décembre prochain :				
N° 1.	3 sacs café Martinique, ensemble 262 k. 5 h., à f. 2,60	682	50		
	2 — — Moka, — 170 k. » — 3,20	544	»		
	4 — — Bourbon, — 370 k. » — 2,80	1036	»		
	5 — — Myssore, — 435 k. » — 2,56	1113	60		
	5 — — Santa-Yago, — 430 k. » — 2,75	1182	50		
	TOTAL.............	4558	60		
	Escompte 4 1/2 p. 0/0...........	205	15	4.353	45

81. A la fin de chaque mois, on additionne, dans la colonne extérieure de ce livre, les prix d'achats faits pour le compte de la maison, et l'on en souligne le total par un double trait. A la fin de l'année, on fait, au-dessous de la dernière facture, la récapitulation des totaux des douze mois, et l'on trouve pour résultat une somme égale au total général des débits des comptes de marchandises du Grand-Livre tenue en partie double, si les écritures ont été bien faites. (Voyez la partie du Maître.)

§ II. — *Du Livre de Ventes.*

82. Le Livre de ventes est un registre dans lequel on copie les factures que l'on expédie et les ventes que l'on fait sans facture. La tenue en est indispensable, comme celle du livre copie de lettres. — Il est en tout conforme au Livre d'achats.

Chaque article y commence par le mot : DOIT, suivi du nom du correspondant, et de l'énumération des objets de l'opération.

83. On y additionne chaque mois les prix de ventes, et, à la fin de l'année, on y fait la récapitulation des totaux des douze mois, dont le total général doit être égal à celui des crédits des comptes de marchandises du Grand-Livre tenu en partie double.

Il ne faut pas confondre ce Livre avec le Livre des *Ventes en détail* au comptant (§ III, ci-après), dont font usage les grandes maisons de commerce.

FORMULE DU LIVRE DE VENTES.

Nos des factures.		F.	C.	F.	C.
	Du 12 novembre 1875.				
	DOIT LEBON, à Poitiers, ma facture de ce jour, payable comptant :				
N° 4.	3 barriques de vin de Libourne, récolte de 1871, ensemble 6 hect. 84 lit., à f. 65 l'hect.	444	60		
	75 bouteilles de vin de Bordeaux, à f. 1.25..........	93	75		
	TOTAL..................	538	35		
	Escompte 6 p. 0/0..................	32	30	506	05

§ III. — *Du Livre de Ventes en Détail.*

84. Le Livre de ventes en détail est un registre dans lequel les maisons de commerce qui font journellement beaucoup d'affaires, inscrivent leurs ventes au comptant, à mesure qu'elles les réalisent. — Chaque folio y comprend deux pages en regard l'une de l'autre, et se compose :

1° D'une grande colonne, à gauche, destinée à l'inscription de la date de chaque jour, que l'on met entre deux tirets, et des noms des acheteurs, lorsqu'il sont connus ;

2° De colonnes de francs et de centimes précédées d'une colonne qui porte, en tête, le nom d'une marchandise. — De sorte que,

85. Toutes les deux pages de ce Livre ont autant de doubles colonnes de chiffres qu'il y a d'espèces de marchand^ses en magasin.

86. Quelques maisons y inscrivent également les ventes à terme. Dans ce cas, elles tracent à la suite de chaque colonne destinée à l'inscription des marchandises vendues, deux doubles colonnes de francs et de centimes qu'elles intitulent, la Première : AU COMPTANT, la Deuxième : A TERME. — C'est un

excellent moyen de Contrôle; mais il ne dispense point les employés d'écrire toutes les opérations de la journée au Brouillard.

§ IV. — *Du Livre d'Achats et de Ventes.*

87. En agriculture et dans les maisons de commerce qui reçoivent et qui font peu de factures, les achats et les ventes s'écrivent généralement sur le même livre, dans deux colonnes de francs et de centimes.

88. Le livre d'achats et de ventes se compose :

1° D'une double colonne, à gauche, dans laquelle on écrit les dates des opérations;

2° D'une grande colonne intérieure destinée à l'explication et à l'énumération des transactions;

3° D'une colonne de francs et de centimes intitulée : ACHATS;

4° D'une autre colonne de chiffres intitulée : VENTES.

89. On pourrait encore inscrire les Achats et les Ventes sur deux pages en regard l'une de l'autre, et donner à ce Livre la forme d'un compte (page 7 et 8).

Mais, quelle que soit la forme qu'on lui donne, il est bon d'écrire les achats et les ventes des bestiaux séparément des achats et des ventes des denrées, afin d'éviter toute confusion et de faciliter les vérifications qu'on peut avoir besoin d'y faire.

90. A la fin de l'année, on fait les totaux des achats et des ventes, on en inscrit la différence sous le total le moins fort, et l'on arrête le compte en en soulignant les deux totaux par un double trait.

FORMULE DU LIVRE D'ACHATS ET DE VENTES.

1875			ACHATS.		VENTES.	
			F.	C.	F.	C.
Nov.	20	Acheté à la foire de...., une vache et son veau, ensemble..................................	322	50	»	»
»	29	Acheté à PIERRE GRIVARD, de la Graulière, au comptant, 45 jeunes moutons, à fr. 15,50.....	697	50	»	»
Déc.	15	Vendu une paire de bœufs gras, à la foire de....., la somme de............................	»	»	1645	»
»	26	Vendu un veau, à la foire de....., la somme de...	»	»	225	»
»	31	Excédant des ventes sur les achats...........	850	»		
1876		Totaux égaux..........	1.870	»	1.870	»
Janv.	1	Excédant des ventes sur les achats, à reporter..	»	»	850	»

§ V. — *Du Livre de Commissions ou d'Ordres.*

91. Le Livre de commissions est un registre dans lequel on inscrit les demandes qui sont adressées à la maison, soit qu'il s'agisse de marchandises à acheter en commission (n° 27, Livre Ier), soit qu'il s'agisse d'ordres donnés par correspondance, verbalement ou par l'intermédiaire d'un commis-voyageur (n° 359, Liv. Ier).

92. La contexture de ce livre n'est pas bien déterminée. Les commissionnaires de profession lui donnent généralement la forme du modèle ci-dessous. — Ils inscrivent le signe (—) dans la colonne d'indication, la première à gauche, lorsqu'ils demandent au fabricant ou au marchand en gros les marchandises qu'ils sont chargés d'acheter en commission, et ils le croisent verticalement (ce qui forme le signe +) au fur et à mesure qu'ils reçoivent livraison de ces marchandises.

93. Les deux colonnes de référence, qui suivent, restent en blanc lorsque les objets commissionnés ne sont pas numérotés. Chaque commission reçoit un n° d'ordre, et les prix à payer par les commettants sont écrits d'avance dans la dernière colonne, à droite, quand ils sont fixés par la demande ou par la note de commission.

94. Les commerçants, qui ne sont pas commissionnaires, donnent le plus souvent à leur livre d'ordres ou de commissions la forme du Brouillard ou du Livre de ventes. Dans ce cas, ils inscrivent généralement les dates des ordres ou des commissions, qu'ils reçoivent, dans une double colonne, à gauche, comme celle des dates du *mémoire* (n° 361, Livre 1er) ou du Livre des achats et des ventes ci-dessus. — Il n'y a pas de colonnes de référence. La colonne des signes indicatifs est placée entre la colonne des dates et celle des quantités de marchandises demandées.

95. Les Livres d'achats, de ventes et de commissions ou d'ordres sont, en général, accompagnés d'un répertoire.

FORMULE DU LIVRE DE COMMISSIONS OU D'ORDRES.

Signes indicatifs.	NOMS des VENDEURS.	Nos de Référence. du Commissionnaire.	Nos de Référence. du VENDEUR	QUANTITÉS demandées.	EXTRAITS DES LETTRES DES COMMETTANTS ET RENSEIGNEMENTS NÉCESSAIRES.	PRIX DE REVIENT au commissionnaire. F.	C.	au commettant. F.	C.
					Du 13 novembre 1875.				
					No 1. — Case 2.				
					LATOUR, à Tulle,				
					Expédié par DUPERRON, commissionnaire de roulage, à Limoges :				
†	Tritschler et Cie.			3	Charrues araires, soc en acier..........	28	»	30	»
†				3	Id. fouilleuses, à une roue, sans règle, soc en fonte..................	37	25	40	»
†	—			1	Tarare perfectionné, sans poulie........	56	»	60	»
†	—			3	Ratissoires à bras, pour allées de jardin.	23	50	25	»
†	—			12	Pelles plates.........................	3	25	3	50
†	—			12	Id. creuses..........................	3	65	4	»
†	—			12	Dragues à drainage..................	4	50	5	»
†	—			6	Broches à poser les drains............	2	75	3	»
					Du 29 décembre id.				
					No 2. — Case 5.				
					LATOUR, à Tulle,				
					Envoyer par le courrier de demain :				
†	Gandy.	9	4	15	Douz. p. de gants de femme, mi-soie, peluchés, 3 fils................	9	25	10	»
†	—	11	6	7	Id. p. de gants d'homme, couleur paille..	16	80	18	»
†	—	37	75	10	Id. — de bas blancs. à côtes........	10	75	11	80
†	—	275	346	12	Id. vinaigre de Bully..............	13	50	14	60
†	—	403	591	8	Id. savons d'Avelines..............	3	90	4	65
†	—	530	617	10	Id. id. des Familles............	3	25	3	90
					Du 31 décembre id.				
					No 3. — Case 1.				
					LAMBERT, à Angoulême,				
					Paiera 7 fr. 50 c. pour emballage; tirer au 31 janvier prochain :				
†	Ardant et Cie.	17	128	18	Douz. assiettes, porcelaine commune...	3	25	3	60
†	—	25	157	6	Services à thé, porcelaine fine..........	30	»	32	50
†	—	18	130	15	Douz. tasses à café, porcelaine ordinaire.	10	20	11	40
†	—	45	32	40	Paires chandeliers porcelaine..........	1	25	1	60

§ VI. — *Du Livre de Magasin ou d'Entrée et de sortie des Marchandises, des Denrées, etc.*

96. Le Livre de magasin ou d'entrée et de sortie des marchandises, des denrées et des matières premières est un registre dans lequel on inscrit tout ce qui entre en magasin et tout ce qui en sort, afin de pouvoir s'assurer, quand on le veut, s'il n'a été rien distrait des choses emmagasinées.

97. Les marchands de liquides donnent au livre de magasin le nom de livre de chai ; ils le divisent presque toujours en deux volumes, surtout quand ils se livrent à des coupages. — Il est, d'ailleurs, bon d'avoir, dans toutes les branches de commerce, plusieurs livres de magasin, ou d'ouvrir, dans le même livre, un compte particulier à chaque genre de marchandises, afin d'en rendre les additions possibles, et d'y faciliter les recherches qu'on peut avoir besoin d'y faire.

98. Ce livre n'a point de contexture bien déterminée. Dans le commerce, où la tenue n'en est possible que dans les maisons de gros et de demi-gros, il se compose généralement de deux tableaux, renfermés dans le même cadre, ayant chacun huit colonnes : l'un, à gauche, intitulé : ENTRÉE ; l'autre, à droite, intitulé : SORTIE.

99. Les inscriptions au Livre de magasin se font par nature de marchandises, sur une ligne horizontale assez large pour qu'on puisse y écrire, en regard de l'entrée, la sortie en détail de chaque article de marchandises ou de denrées.

100. Les huit colonnes du premier tableau contiennent :

1° Les dates des entrées; 2° le nom du vendeur; 3° son domicile; 4° l'indication de la nature des marchandises; 5° les quantités de pièces; 6° les quantités d'unités; 7° le prix de l'unité; 8° des observations.

101. Les huit colonnes du second tableau contiennent :

1° Les dates des sorties; 2° les quantités de pièces sorties; 3° les quantités d'unités vendues en détail; 4° les quantités vendues en totalité; 5° le prix de vente de l'unité; 6° le nom de l'acheteur; 7° son domicile; 8° des observations.

FORMULE DU LIVRE D'ENTRÉE

F° 1. ENTRÉE

DATES des ENTRÉES. 1		NOM du VENDEUR ou du COMMISSIONNAIRE. 2	SON DOMICILE. 3	NATURE des MARCHANDISES. 4	QUANTITÉS REÇUES. Pièces, Sacs, Caisses, etc. 5	UNITÉS. 6		PRIX 7		Observations. 8
1875										
Nov.	4	Jounaud.	Bordeaux.	Café Martinique.	3	262	5	2	60	
Nov.	4	Jounaud.	Bordeaux.	Café Moka.	2	170	»	3	20	
Nov.	4	Jounaud.	Bordeaux.	Café Bourbon.	4	370	»	2	80	
Nov.	4	Jounaud.	Bordeaux.	Café Myssore.	5	435	»	2	56	
Nov.	4	Jounaud.	Bordeaux.	Café Santa-Yago.	5	430	»	2	75	
Nov.	7	Haubert.	Nantes.	Sucre.	300	3120	»	1	20	
Nov. etc.	15	Lebon.	Poitiers.	Trèfle nouveau.	3	240	»	»	80	

ET DE SORTIE DES DENRÉES COLONIALES.

SORTIE.

F° 1.

DATES des SORTIES. 9		QUANTITÉS SORTIES — Pièces, Sacs, Caisses, etc. 10	UNITÉS — en détail. 11		UNITÉS — en totalité. 12		PRIX. 13		NOM de L'ACHETEUR, ou du CONSIGNATAIRE. 14	SON DOMICILE. 15	Observations. 16
1875 Nov.	10	»	4	»			3	»	Roux.	Limoges.	
Id.	18	2	171	»	262	5	2	80	Gatinaud.	Châteauroux	
Déc.	24	1	87	5			2	90	Lejeune.	Limoges.	
Nov.	10	»	2	»			3	80	Roux.	Limoges.	
Id.	18	1	85	»	170	»	3	60	Gatinaud.	Châteauroux	
Déc.	24	1	83	»			3	60	Lejeune.	Limoges.	
Nov.	10	»	3	»			3	20	Roux.	Limoges.	
Id.	18	2	135	»		»	3	10	Gatinaud.	Châteauroux	
Déc.	24	1	120	»			3	10	Lejeune.	Limoges.	
Nov.	10	»	3	»			3	»	Roux.	Limoges.	
Id.	11	1	44	»	435	»	3	»	Divers.		
Id.	13	2	178	»			2	85	Latour.	Tulle.	
Id.	13	2	210	»			2	85	Gatinaud.	Châteauroux	
Nov.	13	3	258	»			3	»	Gatinaud.	Châteauroux	
Nov.	10	2	22	52			1	35	Roux.	Limoges.	
Id.	11	7	77	48			1	35	Au comptant.		
Déc.	2	91	936	»	3120	»	1	23	Latour.	Tulle.	
Id.	24	100	1044	»			1	24	Lejeune.	Limoges.	
Id.	29	100	1040	»			1	25	Au comptant.		
Déc.	2	2	160	»	240	»	»	95	Latour.	Tulle.	
Id.	30	1	80	»			1	30	Devillevers.	Limoges.	

102. En agriculture et dans l'industrie, on inscrit d'abord, en détail, les matières premières et les produits sur des livrets, et l'on en transporte ensuite les totaux au livre de magasin. Dans ce cas, on écrit généralement l'entrée et la sortie des denrées et des marchandises sur la même page, conformément au modèle suivant. Quelquefois, mais plus rarement, surtout en agriculture, on les inscrit par DOIT et par AVOIR, sur deux pages en regard l'une de l'autre.

DEUXIÈME FORMULE DU LIVRE DE MAGASIN, OU D'ENTRÉE ET DE SORTIE DES MARCHANDISES, DES DENRÉES, ETC.

DATES.		NUMÉROS DES FACTURES.	QUANTITÉS.					
			ENTRÉES.			SORTIES.		
			Pièces.	Unités.		Pièces.	Unités.	
1875.			Colis.	kg		Colis.	kg	
Nov.	4	Facture no 1. — Café	19 s.	1667	50	»	»	»
	7	Id. » 3. — Sucre	300 p.	3120	»	»	»	»
	10	Id. » 2. — Id.	»	»	»	2 p.	22	52
	»	Id. » -. — Café	»	»	»	»	12	»
	11	Id. » 3. — Id.	»	»	»	1 .	44	»
	»	Id. » -. — Sucre	»	»	»	7 p.	77	48
	13	Id. » 5. — Café	»	»	»	2 s.	178	»
	15	Id. » 5. — Trèfle	8 s.	640	»	»	»	»
	»	Id. » -. — Pois cassés naturels	15 »	1200	»	»	»	»
	»	Id. » -. — Chènevis	6 »	450	»	»	»	»
	»	Id. » -. — Savon	10 c.	970	20	»	»	»
	»	Id. » -. — Huile	13 t.	1184	»	»	»	»
	18	Id. » 6. — Café	»	»	»	10 s.	859	»
	30	Balance des denrées en magasin				349 »	8038	70
		TOTAUX ÉGAUX	371 c.	9231	70	371 c.	9231	70
décem.	1	Denrées en magasin	349	8038	70	»	»	»

NOTA. — En agriculture, on remplace le mot facture par les noms des denrées qu'on inscrit dans ce livre.

§ VI. — *Du Livre d'expéditions.*

103. Le Livre d'expéditions est destiné à l'inscription des marchandises et des denrées que l'on expédie par l'intermédiaire

des commissionnaires de roulage ou des compagnies de transport. Il est signé en marge par le commissionnaire, sur un timbre mobile de dix centimes, qu'on y appose. Il tient lieu de récépissé à l'expéditeur.

NOTA. — Nous avons donné la définition et le modèle du livre d'expéditions au no 371 du Livre Ier; nous n'en répétons la formule ici que pour nous conformer à l'ordre du programme.

FORMULE DU LIVRE D'EXPÉDITIONS.

RÉCÉPISSÉS DES CHARGEMENTS.	INDICATION DES MARCHANDISES REMISES AUX COMPAGNIES DE TRANSPORT.
Le comptable, P. Pon, LAROCHE.	*Du 12 Novembre 1875.* Remis ce qui suit à M. Duperron, commissionnaire de roulage à Limoges, pour être transporté, le 17 du courant, chez M. Lebon, à Poitiers, rue de la Traverse, no 18. J. F. Nos 327-329, trois barriques de vin rouge ; L. B. No 330, une caisse contenant 75 bouteilles de vin de Bordeaux.
P. Pon, LAROCHE, *comptable.*	*Limoges, le 13 Novembre id.* Remis à M. Duperron, commissionnaire de roulage à Limoges, ce qui suit, qu'il s'engage à transporter, dans quatre jours, chez M. Latour, à Tulle : T. L. No 495, un colis d'instrum. aratoires. id. No 496, un id. id. id. id. No 497, un id. id. id. F. T. No 498, un sac de café.
DUBRAC.	*Du 18 id.* Remis à la Compagnie d'Orléans, en gare, à Limoges, les marchandises suivantes, pour être transportées par petite vitesse, et être remises à M. Gatinaud, à Châteauroux : G. D. No 531-575, 45 barriques de vin; F. G. No 576-583, 8 sacs de café.

§ VII. — *Du Livre Copie de Lettres de Voiture.*

104. Le Livre copie de lettres de voiture est un registre coté et paraphé dans lequel les commissionnaires de transport, par terre et par eau, sont tenus de copier, sans intervalle et de suite, les lettres de voiture qu'ils expédient. (Art. 102. C. Com.)

Il ne faut pas confondre ce Livre avec le Livre-Journal des commissionnaires de transport, dans lequel ces commerçants sont tenus d'inscrire la déclaration de la nature et de la quantité, et, s'ils en sont requis, de la valeur des marchandises dont ils se chargent du transport par terre ou par eau. (Art. 96 C. Com.)

Questionnaire.

77. Qu'est-ce que le Livre d'achats, et qu'inscrit-on dans ce livre? — 78. Comment y sont inscrites les marchandises achetées pour compte ou reçues pour être vendues en commission, et où en figure le prix? — 79. Quelle forme a le Livre d'achats? — 80. De quoi la tenue du Livre d'achats ne dispense-t-elle pas? — Est-il indispensable? — Donnez en la formule. — 81. Quel travail fait-on chaque mois, et à la fin de l'année sur le Livre d'achats?

82. Qu'est-ce que le Livre de ventes? — La tenue en est-elle indispensable, et à quoi est-il conforme? — 83. Qu'y fait-on chaque mois, et à la fin de l'année, et avec quoi ne faut-il pas le confondre? — Donnez en la formule.

84. Qu'est-ce que le Livre des ventes en détail, qu'y comprend chaque folio, et de quoi se compose-t-il? — 85. Combien toutes les deux pages de ce livre ont-elles de colonnes? — 86. Qu'y inscrivent quelques maisons, que font-elles dans ce cas, et de quoi la tenue de ce livre ne dispense-t-elle point?

87. Comment s'écrivent les achats et les ventes en agriculture et dans les maisons de commerce qui reçoivent et qui font peu de factures? — 88. De quoi se compose le Livre d'achats et de ventes? — 89. Comment pourrait-on encore inscrire les achats et les ventes, et que doit-on écrire séparément, quelle que soit la forme de ce livre? — 90. Que fait-on sur ce livre à la fin de l'année? — Donnez la formule du Livre d'achats et de ventes.

91. Qu'est-ce que le livre de commissions ou d'ordres? — 92. La contexture de ce livre est-elle bien déterminée? — Quelle forme lui donnent les commissionnaires, et qu'inscrivent-ils dans la première colonne? — 93. Quand les deux colonnes de références restent-elles en blanc? — 94. Quelle forme les commerçants qui ne sont pas commissionnaires, donnent-ils à leur Livre d'ordres, et où écrivent-ils les dates et les signes indicatifs? — 95. De quoi sont accompagnés les Livres d'achats, de ventes et de commissions? — Donnez une formule du Livre de commissions?

96. Qu'est-ce que le Livre de magasin? — 97. Quel nom les marchands de liquides donnent-ils au livre de magasin? — Comment le divisent-ils, et qu'est-il bon d'avoir dans toutes les branches de commerce? — 98. Ce livre a-t-il une contexture bien déterminée? — Dans le commerce, de quoi se compose-t-il? — 99. Comment se font les inscriptions au Livre de magasin? — 100. Que contiennent les huit colonnes du premier tableau? — 101. Que contiennent les huit colonnes du second tableau? — Donnez la formule du Livre de magasin? — 102. En agriculture et dans l'industrie, comment procède-t-on à propos de ce livre, et quelle forme lui donne-t-on? — Donnez-en la formule.

103. A quoi le Livre d'expéditions est-il destiné? — Par qui est-il signé, et de quoi tient-il lieu? — Donnez-en la formule.

104. Qu'est-ce que le Livre copie de lettres de voiture, et avec quel autre livre ne faut-il pas le confondre?

CHAPITRE III.

DES LIVRES DE SALAIRES, DE RECETTES ET DE DÉPENSES.

§ I. — *Du Livre de Paye ou de Rente.*

105. Le Livre de paye est un registre dans lequel les maisons qui ont un nombreux personnel de travailleurs payés à la journée, inscrivent en détail leurs frais de main-d'œuvre. C'est la copie au net des états de journées tenus par les chefs d'atelier.

106. Ce livre se compose de neuf colonnes, savoir :

1° Une colonne d'émargements, à gauche; — 2° une colonne de noms d'ouvriers; — 3° une grande colonne destinée à l'inscription des journées des ouvriers, et qui est subdivisée, à cet effet, en autant de petites colonnes de dates qu'il y a de jours d'une paye à l'autre; — 4° six autres colonnes dans lesquelles on inscrit :

Le total des journées de chaque ouvrier, le prix de sa journée, la somme qu'il a gagnée, les à-comptes qu'il a reçus, les dates des à-comptes et, enfin, la somme qui lui reste due au jour de la paye.

FORMULE DU LIVRE DE PAYE OU DE RENTE.

2e QUINZAINE DE DÉCEMBRE 1875.

ÉMARGE-MENTS. 1	NOMS des OUVRIERS. 2	NOMBRE DE JOURNÉES. 3						Totaux des journées 4	Prix de la journée. 5		TOTAUX. 6		A-COMPTES payés. 7		Dates des à-comptes. 8	Reste dû à l'ouvrier au jour de la paye. 9	
		26	27	28	29	30	31										
Gendraud/	Gendraud.	1	»	1	1	3/4	1	4 3/4	2	80	13	30	5	»	28	8	30
Orlier/	Orlier.	1	»	1	1	1	»	4 »	2	50	10	»	2	50	29	7	50
† Payé.	Sivron.	1	»	»	1	1/4	1	3 1/4	2	40	7	80	»	»		7	80
† Payé.	Tarlier.	1	»	»	1	»	2/3	2 2/3	1	85	4	90	»	»		4	90
Voirlon/	Voirlon.	1	»	1	1	»	»	3 »	2	50	7	50	»	»		7	50
	TOTAUX.....	..	..	..	..	...	...	17 2/3	»	»	43	50	7	50		36	»

107. Les employés payés au mois et les ouvriers à la tâche sont inscrits à part, dans le même livre ou dans un second volume.

108. Les fournitures faites par les ouvriers payés aux pièces sont écrites par eux, sous forme de mémoires, dans des livrets visés et arrêtés par le comptable, qui y constate le paiement de ces fournitures. (Liv. I, n° 361 et la formule du mémoire.)

109. On inscrit au journal, en un seul article, tous les salaires partiels qu'on débourse à chaque période hebdomadaire, de quinzaine ou mensuelle à laquelle on fait la paye, et l'on en transporte le montant au compte de Salaires.

110. Beaucoup de maisons donnent le titre de RENTE au compte du Grand-Livre qu'elles ouvrent aux salaires ; d'autres, dans l'industrie de la typographie, par exemple, l'appellent BANQUE.

§ II. — *Des Etats de Journees ou Feuilles de Présence.*

111. Les états de journées sont des tableaux dans lesquels les chefs d'atelier et les cultivateurs inscrivent chaque jour

ouvrable les journées ou fractions de journée de leurs ouvriers journaliers. Ils se composent d'une colonne nominatives d'ouvriers, et de trente et une colonnes de dates.

FORMULE D'UN ÉTAT DE JOURNÉES.

Nom de la Maison ou de l'Entrepreneur. *Mois de........* 187..

NOM DES OUVRIERS.	1	2	3	4	5	6	7	8	9	10	11	12	13	14	15	16	17 Etc.
Gendraud,	1	1	»	3/4	1	1	»										
Orlier,	3/4	1	1	»	1	2/3	»										
Sivron,	2/3	1	1	3/4	1	»	»										
Tarlier,	1/2	1	1	1	3/4	1	»										
Etc., etc.																	

§ III. — *Du Livre de Caisse.*

112. Le Livre de caisse est un registre dans lequel on écrit toutes les sommes qu'on reçoit et toutes celles qu'on paie. Il se tient par débit et par crédit, sur deux pages en regard l'une de l'autre, ou sur une seule page divisée en deux par une double raie verticale. (Voyez page 7.)

113. On inscrit au débit de ce livre toutes les sommes qui entrent dans la caisse, à quelque titre què ce soit, et au crédit toutes celles qui en sortent, soit pour être données en paiement, soit pour être mises dans la petite caisse.

114. La petite caisse est une somme prise dans la caisse et mise à part pour être employée au paiement de menues dépenses ou de petits frais, que l'on totalise pour n'en faire qu'un seul article au journal, lorsque le chiffre de ces dépenses ou de ces frais vaut la peine d'une passation d'écritures. — En général, on n'écrit pas en détail sur les livres principaux les frais de poste, le prix des fournitures de bureau et autres menus frais : on en prend note sur un carnet, et l'on en passe

écritures à la fin du mois, ou lorsqu'ils s'élèvent à une somme qui vaille la peine d'un article au Journal. De là, la nécessité d'une petite caisse.

115. Le livre de caisse est indispensable aux personnes qui tiennent leurs écritures en partie simple; mais il peut être remplacé dans beaucoup de maisons par le compte de caisse du Grand-Livre tenu en partie double. (Voy. la Partie du Maître.)

§ IV. — *Faire la Caisse et en arrêter le Compte.*

116. Faire la caisse, c'est vérifier s'il se trouve en caisse une somme égale à l'excédant du Débit sur le Crédit du compte.

117. Pour arrêter le compte de caisse, on additionne, sur une feuille volante, d'une part, les sommes du débit, et de l'autre, celles du crédit; on retranche le dernier total du premier, et si le reste est égal au total des sommes qui se trouvent en caisse, on en inscrit le montant à l'Avoir du compte, sous cette désignation : Balance; puis, on additionne séparément, sur une même ligne horizontale, le Doit et l'Avoir, et l'on a deux totaux égaux, que l'on souligne par un double trait. — S'il reste du blanc entre l'un des totaux et le dernier article inscrit,

F° 1. **FORMULE DU**

DOIT CAISSE :

1875. Novembre.	2	Versé dans ma caisse........................	16.000	»
			16.000	»
Novembre.	8	Solde en caisse..........................	862	11
	»	Reçu de Gatinaud, à Châteauroux............	350	»
		Etc., etc.		

on y trace une ligne brisée pour se conformer à la loi, qui exige que les livres soient tenus sans blancs, lacunes, etc. (n°44).

118. Pour rouvrir le compte de caisse on inscrit au Débit, au-dessous du double trait, le montant de la balance, qu'on y fait précéder des mots : Solde en caisse, ou Espèces en caisse.

119. Si la somme trouvée en caisse et l'excédant du débit sur le crédit du compte ne sont pas égaux, il faut revérifier les écritures, et réparer, par de nouveaux articles, les erreurs et omissions qui ont été faites dans le libellé des opérations : on ne doit ni faire des ratures sur les livres, ni y gratter les chiffres erronés. (Voyez les articles 71 et 77 du Brouillard.)

120. Un bon comptable fait sa caisse tous les jours. C'est une obligation rigoureuse pour les fonctionnaires des administrations financières qui ont l'honneur d'être les dépositaires des deniers de l'Etat; c'est aussi un devoir pour tout chef de maison dont les recettes et les dépenses ont quelque importance, et aucun père de famille ne devrait se dispenser de faire ce règlement, au moins tous les samedis et le dernier jour de chaque mois, quand la modicité de ses affaires ne lui impose pas la nécessité de vérifier sa caisse tous les jours.

LIVRE DE CAISSE TENUE EN PARTIE SIMPLE. F° 1.

CAISSE, *AVOIR :*

1875. Novembre.	3	Versé à la caisse de Milhac.	9.000	»
	5	Acheté 7 stères de bois payés comptant	84	»
	»	Payé d'avance 6 mois de mon loyer	1.200	»
	6	Prélevé pour dépenses domestiques	124	09
	7	Payé le Bordereau de Réal	2.585	60
	»	Payé à divers	2.144	20
		BALANCE	862	11
			16.000	»
Novembre.	8	Payé le mémoire de Redon	275	»
		Etc., etc.		

§ V. — *Du Livre de Recettes et de Dépenses.*

121. En agriculture, dans les maisons bourgeoises et dans les petits ménages, on remplace le livre de caisse par le livre de recettes et de dépenses, auquel on donne la forme du livre d'achats et de ventes (nº 87).

120. Le Livre de recettes et de dépenses est donc une autre forme du Livre de caisse. Il se compose comme le Livre d'achats et de ventes, d'une double colonne de dates, à gauche, d'une colonne d'explications et de deux doubles colonnes de francs et de centimes, dont la première est intitulée : Recettes, et la dernière : Dépenses.

FORMULE DU LIVRE DE RECETTES ET DE DÉPENSES.

1875			Recettes.		Dépenses.	
Novemb.	1	Mis en caisse pour parer aux frais de mon exploitation.	2.000	»	»	»
	20	Payé le prix d'une vache et de son veau achetés à la foire de......................................	»	»	322	50
	20	Payé à PIERRE GRIVARD, à la Graulière, le prix d'achat de 45 moutons, à fr. 15,50 l'un......................	»	»	697	50
Décemb.	15	Reçu le prix d'une paire de bœufs vendue à la foire de..	1.645	»	»	»
	26	Reçu le prix d'un veau vendu à la foire de...........	225	»	»	»
	30	Payé ma prime d'assurance à la Sauvegarde.........	»	»	25	75
	31	Excédant des recettes sur les dépenses.............	»	»	2.824	25
1876		Totaux égaux................	3.870	00	3.870	00
Janvier	1	Excédant des recettes sur les dépenses, à reporter...	2.824	25	»	»

QUESTIONNAIRE.

105. Q'est-ce que le Livre de paye? — 106. De combien de colonnes se compose ce livre? — Donnez-en la formule. — 107. Où sont inscrits les employés au mois et les ouvriers à la tâche? — 108. Par qui et comment sont écrites les fournitures faites par les ouvriers payés aux pièces? — 109. Sur quel livre et comment inscrit-on tous les salaires partiels après la paye? — 110. Quel titre beaucoup de maisons donnent-elles au compte de Salaires?

111. Qu'est-ce que les états de journées, et de combien de colonnes se composent-ils? — Faites-en la formule.

112. Qu'est-ce que le Livre de caisse, et comment se tient-il? — 113. Qu'inscrit-on au débit et au crédit de ce livre? — 114. Qu'est-ce que la petite caisse, et quels frais n'écrit-on pas en détail sur les livres principaux? — 115. A qui le Livre de caisse est-il indispensable, et par quoi peut-il être remplacé?

116. Qu'est-ce que faire la caisse? — 117. Que fait-on pour arrêter le compte de caisse, et qu'y trace-t-on s'il reste du blanc entre l'un des totaux et le dernier article inscrit? — 118. Que fait-on pour rouvrir le compte de

caisse? — 119. Que faut-il faire si la somme trouvée en caisse et l'excédant du débit sur le crédit du compte de caisse ne sont pas égaux? — 120. Quand un bon comptable fait-il sa caisse, et quels sont, à cet égard, l'obligation des employés des finances et le devoir d'un chef de maison? — Donnez la formule du livre de caisse.

121. Par quoi remplace-t-on le Livre de caisse en agriculture, dans les maisons bourgeoises, etc? — 122. Qu'est-ce donc que le livre de recettes et de dépenses, et de quelles colonnes se compose-t-il? — Donnez-en la formule.

CHAPITRE IV.

DES LIVRES D'ENREGISTREMENT DES VALEURS FIDUCIAIRES.

123. Les livres destinés à l'inscription des valeurs fiduciaires sont : le livre d'enregistrement des effets à recevoir, le livre d'enregistrement des effets à payer, le carnet d'échéances des effets à recevoir et le carnet d'échéances des effets à payer et des engagements pris verbalement. Mais ce dernier livre est le seul des quatre qui soit indispensable aux maisons dont la comptabilité est tenue en partie double.

124. Les valeurs fiduciaires qu'on inscrit dans ces livres, y reçoivent un numéro d'ordre; mais ce numéro a pour base, en ce qui concerne les effets à recevoir, un chiffre de convention. Dans notre comptabilité, ce chiffre est le nombre 100; de sorte que le premier effet à recevoir inscrit porte le numéro 101.

Les numéros des effets à recevoir s'écrivent, aujourd'hui, dans les maisons de banque, au moyen d'un instrument appelé *compteur*.

§ I. — *Du Livre d'Enregistrement des Effets à Recevoir.*

125. Le Livre d'enregistrement des effets à recevoir est un registre dans lequel on inscrit tous les effets de commerce dont on recevra le montant à l'échéance. (Liv. I, n° 523.)

126. Ce livre n'est pas indispensable aux maisons qui tiennent leurs écritures en partie double, mais les renseignements qu'il fournit, sont d'une grande utilité dans le cas de perte d'effet. Il n'a pas de réglure bien déterminée. Nous croyons que le modèle que nous en donnons, et qu'en ont donné avant nous les meilleurs auteurs, est préférable aux diverses autres formes sous lesquelles on l'emploie, notamment à Limoges.

FORMULE DU LIVRE D'ENREGISTREMENT

DATES de l'entrée DES EFFETS. 1		Nos d'inscription. 2	NATURE des EFFETS. 3	NOMS des CÉDANTS. 4	LEURS DOMICILES. 5	DATES des EFFETS. 6		TIREURS des Traites, ou bénéficiaires des Billets. 7	LEURS DOMICILES 8
1875.									
Novembre	7	101	Traite.	Réal.	Limoges.	Septembre	15	Lombard.	Tulle.
	»	102	Billet.	id.	id.	»	30	Réal.	Limoges.
	»	103	Billet.	id.	id.	Octobre.	31	id.	id.
	»	104	Traite.	id.	id.	Novembre	7	id.	id.
	15	105	id.	Moi-même.	—	»	15	Moi.	—
etc., etc.									

§ II. — *Du Livre d'Enregistrement des Effets à Payer.*

127. Le Livre d'enregistrement des effets à payer est un registre dans lequel on inscrit tous les effets que l'on souscrit ou que l'on accepte pour en payer le montant à l'échéance. (Liv. I, n° 524.) Il se compose de sept colonnes, comme dans le modèle ci-dessous.

FORMULE DU LIVRE D'ENREGISTREMENT DES EFFETS A PAYER.

DATES des SOUSCRIPTIONS ou des ACCEPTATIONS. 1		Nos D'ORDRE. 2	NATURE des EFFETS. 3	NOMS des TIREURS ou des bénéficiaires 4	ÉCHÉANCES. 5		MONTANT des EFFETS. 6 F.	C.	OBSERVATIONS. 7
1875									
Novembre.	7	1	Billet.	Haubert.	Janvier.	5	1457	80	
id.	15	2	id.	Haubert.	Décembre.	6	1500	»	Acquitté.
id.	20	3	Traite.	Jounaud.	Janvier.	5	1113	45	
id.	»	4	id.	Lebon.	Mars.	1	736	85	
Décembre.	22	5	id.	Roux.	Décembre.	22	800	»	A vue, acquittée.
id.	23	6	id.	id.	id.	26	1260	»	Acquittée.
id.	27	7	id.	Jounaud.	Février.	15	1500	»	
	»	8	id.	id.	Avril.	5	1562	30	

DES EFFETS A RECEVOIR.

NOM premier dosseur ordre. 9	TIRÉS ou SOUS-CRIPTEURS. 10	LIEUX de PAIEMENT. 11	ÉCHÉANCES. 12		MONTANT des EFFETS. 13		CESSIONNAIRES. 14	DATES de LA SORTIE. 15		Observations. 16
					F.	C.				
al.	Bontant.	Guéret.	Décem.	15	1275	»	Milhac.	Novem.	23	
.	Ledoux.	Nantes.	»	25	2150	»	id.	»	»	
.	Darpon.	Bordeaux.	»	31	1500	»	Jounaud.	Novem.	20	Remis en règlement.
i.	Jounaud.	id.	»	»	1740	»	id.	»	20	
bon.	Haubert.	Nantes.	»	15	1500	»	Lebon.	»	16	Rentrée protestée.

§ III. — *Du Carnet d'Echéances des Effets à Recevoir.*

128. Le carnet d'échéances des effets à recevoir est une espèce d'agenda dans lequel on inscrit les effets à recevoir, au tableau du mois de leur échéance. Beaucoup de maisons remplacent aujourd'hui le carnet d'échéances des effets à recevoir par un portefeuille de douze ou de vingt-quatre poches, dans lesquelles elles mettent les effets échéant dans le mois dont chaque poche porte le nom. (Voy. la formule de ce carnet ci-dessous, p. 80.)

§ IV. — *Du Carnet d'Echéances des Effets à Payer.*

129. Le carnet d'échéances des effets à payer est comme le carnet d'échéances des effets à recevoir, une espèce d'agenda dans lequel on inscrit, au tableau et à la date du mois de leur échéance, les effets qu'on a souscrits ou acceptés, et les engagements de payer pris verbalement.

130. On consulte ce carnet dans la dernière dixaine de chaque mois, au plus tard, afin de se rendre compte des sommes qu'on devra payer dans le mois suivant, et de se mettre ainsi en mesure de faire honneur à ses engagements. (Voy. la 2e formule ci-dessous, p. 80.)

FORMULE DU CARNET D'ÉCHÉANCES DES EFFETS A RECEVOIR.

DATES des SOUSCRIPTIONS ou des ACCEPTATIONS		Nos D'ORDRE.	CÉDANTS.	Souscripteurs ou accepteurs.	LIEUX de PAIEMENT.	Échéances.	MONTANT des EFFETS.		Observations.
1		2	3	4	5	6	7		8
Effets à recevoir au mois de novembre 1875.									
Effets à recevoir au mois de décembre 1875.									
Septembre. id. etc., etc.	15 30	101 102	Réal. id.	Bontant. Ledoux.	Guéret. Nantes.	15 25	1275 2150	» »	
Effets à recevoir au mois de janvier 1876.									
Novembre. etc., etc.	18	106	Gatinaud.	Réal.	Limoges.	15	575	80	

FORMULE DU CARNET D'ÉCHÉANCES DES EFFETS A PAYER.

DATES des ENGAGEMENTS.		Nos D'ORDRE.	NATURE DES EFFETS.	TIREURS ou bénéficiaires.	ÉCHÉANCES	MONTANT des EFFETS.		OBSERVATIONS.
1		2	3	4	5	6		7
Effets à payer au mois de décembre 1875.								
Novembre. Décembre. etc., etc.	15 22	2 5	Billet. Traite.	Haubert. Roux.	6 à vue.	1500 800	» »	Acquitté. Acquittée.
Effets à payer au mois de janvier 1876.								
Novembre.	7	1	Billet.	Haubert.	5	1457	80	
»	20	3	Traite.	Jounaud.	5	1113	45	

QUESTIONNAIRE.

123. Quels sont les livres destinés à l'inscription des valeurs fiduciaires, et quel en est le plus indispensable? — 124. Quelle désignation reçoivent les valeurs fiduciaires qu'on inscrit dans ces livres, et au moyen de quel instrument s'écrivent les numéros des effets à recevoir?

125. Qu'est-ce que le livre d'enregistrement des effets à recevoir? — 126. Ce livre est-il indispensable, et a-t-il une réglure bien déterminée? — Indiquez-en la formule.

127. Qu'est-ce que le livre d'enregistrement des effets à payer, et de combien de colonnes se compose-t-il? — Faites-en la formule.

128. Qu'est-ce que le carnet d'échéances des effets à recevoir, et par quoi beaucoup de maisons le remplacent-elles? — Donnez-en la formule.

129. Qu'est-ce que le carnet d'échéances des effets à payer? — 130. Quand et pourquoi consulte-t-on ce carnet? — Donnez-en la formule.

Deuxième Section.

De la Comptabilité Auxiliaire spéciale.

131. La comptabilité auxiliaire spéciale est l'inscription détaillée, sur des livres accessoires spéciaux, des opérations multiples dont les écritures sont tenues selon les principes de la comptabilité générale. C'est la tenue en partie double des livres auxiliaires destinées à l'inscription, par nature d'affaire, des opérations complexes de certaines gestions.

CHAPITRE V.

DES LIVRES AUXILIAIRES SPÉCIAUX.

132. Les Livres auxiliaires spéciaux sont des sortes de grands livres accessoires, dans lesquels on ouvre une foule de comptes particuliers que l'on résume en quelques comptes généraux au Grand-Livre (n°s 68 et 69).

133. L'emploi des livres spéciaux a pour cause la nécessité de limiter le nombre des comptes du Grand-Livre à un chiffre qui permette à toute maison, quelque importante qu'elle soit, de faire facilement son état de situation, quand elle le veut,

sans négliger de prendre note des détails ou des renseignements qu'elle a besoin de conserver sur ses opérations.

134. On ne peut ouvrir plus de trente à quarante comptes au Grand-Livre sans se mettre dans l'impossibilité de connaître son état de situation à tout moment, comme l'exigent l'intérêt et l'honneur de toute maison qui se livre aux affaires. De là, la nécessité d'une comptabilité auxiliaire spéciale dans toutes les grandes maisons.

135. Une maison de commerce qui a de nombreux clients, qui a des succursales, des agences, etc., ouvre, sur son Grand-Livre, un seul compte à ses clients, sous la dénomination de Compte des Correspondants, des Tiers ou de Compte Courant; un seul compte à ses succursales, à ses agences, etc., et elle ouvre, sur des Livres spéciaux, un compte particulier à chaque client, à chaque succursale, à chaque agence, etc.

136. Les sociétés industrielles, les manufacturiers, les entrepreneurs de construction, — dont le prix de revient des produits ou des travaux se forme d'un grand nombre de frais hétérogènes, — inscrivent en détail, sur des Livres spéciaux, dans des comptes d'ordre ou comptes provisoires (1), les prix d'achats et de transport, s'il y a lieu, des matières qu'ils emploient, leurs frais de fabrication ou de construction, etc., et ils n'ouvrent au Grand-Livre que des comptes essentiels, qui résument toutes leurs opérations.

137. L'agriculteur qui veut conserver une analyse minutieuse de ses opérations, établit :

Un Livre d'Exploitation, dans lequel il ouvre des comptes de Bâtiments (s'il est propriétaire), de Prairies et de Pacages, de Terres Arables, qu'il divise en Soles ou en Lots de Culture, de Jachères, etc., etc.

---

(1) Les comptes d'ordre sont des comptes transitoires qui ne présentent ni bénéfice ni perte, et qui se soldent, à l'inventaire, par un autre compte. Les comptes de Frais Généraux, de Salaires, de Frais de Premier Etablissement, etc., sont des comptes d'ordre : car les frais qu'on y consigne, ont pour cause des opérations dans les comptes desquelles on ne les inscrit pas, uniquement par mesure d'ordre. Aussi, ces comptes sont-ils soldés par celui de Profits et Pertes.

Un Livre de Cheptel, mort et vif, comprenant des comptes de Matériel, de Bœufs, de Vaches, de Bergerie, de Porcherie, d'Elevage, etc., etc.

Un Livre d'Engrais et Amendements ;

Un Livre de Récoltes, dans lequel il ouvre des comptes de Semences, de Blé, de Fourrages : Foin, Paille, etc., etc. ;

Un Livre de Salaires et de Frais Généraux, etc., etc.

Puis, inscrivant en détail, dans ces divers comptes, ses opérations journalières, il en résume les résultats, chaque semaine, aux comptes essentiels de son Grand-Livre.

Un jour, par exemple, des chevaux sont occupés à conduire des engrais dans le pré n° 4, tandis que des bœufs hersent et labourent le champ n° 1, le cultivateur débite au Livre Spécial, les comptes du pré n° 4 et du champ n° 1 des frais qu'ils occasionnent, et en crédite les comptes de Chevaux, de Bœufs, de Matériel, d'Engrais et de Salaires ; puis, il en reporte le montant sur le Grand-Livre, au débit du compte d'Exploitation, et à l'Avoir du compte de Cheptel et de celui du Personnel.

Tous les comptes d'ordre sont débités de même des frais qu'ils occasionnent, et crédités des produits qu'ils fournissent, jusqu'au jour de l'inventaire, où ils sont finalement soldés par un autre compte.

Nota. Cette comptabilité est fort simple pour qui sait bien la tenue des Livres en partie double ; mais, quoi qu'on en dise, elle ne nous paraît pas applicable dans le plus grand nombre des exploitations agricoles. Le cultivateur a bien autre chose à faire, en effet, qu'à prendre note, vingt fois par jour, de la valeur du travail exécuté, sur dix points différents, à l'aide d'hommes, de femmes, d'enfants, de bestiaux et d'instruments aratoires de toute sorte ; qu'à écrire dans une foule de comptes la quantité et le prix des denrées engrangées, le poids ou la valeur des produits consommés, etc., etc. Sans doute, il est bon qu'une ferme conserve souvenir de la quantité de foin, de gerbes, de racines, etc., qu'elle récolte, de celle des charretées d'engrais qu'elle met en terre, de la naissance et de la mort de ses bestiaux, et de beaucoup d'autres évènements ; mais elle peut le faire sur un ou plusieurs registres, qui en seront les annales, sans se préoccuper d'une foule de comptes d'ordre, qu'elle ne saurait tenir, d'ailleurs, bien exactement qu'avec le concours d'un employé spécial, dont les appointements excèderaient, dans beaucoup d'exploitations, le revenu net du cultivateur.

A notre avis, les fermiers et les petits propriétaires ne doivent pas sortir d'une comptabilité générale ordinaire. Qu'ils subdivisent, au Grand-Livre, s'ils le veulent, les comptes de cheptel et de récoltes; mais qu'ils ne se perdent pas dans un déluge de petits détails sans intérêt bien appréciable. (Voyez à la fin du Titre IV les exercices de comptabilité agricole que nous avons extrait des livres de M. H. Ducoudray, Maire d'Azat-le-Ris.)

138. Il n'est pas possible de dire combien il est employé de livres auxiliaires spéciaux : le nombre en varie selon la nature des opérations à l'inscription desquelles ils sont destinés. — La comptabilité du matériel des chemins de fer, par exemple, exige, seule, d'après M. Frédéric Hubert, cinquante-sept sortes de livres spéciaux.

139. La tenue des Livres auxiliaires ne présente aucune difficulté sérieuse à qui sait bien la comptabilité générale. Le comptable intelligent, qui a soin, à son début, de se faire initier à tous les rouages de l'exploitation dont il doit diriger les écritures, a bientôt saisi le mécanisme de la comptabilité suivie, ou dressé le plan de celle qu'il doit organiser.

140. Il y a trois Livres auxiliaires spéciaux dont il est fait usage dans toutes les maisons de quelque importance : le Livre des comptes courants portant intérêts, le Livre des balances de vérification et le Livre des soldes, ou tableau synoptique des opérations de chaque jour, que des novateurs mal inspirés essaient de substituer au Livre-Journal, suivant la méthode américaine, dont ils n'ont pas compris les règles, s'ils les ont jamais étudiées.

Questionnaire.

131. Qu'est-ce que la comptabilité auxiliaire spéciale ?

132. Qu'est-ce que les Livres auxiliaires spéciaux? — 133. Qu'a pour cause l'emploi des livres spéciaux? — 134. Combien peut-on ouvrir de comptes au Grand-Livre sans s'exposer à ne pouvoir connaître son état de situation à tout moment? — 135. Que fait une maison de commerce qui a de nombreux clients, qui a des succursales, des agences, etc. ? — 136. Que font les sociétés industrielles, les manufacturiers, les entrepreneurs de construction dont le prix de revient de leurs produits se forme de frais hétérogènes? — 137. Que fait l'agriculteur qui veut conserver une analyse minutieuse de ses opérations? — Donnez un exemple, et dites de quoi sont débités et crédités tous les comptes d'ordre. — Lisez le nota. — 138. Est-il possible de dire combien il est employé de Livres auxiliaires spéciaux? — 139. La tenue des Livres auxiliaires présente-t-elle des difficultés? — 140. Combien y a-t-il de Livres auxiliaires spéciaux dont il est fait usage dans toutes les maisons de quelque importance, et quels sont ces livres ?

CHAPITRE VI.

DES COMPTES COURANTS.

§ I. — *Du Livre des Comptes courants.*

141. Le livre des comptes courants est un registre destiné à l'inscription des remises respectivement faites et reçues par des commerçants en relation d'affaires. Il se tient par débit et par crédit, sur deux pages en regard l'une de l'autre. — Chaque page se compose d'une double colonne de dates, à gauche, et de la formule du bordereau d'escompte. De sorte que chaque formule du livre des comptes courants est un tableau composé de deux bordereaux d'escompte, précédés d'une colonne de dates, comme toutes les formules de comptes. (Voyez le Liv. I, nº 408, et la formule, p. 179.)

Nota. Le défaut d'espace nous oblige à écourter la colonne du change dans les formules ci-dessous, Chap. VII. Mais nous y donnons la colonne du détail des remises que nous avons supprimée, pour le même défaut d'espace, au bordereau d'escompte, p. 179 du Liv. I. Il faut donc consulter le bordereau d'escompte et le livre des comptes courants pour en compléter les formules.

§ II. — *Des Comptes courants en Général.*

142. On appelle compte courant tout compte que deux commerçants en relation d'affaires tiennent de leur Doit et Avoir mutuels, et qu'ils règlent périodiquement.

143. Toute personne capable (1), commerçante ou non, peut avoir un compte courant chez un banquier ou chez tout autre commerçant; mais les opérations qu'elle fait ainsi sont des actes de commerce, quelle que soit, d'ailleurs, la nature ou l'origine des sommes et valeurs qui font l'objet du compte courant. Toutefois,

(1) Sont incapables les interdits, ceux qui sont assistés d'un conseil judiciaires, les femmes mariées et les mineurs. Toutefois, les femmes mariées et les mineurs émancipés peuvent être autorisés à faire le commerce, et, par suite, à être en compte courant avec un ou plusieurs commerçants. (Art. 2-7 C. Comm.; 487-513 C. civ.; 890-897 C. Pr. civ.; voir encore art. 457 à 459, 477-481, 1308 C. civ.)

144. Le solde d'un compte courant ne se prescrit que par trente ans, lors même qu'il se compose de remises qui se prescrivent par cinq ans. (Nos 407 et 515, Liv. I.) — Il doit être tenu en tout temps à la disposition de l'ayant-droit.

145. Le débiteur par compte courant qui en aurait remis le montant en dépôt, même chez un notaire, peut être réputé ne l'avoir pas tenu à la disposition de son créancier, et être condamné comme rétentionnaire. Mais il n'en est pas ainsi dans la réciproque : car, en principe, le débiteur par compte courant accepté par son créancier ne peut être réputé rétentionnaire pour avoir négligé de déposer les fonds de l'ayant-compte qui serait frappé de séquestre.

146. En général, les comptes courants entre négociants pour faits de négoce ne sont pas productifs d'intérêts; mais il importe, dans ce cas, d'y bien stipuler cette condition, parce que toutes les remises en effets de commerce et en espèces qui figurent dans un compte courant, portent intérêts de plein droit, s'il n'y a convention contraire. Il en est de même des soldes : ils sont productifs d'intérêts comme les créances originaires.

§ III. — *Des Méthodes de Comptes Courants portant Intérêts.*

147. Il y a deux systèmes de comptes courants : le système français et le système hanséatique ou méthode hambourgeoise, ainsi appelée parce qu'elle a été, dit-on, imaginée à Hambourg, par la Hanse teutonique (1).

148. Chaque système de comptes courants comprend deux méthodes : la méthode ancienne et la méthode nouvelle, qui, malgré cette dénomination, compte déjà plus d'un siècle d'existence. Les deux systèmes ne diffèrent, d'ailleurs, que dans la manière de régler et d'arrêter les comptes; car dans toutes les méthodes, les valeurs remises ou reçues par les ayant-compte sont productives d'intérêts à dater du jour où elles ont été réalisées en espèces, ou d'un délai de ce jour fixé par les parties.

---

(1) L'aspiration de *hanse* ne se retrouve pas dans *hanséatique* : il y a entre ces deux mots la même différence de prononciation qu'entre *héros* et *héroïque*.

§ IV. — *De la Disposition des Comptes Courants Tenus selon le Système Français.*

149. Dans les deux méthodes du système français, un compte courant se compose de deux bordereaux d'escompte ou tableaux des remises respectivement faites et reçues par les deux parties qui sont convenues d'avoir entre elles ce compte : l'un au DOIT, l'autre à l'AVOIR du compte. (Voyez les formules ci-dessous, page 90 et 96.)

150. Le bordereau du débit est l'état des remises faites à son correspondant par la partie qui fournit le relevé du compte.

Le bordereau du crédit est, au contraire, l'état des remises reçues de son correspondant par la partie qui tient le compte.

Ainsi, dans le compte courant ci-dessous (p. 90 et 91), FERRET a écrit au débit toutes les remises qu'il a faites à GATINAUD, et au crédit, toutes celles qu'il a reçues de ce correspondant. — De son côté, GATINAUD a dû écrire au débit de son compte toutes les remises qu'il a faites à FERRET, et au crédit, toutes celles qu'il en a reçues. De sorte que, si l'on rapprochait les deux comptes, on trouverait que le débit de l'un est semblable au crédit de l'autre, et réciproquement.

151. Dans chaque bordereau, les remises sont accompagnées de l'indication des échéances et du chiffre de l'escompte des sommes et valeurs dont elles se composent. — Les intérêts y sont calculés par la méthode des nombres et des diviseurs fixes, ou par la méthode des parties aliquotes. (Liv. I, p. 122 et 123.)

152. Il n'y a de différence entre les deux méthodes de tenue des comptes courants que le point de départ du calcul des escomptes.

Dans la méthode ancienne, on calcule, à l'époque du règlement du compte :

1° Les intérêts réciproquement dus pour les remises échues, et on les écrit, à l'encre noire, dans la colonne à ce destinée ;

2° Les escomptes des valeurs à échéances postérieures à la date de ce règlement, et on les écrit, à l'encre rouge, dans la colonne des intérêts.

On arrête ensuite le compte (Voyez Chap. VIII, ci-après).

153. Dans la méthode nouvelle ou de la Banque, on calcule

l'escompte de chaque remise pour le temps qu'il y a de l'ouverture du compte à l'échéance de la remise, comme dans le bordereau d'escompte.

154. Par ce calcul, on rend toutes les remises productives d'intérêts, à partir de l'ouverture du compte ; de sorte qu'à l'époque du règlement, il ne reste à compter que l'intérêt de la différence du DOIT et de l'AVOIR, et à le compenser avec la différence des escomptes du débit et du crédit du compte.

155. L'ouverture du compte date du jour de la première remise en espèces ou de la première réalisation de remise. On l'indique par le mot ÉPOQUE, écrit dans la colonne des intérêts, sur la même ligne que la remise en espèces ou réalisée en numéraire.

156. La méthode nouvelle a, sur la méthode ancienne, le double avantage de débarrasser du calcul des nombres rouges, et de permettre au comptable de préparer d'avance le calcul des intérêts. — Ce dernier avantage, seul, est un argument qui nous dispense de justifier la préférence dont cette méthode est l'objet.

Questionnaire.

141. Qu'est-ce que le livre des comptes courants, comment se tient-il et de quoi se compose chaque page de ce livre ?

142. Qu'appelle-t-on compte courant? — 143. Quelle personne peut avoir un compte courant chez un banquier ou chez tout autre commerçant, et de quelle nature sont les opérations ainsi faites ? — 144. Comment se prescrit le solde d'un compte courant, et à la disposition de qui doit-il être tenu ? — 145. Quand le débiteur par compte courant peut-il être condamné comme rétentionnaire ? — 146. Quels comptes courants ne sont pas productifs d'intérêts, et que faut-il y stipuler dans ce cas ?

147. Combien y a-t-il de manières de régler les intérêts dans les comptes courants ? — 148. Combien comprend de méthodes chaque système de comptes courants, et à dater de quel jour les remises sont-elles productives d'intérêts dans toutes les méthodes?

149. De quoi se compose un compte courant dans les deux méthodes du système français? — 150. Qu'est-ce que le bordereau du débit et celui du crédit ? — Donnez un exemple. — 151. De quoi les remises sont-elles accompagnées dans chaque bordereau, et comment les intérêts y sont-ils calculés ? — 152. Quelle différence y a-t-il entre les deux méthodes, et que calcule-t-on dans la méthode ancienne, lors du règlement du compte ? — 153. Comment calcule-t-on l'escompte dans la méthode de la Banque ? — 154. Que fait-on par ce calcul? — 155. De quel jour date l'ouverture du compte? — 156. Quel avantage la méthode nouvelle a-t-elle sur la méthode ancienne?

CHAPITRE VII.

DE LA MÉTHODE NOUVELLE OU DE LA BANQUE.

157. La méthode nouvelle consiste à calculer l'escompte qui reviendrait au débiteur par compte courant, pour chaque remise qu'il reçoit de son ayant-compte, s'il avait escompté cette remise le jour de l'ouverture du compte.

Elle a pour but de ramener, par l'escompte, toutes les remises du Doit et de l'Avoir à produire des intérêts à partir de l'époque de l'ouverture du compte, et de limiter ainsi le travail du comptable, le jour du règlement, au calcul de l'intérêt de la balance des remises.

158. L'escompte (Liv. I, nº 57) étant toujours dû par le cédant des remises, il est évident que les escomptes des remises écrites au débit d'un compte-courant sont dus par la Partie qui tient ce compte, et, réciproquement, que les escomptes des remises écrites à l'Avoir sont dus par l'ayant-compte ; donc,

159. Pour arrêter un compte courant tenu par la méthode de la Banque, il faut calculer l'intérêt de la balance des capitaux et l'écrire dans la colonne des escomptes de l'Avoir du compte, lorsque l'ayant-compte est le débiteur de cette balance ou solde, et dans la colonne des escomptes du Doit quand, au contraire, il en est le créancier.

160. Après cette opération, il faut faire la balance des escomptes du Doit et de l'Avoir, et en écrire le solde (Liv. I, nº 465) dans la colonne des remises qui se trouve du côté où le total des escomptes est le plus faible, afin de pouvoir commodément l'additionner avec les capitaux dus par le débiteur du dit solde.

161. La méthode nouvelle est appelée indirecte, parce qu'elle permet de régler les comptes courants sans calculer directement les intérêts dus au cédant pour chaque remise faite à son ayant-compte. On lui donne aussi le nom de rétrograde, parce qu'elle fait remonter le calcul des jours à l'époque de l'ouverture du compte, au lieu de le faire partir de la date de la remise, comme dans le bordereau d'escompte, ou de celle de son échéance

ou de sa réalisation en espèces, comme dans la méthode ancienne.

On l'appelle encore méthode de la Banque, parce qu'elle est, aujourd'hui, la plus en usage dans les maisons de Banque.

§ I. — *De la Manière de calculer, par les nombres, les Intérêts des Comptes Courants tenus par la Méthode de la Banque.*

162. Pour calculer, par les nombres et les diviseurs fixes, les intérêts d'un compte courant tenu par la méthode de la Banque (Livre I, calcul des jours et méthode des nombres, p. 121 et 122), on écrit, dans la colonne à ce destinée les nombres de jours qu'il y a de l'ouverture du compte à l'échéance de chaque remise, et l'on opère de la manière suivante :

1° On multiplie chaque remise par le nombre de jours qu'il y a de l'époque de l'ouverture du compte à celle de l'échéance de la remise, comme on l'eût fait pour en calculer l'escompte, si l'on avait eu à l'escompter à la date de la dite ouverture de compte;

2° Le jour de l'arrêté du compte, on additionne séparément,

APPL

COMPTE COURANT RÉGLÉ

DOIT Gatinaud, a Chateauroux, son c^te^ c^nt^ et d'intérêts, a 5 p. 0/

DATES D'ENTRÉE. 1		VALEURS REMISES. TOTAL. 2		VALEURS REMISES. DÉTAIL. 3		NATURE DES REMISES. 4	ÉCHÉANCES. 5	JOURS. 6	NOMBRES ou INTÉRÊTS partiels. 7	Changes
1876.										
Décem.	16	9.167	30	7.000	»	Solde ancien s/obligat.	2 nov.		Epoque. »	»
				2.167	30	Ma facture............	15 mars	133	288.250	»
	18	1.460	»	»	»	Sur Orléans..........	25 déc.	53	77.380	»
		96	05	»	»	Intér., et bal. des nomb.	....	...	691.568	»
		10.723	35						1.057.198	
Janvier	1	1.795	85			Solde à nouveau.				

sur une feuille volante, les remises du Doit et celles de l'Avoir; on fait la différence des deux totaux, et, multipliant cette différence par le nombre de jours qu'il y a de l'ouverture du compte à l'époque du règlement, on en écrit le résultat, sous le titre suivant, dans la colonne des nombres, du côté où se trouve le plus faible total des remises : N/ SUR FR......., BALANCE DES CAPITAUX........

3° On additionne séparément, sur une feuille détachée, les nombres du Doit et ceux de l'Avoir, et l'on en fait la différence, que l'on porte, en ces termes, dans la colonne des nombres dont le total est le plus faible : INTÉRÊTS ET BALANCE DES NOMBRES.

4° Enfin, on écrit, dans la colonne des remises, l'intérêt produit par le nombre de la balance, et, faisant de nouveau la balance des remises, on en reporte le solde du côté des remises les plus faibles, sous le titre de : SOLDE A NOUVEAU.

On fait ensuite tous les totaux, qu'on souligne par un double trait, et le compte se trouve ainsi arrêté. Pour le rouvrir, il suffit de reporter le solde au-dessous du double trait, du côté des remises les plus élevées, et d'écrire dans la colonne des désignations : SOLDE ANCIEN.

CATION.

PAR LA MÉTHODE DES NOMBRES.

'AN, CHEZ J. FERRET, A LIMOGES, RÉGLÉ LE 31 DÉC. 1876, *AVOIR :*

DATES D'ENTRÉE. 9		VALEURS REMISES. TOTAL. 10		DÉTAIL. 11		NATURE DES REMISES. 12	ÉCHÉANCES. 13	JOURS. 14	NOMBRES ou INTÉRÊTS partiels. 15		Changes et Commissions 16
1876											
Décem.	21	8.927	50	3875	»	Sur Paris.....	1 avril.	150	581.250	»	»
				1285	»	» Châteauroux......	5 id.	154	197.890	»	»
				2400	»	Espèces..............	21 déc.	49	117.600	»	»
				1367	50	Son virement sur Lejeune.	16 id.	44	60.170	»	»
						N/s/1699 f. 80, bal. des remis.	....	59	100.288	»	»
		1.795	85	»	»	Solde débiteur.					
		10.723	35						1.057.198	»	

163. Pour régler ce compte, on calcule d'abord les jours qu'il y a (Liv. I, n° 322) du 2 novembre, époque de l'ouverture du compte, à l'échéance de chaque remise, et l'on trouve :

1° Au Doit, 133 jours pour la première remise, après celle qui sert de point de départ, et 53 jours pour la deuxième;

2° A l'Avoir, 150 jours pour la première remise, 154 pour la deuxième, 49 pour la troisième et 44 pour la quatrième.

On écrit ces nombres dans la colonne des jours, et l'on multiplie chaque remise du Doit et de l'Avoir par le temps, ainsi exprimé, qu'elle a à courir, à partir du 2 novembre.

164. Puis, le jour de l'arrêté du compte (le 31 décembre), on fait la différence, sur une feuille volante, des remises du Doit et de l'Avoir; on en multiplie le résultat, 1.699 fr. 80, par 59, nombre de jours qu'il y a du 2 novembre au 31 décembre ; on écrit le produit trouvé, 100.288, dans la colonne des nombres de l'Avoir, dont le total des remises est plus faible que celui des remises du Doit.

Ensuite, on fait la différence des nombres du Doit et de

APPL

COMPTE COURANT, RÉGLÉ

DOIT GATINAUD, A CHATEAUROUX, SON Cte C^nt^ ET D'INTÉRÊTS, A 5 P. 0/

DATES D'ENTRÉE. 1		VALEURS REMISES. TOTAL. 2		DÉTAIL. 3		NATURE DES REMISES. 4	ÉCHÉANCES. 5	JOURS. 6	INTÉRÊTS partiels. 7		CHANGES. Taux. 8	Montant. 9
1876.												
Décem.	16	9.167	30	7.000	»	Solde ancien (s/ obligat.)	2 nov.	Epoque.	»	»	»	»
				2.167	30	Ma facture............	15 mars	133	40	03	»	»
	18	1.460	»	»	»	Sur Orléans..........	25 déc.	53	10	74	»	»
		96	05	»	»	Intérêts et balance des intérêts............	....	...	96	05	»	»
		10.723	35						146	82		
Janvier	1	1.795	85			Solde à nouveau.						

l'Avoir; on trouve qu'elle est de 691.568; on l'inscrit dans la colonne des nombres du Doit, dont le total est plus faible que celui des nombres de l'Avoir; on divise 691.568 par 7.200, diviseur fixe correspondant au taux 5 p. %, et l'on écrit le quotient trouvé, 96 fr. 05 c. dans la colonne des remises, à gauche.

Enfin, faisant de nouveau la balance des capitaux, on en inscrit le solde, 1.795 fr. 85 c., à l'Avoir; on fait les totaux généraux; on les souligne par un double trait, et l'on reporte le solde débiteur, 1.795 fr. 85, au Doit du nouveau compte.

§ II. — *Du Calcul des Intérêts par les Parties Aliquotes.*

165. Quand on calcule l'escompte par la méthode des parties aliquotes, — ce qui est plus rationnel, et plus expéditif lorsqu'on sait bien le calcul mental, — on remplace les nombres par les intérêts partiels, et l'on fait les autres opérations comme dans le règlement du compte par la méthode des nombres. Toutefois, on n'obtient le même résultat final qu'à la condition de calculer tous les escomptes à un centième près.

CATION.

PAR LA MÉTHODE DES PARTIES ALIQUOTES.

'AN, CHEZ J. FERRET, A LIMOGES, RÉGLÉ LE 31 DÉC. 1876, *AVOIR* :

DATES D'ENTRÉE. 10		VALEURS REMISES. TOTAL. 11		DÉTAIL. 12		NATURE DES REMISES. 13	ÉCHÉANCES. 14	JOURS. 15	INTÉRÊTS partiels. 16		CHANGES. Taux. 17	Montant. 18	
1876.													
Décem.	21	8.927	50	2875	»	Sur Paris............	1 avril	150	80	72	»	»	»
				1285	»	» Châteauroux.......	5 id.	154	27	49	»	»	»
				2400	»	Espèces..............	21 id.	49	16	33	»	»	»
				1367	50	S/ virement/s/Lejeune, à Limoges..........	16 id.	44	8	36	»	»	»
						Int/s/1.699 f. 80, bal. des remises............	31 id.	59	13	92	»	»	»
		1.795	85			Solde débiteur.							
		10.723	35						146	82			

§ III. — *Résumé des Principes de la Méthode de la Banque.*

166. En résumé, la méthode de la Banque consiste :

1° A calculer d'abord l'escompte des remises, afin de les ramener toutes à la même échéance, c'est-à-dire, afin de les rendre toutes productives d'intérêts à dater de l'époque de l'ouverture du compte, ou de celle à laquelle remonte la plus ancienne réalisation en espèces ;

2° A compter ensuite, lors du règlement, l'intérêt de la différence des remises, pour l'ajouter au montant des escomptes dus par le débiteur de cette différence de remises.

Or, remarquons le bien, du moment où les remises sont ramenées, par l'escompte, à produire des intérêts, à dater d'une même époque, il est évident que les escomptes que représentent les nombres doivent être supportés par le cédant de ces remises, qui ne saurait équitablement recevoir deux fois les intérêts des mêmes sommes ; conséquemment, les nombres ou les intérêts partiels du Doit sont dus par le créancier, et ceux de l'Avoir, par le débiteur ; donc, pour que l'intérêt de la différence des capitaux ou remises soit additionné avec les escomptes que doit le débiteur de cette différence, il faut que les nombres qui représentent ledit intérêt, soient inscrits dans la colonne des nombres de l'Avoir, lorsque les remises du Doit excèdent celles de l'Avoir, et réciproquement. Ce qui revient bien à dire que,

167. Pour arrêter un compte courant tenu par la méthode de la Banque, lorsque les escomptes des remises sont calculés, il faut d'abord porter le nombre qui représente l'intérêt de la différence des remises dans la colonne des nombres de la partie du compte où se trouve le plus faible total des capitaux, et écrire ensuite l'intérêt de la balance des nombres dans la colonne des remises de la partie du compte où se trouve aussi le plus faible total des nombres ou des escomptes partiels.

Ainsi, dans l'exemple donné plus haut (1er modèle d'un compte courant), après avoir calculé, par la méthode des nombres, les escomptes des remises à échéances postérieures à la première réalisation (2 novembre), nous avons multiplié le solde débiteur des remises, 1699 fr. 80 c., par 59, nombre de jours qu'il y a du 2 novembre au 31 décembre; nous en avons porté le résultat, 100.288, à l'Avoir ; puis, faisant la balance des nombres, nous avons trouvé un solde créditeur de 691.568, que nous avons inscrit au débit des nombres, sous le titre de : Intérêts et Balance des nombres. Enfin, divisant ce solde, 691.568, par 7200, diviseur correspondant au taux 5 p. °/₀, nous en avons écrit le quotient, 96 fr. 05 c., dans la colonne des remises (à gauche), et nous avons porté le solde débiteur des capitaux à l'Avoir, afin de solder le compte pour l'arrêter.

Nous avons opéré de la même manière dans le 2e tableau, où le même compte est réglé par la méthode des parties aliquotes.

Questionnaire.

157. En quoi consiste la méthode nouvelle, et qu'a-t-elle pour but? — 158. Par qui l'escompte est-il dû, et qui doit les escomptes des remises du débit et de celles du crédit? — 159. Que faut-il donc faire pour arrêter un compte courant tenu par la méthode de la Banque? — 160. Que faut-il faire après cette opération? — 161. Pourquoi la méthode nouvelle est-elle appelée indirecte, rétrograde ou de la Banque?

162. Que fait-on d'abord pour calculer, par les nombres et les diviseurs fixes, les intérêts d'un compte courant tenu par la méthode de la Banque, et comment opère-t-on ensuite? — Donnez une formule de compte courant. — 163. Que fait-on d'abord pour régler ce compte? — 164. Puis, que fait-on le jour de l'arrêté du compte ?

165. Comment opère-t-on quand on calcule l'escompte par la méthode des parties aliquotes? — Donnez un exemple.

166. En quoi consiste, en résumé, la méthode de la Banque? — 167. Que faut-il faire pour arrêter un compte courant tenu par la méthode de la Banque, lorsque les escomptes sont calculés? — Donnez un exemple.

CHAPITRE VIII.

DE LA MÉTHODE ANCIENNE OU DIRECTE.

168. La méthode directe ou ancienne consiste à calculer, à l'époque du règlement, les intérêts réciproquement dus par les ayant-compte. Il peut se présenter, dans cette méthode, trois cas d'échéances : « Echéances antérieures à l'époque de l'arrêté de compte, échéances arrivant le jour même de l'ar-

rêté du compte, échéances postérieures au règlement du compte. » (*Programme officiel,* p. 95.)

169. 1er *Cas.* — Lorsque l'échéance de la remise arrive avant l'époque du règlement du compte, on multiplie la remise par le nombre de jours écoulés depuis l'échéance, et l'on écrit le résultat obtenu dans la colonne des nombres.

170. 2e *Cas.* — Si l'échéance tombe le jour de l'arrêté du compte, il n'y a aucune opération à faire : on écrit le mot *époque* dans la colonne des nombres.

171. 3e *Cas.* — Quand l'échéance est postérieure au règlement du compte, on multiplie la remise par le nombre de jours

API

COMPTE COURANT, RÉG

DOIT GATINAUD, A CHATEAUROUX, SON Cte Cut ET D'INTÉRÊTS, A 5 P.

DATES D'ENTRÉE. 1		VALEURS REMISES. TOTAL. 2		DÉTAIL. 3		NATURE DES REMISES. 4	ÉCHÉANCES. 5	JOURS. 6	NOMBRE ou INTÉRÊTS partiels. 7
1876.									
Décem.	16	9.167	30	7.000	»	Solde ancien (son oblig.).	2 nov.	59	413.00
				2.167	30	Ma facture............	15 mars	(74)	(160.38(
	18	1.460	»	»	»	Sur Orléans...........	25 déc.	6	8.76
						Balance des nomb. roug.	....		314.32
		96	05	»	»	Intérêts sur N/ 691.568.			
		10.723	35						736.08
Janvier	1	1.795	85			Solde à nouveau.			

173. Ce compte, présente deux cas d'échéances : deux remises du débit et deux du crédit ont été réalisées avant l'arrêté du compte; une remise du débit et deux du crédit seront réalisées après cette opération, la première, le 15 mars prochain, et les deux autres, le 1er et le 5 avril suivant.

Pour en trouver les intérêts, on multiplie les quatre prequ'il y a à courir de l'époque du règlement à celle de l'échéance de la remise, et l'on en transcrit le produit à l'encre rouge, parce qu'il exprime, comme les nombres de la méthode de la Banque, l'intérêt dû par le cédant, et que, par conséquent, il ne doit pas être additionné avec les nombres noirs.

172. Arrêté du Compte. — Pour arrêter le compte, on fait la balance des nombres rouges, et l'on en reporte le solde, à l'encre noire, du côté du compte où se trouve le total le plus faible des nombres rouges ; puis, après avoir fait de même la balance des nombres noirs, on porte l'intérêt du solde dans la colonne des remises, du côté où se trouve le plus fort total des nombres.

CATION.

PAR LA MÉTHODE DES NOMBRES.

L'AN, CHEZ FERRET, A LIMOGES, ARRÊTÉ LE 31 DÉC. 1876. *AVOIR :*

DATES ENTRÉE. 9		VALEURS REMISES. TOTAL. 10		DÉTAIL. 11		NATURE DES REMISES. 12	ÉCHÉANCES. 13	JOURS. 14	NOMBRE ou INTÉRÊTS partiels. 15	Changes et Commissions. 16
1876.										
cem.	21	8.927	50	3875	»	Sur Paris............	1 avril	(91)	(352.625)	»
				1285	»	» Châteauroux......	5 id.	(95)	(122.075)	»
				2400	»	Espèces..............	21 déc.	10	24.000	»
				1367	50	S/ virement/s/Lejeune,	16 id.	15	20.512	»
						Balance des nombres..	....		691.568	»
		1.795	85	»	»	Solde à nouveau.				
		10.723	35						736.080	

mières remises par le nombre de jours qu'il y a de l'échéance de chacune d'elles au 31 décembre ; on en écrit les résultats à l'encre noire dans la colonne des nombres, et, multipliant de même les trois autres remises par le nombre de jours qu'elles ont à courir, à partir du 31 décembre, on en écrit les produits à l'encre rouge dans la même colonne que les nombres noirs.

Puis, on fait la balance des nombres rouges; on en écrit le solde à l'encre noire au débit, où se trouve le plus petit nombre rouge, et, balançant également les nombres noirs augmentés de la balance des nombres rouges, on en écrit la différence au crédit, où se trouve le plus petit total des nombres. Enfin, on calcule l'intérêt pour le porter au débit du compte.

174. En opérant ainsi, on trouve :

Total des nombres rouges du crédit..............................	474.700
Id. id. id. du débit..............................	160.380
Balance des nombres rouges (à porter à l'encre noire au débit)....	314.320

COMPTE COURANT, RÉGLÉ

DOIT GATINAUD, A CHATEAUROUX, SON Cte C^nt^ ET D'INTÉRÊTS, A 5 P. 0

DATES D'ENTRÉE. 1		VALEURS REMISES. TOTAL. 2		DÉTAIL. 3		NATURE DES REMISES. 4	ÉCHÉANCES. 5	JOURS. 6	INTÉRÊTS partiels. 7		CHANGE Taux. 8	Montant
1876.												
Décem.	16	9.167	30	7.000	»	Solde ancien (s/ obligat.)	2 nov.	59	57	36	»	»
				2.167	30	Ma facture............	15 mars	(74)	(22)	(26)	»	»
	18	1.460	»	»	»	Sur Orléans...........	25 déc.	6	1	21	»	»
						Balance des int. rouges.	....		43	66	»	»
		96	05	»	»	Intérêts en ma faveur..						
		10.723	35						102	23		
Janvier	1	1.795	85			Solde à nouveau.						

NOTA. Dans les deux formules qui précèdent, les nombres rouges sont mis entre parenthèse. — On fera bien d'exercer les élèves à tenir des comptes courants par les deux méthodes. Le professeur en trouvera 20 modèles dans la Partie du Maître.

§ I. — *Du cas où le Taux de l'Intérêt n'est pas le même pour les deux Ayant-Compte.*

176. Si, comme cela arrive souvent, le taux de l'intérêt n'est

Total des nombres noirs du débit (y compris le solde des n/ rouges). 736.080
Id. id. id. du crédit............................... 44.512
Balance des nombres à écrire au crédit............... 691.568

Divisant 691.568 par 7.200 (Liv. I, nos 325 et 326), on trouve que l'excédant des intérêts est de 96 fr. 05 c., que l'on porte, comme dans la méthode de la Banque, au débit de Gatinaud, avec cette indication : Intérêts sur N/ 691.568.

175. Pour régler les escomptes d'un compte courant par la méthode des parties aliquotes, on remplace les nombres par les intérêts partiels, et l'on opère comme on le fait pour régler le compte par la méthode des nombres, ce qui donne le même résultat final (n° 173). Exemple :

PAR LA MÉTHODE DES PARTIES ALIQUOTES.

'AN, CHEZ J. FERRET, A LIMOGES, RÉGLÉ LE 31 DÉC. 1876, *AVOIR* :

DATES D'ENTRÉE. 10		VALEURS REMISES. TOTAL. 11		VALEURS REMISES. DÉTAIL. 12		NATURE DES REMISES. 13	ÉCHÉANCES. 14	JOURS. 15	INTÉRÊTS partiels. 16		CHANGES. Taux. 17	CHANGES. Montant. 18	
1876.													
				3.875	»	Sur Paris............	1 avril	(91)	(48)	(97)	»	»	»
Décem.	21	8.927	50	1.285	»	» Châteauroux.......	5 id.	(95)	(16)	(95)	»	»	»
				2.400	»	Espèces...............	21 déc.	10	3	33	»	»	»
				1.367	50	S/ virement/s/Lejeune, à Limoges..........	16 id.	15	2	85	»	»	»
						Balance des intérêts....	....		96	05	»	»	»
		1.795	85	»	»	Solde à nouveau.							
		10.723	35						102	23			

pas le même pour les deux ayant-compte, on calcule séparément les intérêts du Débit et du Crédit, et l'on inscrit les résultats dans les colonnes des remises de qui de droit.

Ainsi, supposons que le taux de l'intérêt, dans le compte ci-dessus, soit de 5 p. °/₀ en faveur de Ferret, et de 4 p. °/₀ en faveur de Gatinaud. Ces conditions admises, le compte se règle de la manière suivante :

On calcule d'abord les escomptes par la méthode de la banque (n° 162); puis,

1° On multiplie le total des remises du débit, 10.627 fr. 30 c., par 59, nombre de jours qu'il y a de l'époque de l'ouverture à celle du règlement du compte, et l'on en écrit le produit, 627.010, dans la colonne des nombres du crédit, à la suite de cette mention : N/ sur fr. 10.627,30, tot. des cap. du débit;

2° On multiplie de même, par 59, le total des remises du Crédit, 8.927 fr. 50, et l'on écrit le résultat, 526.722, dans la colonne des nombres du débit, à la suite de cette mention :

N/ sur fr. 8.927,50, tot. des cap. du crédit;

3° On divise le total des nombres du crédit, 1.583.920, par 7.200, diviseur fixe correspondant à 5 p. °/₀, et l'on trouve 219 fr. 98 c., ou 220 fr., que l'on inscrit au débit de Gatinaud, sous ce titre : Intérêts sur N/ 1.583.920 du crédit;

4° On divise 892.352, total des nombres du débit, par 9.000, diviseur fixe correspondant au taux 4 p. °/₀, et l'on écrit le résultat, 99 fr., 15 c., au crédit de Gatinaud, sous cette autre mention : Intérêts sur N/ 892.352 du débit;

5° Enfin, on balance les nombres et les capitaux, et le compte se trouve arrêté.

177. Le calcul des intérêts par les parties aliquotes ne change point la manière de procéder : dans cette méthode, on remplace les nombres par les intérêts partiels correspondants, et l'on trouve le même résultat final que par la méthode des nombres.

178. On n'obtiendrait pas les mêmes résultats en réglant le compte par la méthode ancienne, parce que, — dans cette méthode, les escomptes n'étant représentés qu'en partie, par les nombres rouges, — on perdrait, en suivant ce système, le bénéfice de la différence des taux sur la partie des escomptes dont la méthode directe ne tient pas compte.

Nota. Nous commençons notre cours des comptes courants par l'étude de la méthode de la Banque ou méthode nouvelle, parce que cette méthode est généralement adoptée par la banque et par toutes les grandes maisons de commerce, même en Allemagne où, toutefois, l'usage de notre méthode ancienne est encore assez répandu. — Nous plaçons, au contraire, la méthode hambourgeoise ancienne avant la méthode nouvelle, sans nous préoccuper de la question de priorité des procédés d'un système qui n'est suivi presque nulle part, aujourd'hui, et que nous n'exposons avec soin que pour nous conformer au programme de l'Université.

QUESTIONNAIRE.

168. En quoi consiste la méthode ancienne, et combien peut-il s'y présenter de cas d'échéances? — 169. Comment opère-t-on lorsque l'échéance de la remise est antérieure à l'époque de l'arrêté du compte? — 170. Qu'y a-t-il à faire lorsque l'échéance tombe le jour de l'arrêté du compte? — 171. Que fait-on quand l'échéance est postérieure à l'arrêté du compte? — 172. Que fait-on pour arrêter le compte? — Donnez un exemple. — 173. Combien ce compte présente-t-il de cas d'échéances, et comment opère-t-on pour en trouver les intérêts? — 174. Que trouve-t-on en opérant ainsi? — 175. Comment opère-t-on pour régler les escomptes par la méthode des parties aliquotes? — Donnez un exemple. — Lisez le nota.

176. Comment opère-t-on quand le taux de l'escompte n'est pas le même pour les deux ayant-compte? — 177. Le calcul par les parties aliquotes change-t-il la manière de procéder? — 178. Pourquoi n'obtiendrait-on pas les mêmes résultats par la Méthode ancienne? — Lisez le nota.

CHAPITRE IX.

DU SYSTÈME HANSÉATIQUE OU MÉTHODE HAMBOURGEOISE (1).

179. La méthode hambourgeoise est un système de comptes courants par soldes successifs, d'après lequel chaque compte se règle le jour même où il y est fait une inscription de remise.

180. « Les comptes qui s'établissent entre deux maisons d'après cette méthode, se font par correspondance, chaque fois que l'une d'elles traite une opération qui se passe au *Doit* ou à l'*Avoir* de l'autre, et c'est la maison qui fait l'opération qui dresse le compte. — De plus, chaque compte a pour époque de règlement l'échéance de l'opération qui l'occasionne » (2).

181. Le solde et la date de l'opération s'écrivent au bas de la lettre d'avis, sur une ligne commençant par D. (initiale du mot Doit), quand le correspondant est débiteur, et par A. (initiale du mot Avoir), lorsqu'il est créancier.

---

(1) Système de comptabilité admis par la Hanse teutonique, c'est-à-dire par plusieurs villes d'Allemagne et du Nord qui s'étaient unies pour le commerce, sous de certaines conditions, et qu'on appelle Hanséatiques (du vieux mot allemand *hance* : association, alliance, confédération).

(2) Programme du 6 avril 1866.

Ainsi, d'après ce système, Milhac, par exemple, en informant Ferret du versement fait à sa caisse, le 3 décembre, par Roux et Lejeune, pour le compte de la Société F.R.L., eût écrit, au bas de sa lettre :

A....... fr. 50,000, 3 décembre 1876.

Et le 8 décembre, il eût réglé le compte comme suit :

A.......	50,000 »,	solde ancien, valeur du 3 décembre.
	34,72,	intérêts à 5 p. %, au 8 décembre.
Total	50,034,72	
D.......	1,645 »	Espèces à déduire.
A.......	48,389,72,	8 décembre 1876 (1).

182. La méthode hambourgeoise présente constamment les soldes des comptes, et dispense le comptable d'en faire les relevés généraux à des époques fortuites ou déterminées par les parties ou par l'usage; mais elle expose, dans certains cas, à de nombreuses erreurs, et elle exige plus de travail que les autres méthodes; enfin, elle consacre une inexactitude en obligeant à capitaliser les intérêts en même temps que les remises (2). Aussi n'est-elle en usage, aujourd'hui, que « dans quelques maisons des villes libres Hanséatiques, de l'Allemagne, de la Suisse et de l'Alsace, » et chez les banquiers français et étrangers qui sont en comptes courants avec ces maisons.

183. Le système hanséatique a, comme le système français, sa méthode ancienne et sa méthode nouvelle; mais aucune de ces méthodes n'a rien de bien déterminé, car les comptes peuvent s'établir, d'après l'une et l'autre, de diverses manières. — Il y a, dans les deux méthodes, trois procédés ou trois genres principaux de règlements de comptes courants.

QUESTIONNAIRE.

179. Qu'est-ce que la méthode hambourgeoise. — 180. Comment se font les comptes qui s'établissent par cette méthode? — 181. Où s'écrivent le solde et la date de l'opération? — Donnez un exemple. — 182. Que présente constamment la méthode hambourgeoise, et à quoi expose-t-elle? — 183. Quelles méthodes a le système hanséatique, et combien y a-t-il de procédés ou de genres de comptes, dans les deux méthodes.

(1) Les comptes établis sous cette forme s'appellent comptes par échelettes.
(2) Les intérêts calculés d'après la nouvelle méthode ne se capitalisent pas.

CHAPITRE X.

DE LA MÉTHODE HAMBOURGEOISE ANCIENNE.

184. La méthode ancienne du système hambourgeois est la manière la plus primitive d'établir des comptes courants. Elle consiste à régler le compte chaque fois qu'on y inscrit une remise, et à donner avis de ce règlement au correspondant, ce qui dispense d'en faire le relevé général, comme dans les autres méthodes.

185. D'après ce système, les remises ne sont point escomptées le jour de leur entrée en compte : l'échéance de chacune d'elles détermine l'époque à laquelle chaque solde qui en résulte, commence à produire des intérêts; de sorte que, pour régler un compte, chaque fois qu'on y inscrit une remise, on n'a pas d'autre intérêt à calculer que celui du dernier solde du compte.

§ I. — *Premier Procédé ou Manière de tenir un Compte par Echelettes. — Du Calcul de l'Intérêt du dernier Solde.*

186. Pour calculer l'intérêt du dernier solde, il faut d'abord écrire, dans la colonne des jours (et une ligne au-dessous du solde), le nombre de jours compris entre l'époque à partir de laquelle le solde est productif d'intérêt et celle de l'échéance de la nouvelle remise, et opérer ensuite comme à l'ordinaire. Mais l'intérêt qu'on obtient ainsi, est Actif ou Passif à l'égard du solde.

187. L'intérêt du solde est Actif, et on l'ajoute au solde, lorsque l'échéance de la remise est postérieure à l'époque de l'entrée en valeur du solde, c'est-à-dire lorsque le solde est productif d'intérêt avant la remise.

188. L'intérêt du dernier solde est Passif, et on le retranche du solde, lorsque l'échéance de la remise est antérieure à celle du solde, c'est à-dire lorsque la remise est productive d'intérêt avant la date d'échéance de la remise précédente, dont le dernier solde est formé.

Ce calcul terminé, on en balance le résultat et la dernière remise, pour obtenir le nouveau solde du compte. Exemple d'un compte tenu par Echelettes :

GATINAUD, A CHATEAUROUX, s/ c^te c^nt, A 5 P. 0/0, AU 31 DÉC. 1876.

REMISES.						DÉSIGNATION DES SOLDES.		SOLDES.		JOURS.	DATES DE LA VALEUR DES SOLDES.
DOIT.		AVOIR.		DÉBIT^r	CRÉD^r						
1		2		3	4	5		6	7
7.000	»			D.		7.000	»		2 novembre 1876.
				D.		129	30	133	
				D.		7.129	30		
2.167	30			D.		2.167	30		
				D.		9.296	60		15 mars 1877.
					A.	103	29	80	
				D.		9.193	31		
1.460	»			D.		1.460	»		
				D.		10.653	31		25 décembre 1876.
					A.	13	31	9	
				D.		10.640	»		
		1.367	50		A.	1.367	50		
				D.		9.272	50		16 décembre.
				D.		6	43	5	
				D.		9.278	93		
		2.400	»		A.	2.400	»		
				D.		6.878	93		21 décembre.
				D.		96	49	101	
				D.		6.975	42		
		3.875	»		A.	3.875	»		
				D.		3.100	42		1er avril 1877.
				D.		1	72	4	
				D.		3.102	14		
		1.285	»		A.	1.285	»		
				D.		1.817	14		5 avril.
					A.	23	97	95	
				D.		1.793	17		Solde au 31 décembre 1876. S. E. ou O/ — FERRET.

§ II. — *Analyse des Calculs du Compte ci-dessus.*

189. Le compte de Gatinaud est ouvert le 16 décembre, par l'inscription, à son débit, de deux remises.

La première, de 7.000 fr., valeur du 2 novembre dernier, produit un solde débiteur de 7.000 fr., et ne nécessite, par elle-même, aucun calcul.

La seconde, de 2.167 fr. 30 c., montant de la facture de Ferret, valeur au 15 mars prochain, donne lieu aux opérations suivantes :

On reporte, par l'escompte, l'époque de l'entrée en valeur du premier solde à l'échéance de la remise (15 mars), ce qui se fait en ajoutant à ce solde, de 7.000 fr., les 129 fr. 30 d'intérêt actif (n° 187), qu'il produirait pendant les 133 jours qu'il y a du 2 novembre au 15 mars; ensuite, on additionne le total obtenu avec la remise, et le premier solde se trouve ainsi remplacé par un nouveau solde débiteur de 9.296 fr. 60, valeur du 15 mars.

Le 18 décembre, nouvelle inscription, au débit, d'une remise de 1.460 fr., valeur au 25 décembre. Dans cette opération,

On ramène, par l'escompte, l'échéance du dernier solde (15 mars) à celle du 25 décembre; on obtient, pour les 80 jours qu'il y a du 25 décembre au 15 mars, un intérêt passif de 103 fr. 29 c. (n° 188), qu'on retranche, cette fois, du dernier solde, 9.296 fr. 60, et, additionnant le reste, 9.193 fr. 31 c. avec les 1,460 fr. remis, on trouve un troisième solde débiteur, de 10.653 fr. 31, valeur du 25 décembre.

Le 21 décembre, Ferret reçoit de Gatinaud quatre remises à échéances diverses ; il en passe écritures à l'avoir du compte de ce dernier, qu'il règle dans l'ordre des échéances des remises, au moyen des opérations suivantes :

1° Il ramène l'échéance du dernier solde, du 25 décembre au 16 décembre. Pour cela, il retranche du solde l'intérêt passif, 13 fr. 31, qu'il faut en déduire pour les 9 jours qu'il y a du 16 au 25 décembre; puis, il soustrait du résultat de cette opération les 1.367 fr. 50 c. du virement sur Lejeune (1), et il trouve un nouveau solde débiteur, de 9.272 fr. 50, valeur du 16 décembre.

(1) Il serait plus simple d'additionner l'intérêt passif avec la remise, et d'en retrancher le total du dernier solde ; mais l'opération serait moins claire pour les personnes qui n'ont pas l'habitude de ces calculs.

2° Il reporte, par l'escompte, l'échéance de ce dernier solde, du 16 au 21 décembre ; il y ajoute l'intérêt actif de cinq jours, s'élevant à 6 fr. 43 c., et retranche du total les 2.400 fr. qu'il reçoit en espèces, ce qui lui donne un cinquième solde débiteur, de 6.878 fr. 93, valeur du 21 décembre.

3° Opérant de la même manière à l'occasion des deux autres remises, il trouve d'abord un solde de 3.100 fr. 42, valeur du 1er avril ; puis, finalement un solde débiteur de 1.817 fr. 14 c.

Enfin, voulant ramener, à l'époque de son inventaire, le solde du compte de Gatinaud en valeur fin décembre, il en retranche les intérêts à courir du 31 décembre au 5 avril, soit 23 fr. 97 pour quatre-vingt-quinze jours, et il a un solde débiteur définitif, de 1.793 fr. 17, inférieur de 2 fr. 68 à celui que nous avons trouvé par les méthodes françaises.

190. *N. B.* Dans les comptes établis par échelettes, on ne désigne pas la nature des remises, et le calcul des intérêts se fait sur des feuilles volantes.

191. Ce procédé a le défaut d'exposer le comptable à de nombreuses erreurs, et de lui rendre la vérification des écritures fort difficile. Ces inconvénients ont décidé les maisons qui font usage de la méthode ancienne à adopter un deuxième procédé et, par suite, à modifier le livre des comptes courants, sans en établir, toutefois, la contexture d'une manière uniforme.

§ III. — *Du Deuxième Procédé de la Méthode Ancienne.*

192. Le deuxième procédé consiste à ajouter au livre des comptes courants trois nouvelles colonnes, destinées, l'une, à l'indication des dates auxquelles les remises sont faites, l'autre, à la désignation de la nature des remises, et la dernière, à l'inscription, par Doit et Avoir du décompte des intérêts des soldes.

193. Le calcul des intérêts et des soldes se fait par ce procédé comme par le premier procédé ; mais il ne figure dans le compte que les résultats des opérations : les additions et les soustractions se font sur des feuilles volantes, et ne sont point indiquées au compte comme dans le premier procédé (tableau p. 104, ci-dessus).

Les comptes tenus par le deuxième procédé s'établissent généralement de la manière suivante :

COMPTE TENU D'APRÈS LE DEUXIÈME PROCÉDÉ.

GATINAUD, A CHATEAUROUX, S/ Cte C[nt], A 5 P. 0/0, AU 31 DÉC. 1876.

DATES des ENTRÉES. 1		REMISES. DOIT. 2		REMISES. AVOIR. 3		NATURE DES REMISES. 4	ÉCHÉANCES des remises et des soldes. 5		JOURS. 6	SOLDES. DOIT. 7		SOLDES. AVOIR. 8		INTÉRÊTS. 5 p. °/o DOIT. 9		INTÉRÊTS. 5 p. °/o AVOIR. 10	
1876.		F.	C.	F.	C.												
Déc.	16	7.000	»	»	»	Solde ancien....	nov.	2	»	7.000	»	»	»	»	»	»	»
Id.	»	2.167	30	»	»	Ma facture......	mars	15	133	9.296	60	»	»	129	30	»	»
Id.	18	1.460	»	»	»	B[ct] D. D'Orléans.	déc.	25	80	10.653	31	»	»	»	»	103	29
Id.	21	»	»	1.367	50	S/ vir[t] s/Lejeune.	Id.	16	9	9.272	50	»	»	»	»	13	31
Id.	»	»	»	2.400	»	Espèces reçues..	Id.	21	5	6.878	93	»	»	6	43	»	»
Id.	»	»	»	3.875	»	Traite s/ Roger, à Paris........	avril	1	101	3.100	42	»	»	96	49	»	»
Id.	»	»	»	1.285	»	B[t] Dupré, de Châteauroux......	Id.	5	4	1.817	14	»	»	1	72	»	»
Id.	31	»	»	»	»	Solde à nouveau.	déc.	31	95	1.793	17	»	»	»	»	23	97
						31 décembre 1876. Sauf erreur ou omission. FERRET.											

§ IV. — *Troisième Procédé de la Méthode Ancienne.*

DE L'ÉCHÉANCE COMMUNE DES REMISES FAITES LE MÊME JOUR.

194. Le troisième procédé de la méthode ancienne a pour objet de ramener à une échéance commune toutes les remises faites le même jour, afin de n'avoir qu'une époque et qu'un solde pour chaque bordereau de remises, et de diminuer ainsi le nombre des balances du premier et du deuxième procédé.

Pour trouver l'échéance commune des remises d'un bordereau, on multiplie le montant de chaque remise par le nombre de jours qu'il y a de son échéance à la date de paiement de celle des remises qui est la première échue, et l'on divise le total des produits ou nombres par le total des remises du bordereau (Liv. I, n° 336).

195. Ce nouveau genre de comptabilité peut s'appliquer à toutes les méthodes de comptes courants; mais il n'offre aucun avantage qui en motive la préférence sur les autres procédés. En effet, le compte de Gatinaud, par exemple, tenu de cette manière, n'a, il est vrai, que trois soldes, tandis que, réglé d'après les deux autres procédés, il en a sept; différence en moins : 4, ou 133 pour 0/0, non compris la balance nécessitée par

l'inventaire de fin d'année. Mais cette différence ne prouve absolument rien : car, si, d'un côté, la supputation des intérêts et des soldes nécessite moins de calculs, d'un autre côté, la recherche des échéances moyennes en exige davantage ; et, sans parler de la confusion à laquelle donnent souvent lieu les

FORMULE D'UN COMPTE TENU D'APRÈS LE TROISIÈME

GATINAUD, A CHATEAUROUX, SON Cte C^{nt} ET D'INTÉRÊTS,

DATES des ENTRÉES.		DOIT. TOTAUX.		DOIT. DÉTAILS.		AVOIR. TOTAUX.		AVOIR. DÉTAILS.		NATURE DES REMISES.
1		2		3		4		5		6
1876.										
Décem.	16	9.167	30	»	»	»	»	»	»	Total des remises détaillées ci-contre........................
				7.000	»	»	»	»	»	Solde ancien....................
				2.167	30	»	»	»	»	Ma facture......................
Id.	18	1.460	»	»	»	»	»	»	»	Billet Dupars, d'Orléans.........
Id.	21	»	»	»	»	8.927	50	»	»	Total des remises détaillées ci-contre........................
								3.875	»	Traite s/ Roger, à Paris..........
								1.285	»	Billet Dupré, à Châteauroux......
								2.400	»	Espèces reçues..................
								1.367	50	Son vir/ sur Lejeune............
Id.	31	»	»	»	»	»		»	»	Solde ramené, valeur............
»	»	95	86	»	»	»		»	»	Balance des intérêts............
						1.795	66	»	»	Solde débiteur au 31 décembre....
		10.723	16			10.723	16			Sauf erreur ou omission.
										FERRET.

§ V. — *Du Calcul des Échéances.* (Voy. Liv. I, nos 335 et 336).

196. Pour régler ce compte par le troisième procédé, on calcule les jours qu'il y a de la première à la dernière échéance des remises faites le 16 décembre, et l'on trouve 133 jours ; puis, multipliant par ce nombre de jours le montant de la dernière remise, 2.167 fr. 30, on en divise le produit, 288.250, par le total des remises, 9.167 fr. 30, et l'on obtient, au quotient, 31 jours, qui, ajoutés au 2 novembre, portent l'échéance commune des deux remises au 3 décembre (Liv. I, tableau n° 322).

Le 18 du même mois, on reporte, par l'escompte, comme dans les autres procédés, l'échéance du premier solde, différentes manières de calculer ces échéances, les inexactitudes qui résultent forcément des fractions qu'on est obligé de négliger, nécessitent, parfois, des rectifications qu'il est toujours fort pénible de faire.

PROCÉDÉ DE LA MÉTHODE ANCIENNE.

A 5 p. 0/0, AU 31 DÉCEMBRE 1876.

ÉCHÉANCES des remises détaillées. 7	JOURS. 8	ÉCHÉANCES communes des valeurs partielles de chaque bordereau. 9	SOLDES. DOIT. 10		AVOIR. 11		JOURS. 12	INTÉRÊTS. DOIT. 5 p. 0/0. 13		AVOIR. 5 p. 0/0. 14	
....	»	3 décembre.	9.167	30	»	»	»	»	»	»	»
2 novembre.	»	»	»		»	»	»	»	»	»	»
15 mars.	133	»	»		»	»	»	»	»	»	»
25 décembre.	»	Epoque.	10.655	31	»	»	22	28	01	»	»
»	»	17 février.	1.807	71	»	»	54	79	90	»	»
1er avril.	106	»	»	»	»	»	»	»	»	»	»
5 Id.	110	»	»	»	»	»	»	»	»	»	»
21 décembre.	5	»	»	»	»	»	»	»	»	»	»
16 Id.	»	»	»	»	»	»	»	»	»	»	»
31 Id.	»	»	1.795	66	»	»	48	»	»	12	05
»	»	»	»	»	»	»	»	»	»	95	86
								107	91	107	91

9.167 fr. 30, du 3 décembre au 25 courant, qui est la date d'entrée en valeur de la remise de 1.460 fr. faite par Ferret, et l'on ajoute à ces deux sommes réunies (9.167 fr. 30 + 1.460 fr.) les 28 fr. 01 d'intérêt produit, en 22 jours, par le premier solde, ce qui donne un nouveau solde, de 10.655 fr. 31.

Le 21 décembre, on cherche l'échéance commune des remises passives qu'on reçoit. Dans cette opération, on compte les jours à partir du 16 décembre, date de la plus ancienne échéance antérieure à l'époque de l'inscription ; et, après avoir trouvé que l'échéance demandée tombe le 17 février (Liv. I, n° 336), on calcule les intérêts de 10.655 fr. 31, pour les 54 jours qu'il y a du 25 décembre au 17 février; puis, on en ajoute le montant, 79 fr. 90, au dernier solde, 10.655 fr. 31, et l'on retranche, du total obtenu, les 8.927 fr. 50 de remises passives, ce qui donne un nouveau solde débiteur, de 1.807 fr. 71.

Enfin, on règle le compte, lors de l'inventaire, en en ramenant, par l'escompte, le solde valeur au 31 décembre.

Pour obtenir ce résultat, on multiplie le dernier solde, 1807 fr. 71, par 48, nombre de jours qu'il y a du 31 décembre au 17 février; on en divise le produit, 86.770, par 7.200, diviseur fixe correspondant à 5 p. °/₀, ce qui donne 12 fr. 05 d'intérêt passif; on retranche 12 fr. 05 de 1807 fr. 71, et l'on trouve finalement un solde débiteur de 1795 fr. 66, inférieur de 19 centimes seulement à celui que l'on trouve par le système français.

197. *N. B.* On pourrait compter les jours à dater de l'entrée en compte des remises à échéances diverses d'un même bordereau, et additionner séparément, d'une part, les produits des sommes à échéances postérieures, multipliées par le nombre de jours correspondant; d'autre part, ceux des sommes à échéances antérieures; puis, retrancher le plus faible total du plus fort, et en diviser la différence par le total des sommes du bordereau.

Le nombre qu'on obtiendrait ainsi, au quotient, indiquerait combien de jours l'échéance commune tombe avant ou après l'époque d'inscription; avant, si le total des sommes à échéances antérieures est plus fort que celui des sommes à échéances postérieures; après, s'il est plus faible.

198. Mais cette manière d'opérer complique le calcul, expose à confusion, et ne donne pas toujours les résultats qu'on obtient en comptant les jours à partir de l'échéance la plus antérieure. Ainsi, en opérant de cette manière, on trouve que l'échéance du premier solde du compte ci-dessus tombe douze jours avant le 16 décembre, c'est-à-dire le 4, au lieu du 3.

199. On pourrait encore, à chaque inscription, établir une échéance commune entre le dernier solde et les remises qui entrent en compte, et éviter ainsi le calcul des intérêts; mais cette combinaison d'échéances présenterait des inconvénients, et exigerait plus de calcul que le troisième procédé.

QUESTIONNAIRE.

184. Qu'est-ce que la méthode hambourgeoise ancienne, et en quoi consiste-t-elle? — 185. Les remises, d'après ce système, sont-elles escomptées à leur entrée en compte, et à quelle époque chaque solde est-il productif d'intérêt?

186. Que faut-il faire pour calculer l'intérêt du dernier solde, et qu'est l'intérêt à l'égard du solde? — 187. Quand l'intérêt du solde est-il actif? — 188. Quand l'intérêt du dernier solde est-il passif? — Donnez un exemple de compte courant réglé par le premier procédé de la méthode ancienne.

189. Quand le compte de ce correspondant est-il ouvert? — Quelles en sont les remises, et à quelles opérations donnent lieu les soldes qui en résultent? — Faites les calculs. — 190. Dans les comptes tenus par échelettes, désigne-t-on la nature des remises? — Sur quoi se fait le calcul des intérêts? — 191. Quel défaut a ce procédé, et à quoi ces inconvénients ont-ils décidé les maisons qui font usage de la méthode ancienne?

192. En quoi consiste le deuxième procédé? — 193. Comment se fait le calcul des intérêts et des soldes par ce procédé, et que figure-t-il dans le compte? — Donnez un exemple d'un compte tenu d'après le deuxième procédé.

194. Qu'a pour objet le troisième procédé, et quelles opérations fait-on pour trouver l'échéance commune? — 195. A quelles méthodes peut s'appliquer ce nouveau genre de comptabilité? — Démontrez qu'il n'offre aucun avantage qui en motive la préférence sur les autres procédés. — Etablissez un compte d'après ce procédé.

196. Comment opère-t-on pour régler ce compte par le troisième procédé? — 197. Ne pourrait-on pas opérer d'une autre manière? — 198. Quels inconvénients présente cette manière d'opérer? — 199. Ne pourrait-on pas encore établir une échéance commune entre le dernier solde et les remises qui entrent en compte?

CHAPITRE XI.

DE LA MÉTHODE HAMBOURGEOISE NOUVELLE.

200. La méthode nouvelle est un système de comptes courants par soldes, d'après lequel on ramène, par l'escompte, chaque remise, faite en valeur de portefeuille ou en virement, à produire des intérêts à dater du jour de son entrée en compte, sans comprendre dans le solde qui en résulte les intérêts du solde précédent.

201. D'après cette méthode, chaque solde a pour échéance ou *époque* la date de l'entrée en compte des remises qui l'ont

produit, et les escomptes des remises non réalisées en espèces se confondent avec les intérêts des soldes, ou se retranchent des remises elles-mêmes. De là deux genres de comptes par soldes : les comptes par soldes bruts ou nominaux, et les comptes d'espèces ou de banque par soldes. Ce dernier genre de comptes comprend deux procédés.

§ I. — *Du Premier Procédé, ou des Comptes par Soldes Bruts.*

202. Le premier procédé de la méthode nouvelle ou premier genre de comptes courants par soldes est un mode de comptabilité par lequel on balance le compte sur le montant nominal des remises, à mesure qu'elles sont faites, et l'on inscrit chaque solde dans une colonne distincte de celle où l'on écrit les intérêts des soldes et les escomptes des remises, qui n'entrent que dans le dernier solde, lors du règlement du compte.

203. Ce procédé donne lieu au calcul des soldes, à celui des intérêts de chaque solde et des escomptes des remises.

1° Du Calcul des Soldes.

204. Le premier solde d'un compte est le montant de la première remise qui figure dans le compte; il s'écrit dans la colonne des soldes qui a le même titre (DOIT ou AVOIR) que la colonne où doit s'écrire la remise.

205. Le deuxième solde est le total ou la différence de la deuxième remise et du premier solde.

206. Il en est le total, et s'écrit dans la même colonne que le premier solde, lorsque cette colonne porte le même titre que celle dans laquelle on inscrit la deuxième remise.

207. Il en est la différence dans le cas contraire, c'est-à-dire :

1° Lorsque la deuxième remise doit s'inscrire au Débit du compte, et que le premier solde figure au Crédit des soldes ;

2° Ou, lorsque la remise doit s'inscrire au Crédit, et que le premier solde figure au Débit.

208. Dans les deux cas, la deuxième remise est ou plus forte ou plus faible que le premier solde, et cette différence de rapports détermine celle des colonnes spéciales dans laquelle il faut inscrire le deuxième solde.

209. Si la remise est plus forte que le solde précédent, il faut en écrire l'excédant, ou deuxième solde, dans la colonne qui n'a pas le même titre que celle du solde retranché.

210. Si, au contraire, la remise est plus faible que le solde qui précède, il faut en écrire la différence dans la colonne où figure ce solde; et ainsi des autres. Exemple :

Si, dans un compte ayant un solde débiteur de 2.000 fr., par exemple, on avait à inscrire, savoir :

1° Au débit, une remise de 500 fr., on obtiendrait un nouveau solde débiteur de 2.500 fr.;

2° Au crédit, une remise de 4.000 fr., on aurait, cette fois, un solde créditeur de 1.500 fr.;

3° Au débit, une remise de 1.200 fr., on obtiendrait un nouveau solde créditeur de 300 fr., etc.

2° Du Calcul des Intérêts du Dernier Solde.

211. Les intérêts du dernier solde se calculent sur le nombre de jours qu'il y a de l'échéance du solde à la date de l'inscription des remises qui occasionnent l'opération. Ils s'écrivent dans une colonne spéciale, établie par Débit et par Crédit, sous le même titre (DOIT ou AVOIR) que celui de la colonne où figure le solde qui les produit. (Voyez Liv. I, p. 120.)

3° Du Calcul des Escomptes.

212. Les escomptes des remises se calculent sur le nombre de jours que les remises ont à courir, à partir de la date de leur entrée en compte. Ils sont dus par le cédant des valeurs ou des créances dont elles se composent. D'où il suit que,

213. Les escomptes des remises non réalisées en espèces qui figurent au *débit* du compte, doivent s'écrire au *crédit* de la colonne des intérêts, et, réciproquement, les escomptes des remises qui figurent à l'Avoir du compte, doivent s'écrire au *débit* de la colonne des intérêts.

214. Lors du règlement du compte, on ajoute au dernier solde ou l'on en retranche la balance des intérêts et des escomptes du DOIT et de l'AVOIR, suivant qu'elle est active ou passive à l'égard du solde (nos 187 et 188).

FORMULE DU PREMIER PROCÉDÉ DE LA MÉTHODE NOUVELLE. —

M. MILHAC, BANQUIER A LIMOGES, F. R. L., s/c^{te} c^{nt} ET D'INTÉRÊTS,

DATES des REMISES. 1		DOIT : TOTAUX. 2	DOIT : DÉTAILS. 3	AVOIR : TOTAUX. 4	AVOIR : DÉTAILS. 5	NATURE DES REMISES. 6
1876.						
Déc.	3	50.000 »	» »			Versement de Roux et Lejeune F. R. L.
	8			1.645 »	» »	Espèces
	9	15.750 »				Total des remises ci-dessous détaillées
			6.000 »			Espèces
			2.575 »			Sur Limoges, valeur de ce jour
			3.680 »			» Périgueux, id.
			3.495 »			» Limoges, id.
	10			61.625 »		Total des remises ci-dessous détaillées
					51.875 »	Espèces
					2.575 »	Sur Limoges, valeur de ce jour
					3.680 »	» Périgueux, id.
					3.495 »	» Limoges, id.
	»	40.000 »				Total des remises ci-dessous détaillées
			20.000 »			Espèces, valeur de ce jour
			10.000 »			Sur Limoges, valeur de ce jour
			10.000 »			» Paris, id.
	12	15.480 »				Total des remises de ce jour
			8.780 »			Virem/ de Gandaud, de Châteauroux
			2.875 »			Sur Limoges, valeur de ce jour
			1.840 »			» id. id.
			1.985 »			» Châteauroux, id.
				112 95	83 »	Intérêts et balance des nombres
					29 85	Changes, 1/4 p. 0/0, sur 11.985 fr.
				57.847 05		Solde débiteur au 13 décembre
		121.230 »		121.230 »		

(1) Ce change est annulé par la remise réciproque de la valeur pour laquelle il est accordé.

(2) L'échéance des soldes date du jour de l'entrée en compte des remises qui les ont produits. Il fa[ut] donc multiplier chaque solde, pour en avoir l'intérêt, par le nombre de jours qu'il y a de cette échéanc[e]

COMPTE COURANT, RÉGLÉ PAR LA MÉTHODE DES NOMBRES.

A 5. P. 0/0, AU 13 DÉCEMBRE 1876, AVEC LA SOCIÉTÉ F. R. L.

CHANGES.		ÉCHÉANCES des remises partielles.	JOURS.	SOLDES.		JOURS. (2)	NOMBRES.		*Notes explicatives des opérations ci-contre.*
Doit. 7	*Avoir.* 8	9	10	*DOIT.* 11	*AVOIR* 12	13	5 P. 0/0. DOIT. 14	5 P. 0/0. AVOIR. 15	16
»	»	Epoque.	»	50.000	»	5	250.000		Intérêts des soldes dus par Milhac.
»	»	Id.	»	48.355	»	1	48.355		
»	»	Id.	»	64.105	»	1	64.105		
»	»	Id.	»					»	Même échéance que le solde de ce jour; partant, pas d'escompte.
»	»	15 février.	68					175.100	Escompte dû à Milhac sur ces remises, dont les échéances sont postérieures au 9 décembre.
»	1/4(1)	31 déc.	22					80.960	
»	»	1er mars.	82					286.590	
»	»	Epoque.	»	2.480	»	»	»	»	Pas d'intérêt, ce solde s'ajoutant le même jour à d'autres remises.
»	»	Id.	»				»	»	Pas d'escompte.
»	»	15 février.	67				172.525		Escompte dû par Milhac.
1/4(1)	»	31 déc.	21				77.280		
»	»	1er mars.	81				283.095		
»	»	Epoque.	»	42.480	»	2	84.960	»	Intérêt de ce solde, qui est remplacé par un autre solde au bout de deux jours.
»	»	Id.	»				»	»	Pas d'escompte.
»	»	15 janvier.	36					360.000	Escompte dû à Milhac.
»	1/4	1er février.	53					530.000	
»	»	Epoque.	»	57.960	»	1	57.960	»	Intérêt du solde, au 13 déc.
»	»	Id.	»				»	»	Pas d'escompte.
»	»	5 janvier.	24					69.000	Escompte dû à Milhac.
»	»	31 déc.	19					34.960	
»	1/4	31 janvier.	50					99.250	
»	»	»	»				597.580		*Nota.* Ces notes ne s'inscrivent point au livre des comptes courants ; nous ne les plaçons ici que pour l'intelligence de la méthode.
							1.635.860	1.635.860	

à la date de l'entrée en compte de la première remise postérieure qui, en se confondant avec ce solde, donne naissance à un nouveau solde par lequel on remplace le précédent.

§ III. — *Analyse des Opérations du Compte ci-dessus.*

215. Le premier solde est de 50.000 fr.; le deuxième de 50.000 moins 1.645 fr. pris le 8 décembre à la caisse de Milhac, ou de 48.355 fr.; le troisième, de 48.355 fr. plus 15.750 fr., ou de 64.105 fr., etc.

216. Le 8, on calcule les intérêts du premier solde, ce qui donne, pour cinq jours, le nombre 250.000, représentant 34 fr. 72 d'intérêts dus par Milhac.

Le 9, on calcule les intérêts du deuxième solde, courus pendant un jour, afin de n'avoir à compter que les intérêts du troisième solde, lors d'une nouvelle remise, ou, à défaut de remise, à l'époque de l'arrêté définitif du compte, et ainsi pour les autres soldes.

217. Quant aux remises dont l'échéance est postérieure à la date de leur entrée en compte courant, on les ramène, par l'escompte, à l'échéance du solde dont elles font partie, et l'on inscrit l'intérêt qu'il faudrait en déduire, pour en avoir la valeur nette, au profit de l'ayant-compte qui les reçoit. Ainsi, les trois effets de commerce remis à Milhac, le 9 décembre, sont considérés comme réalisés en espèces à cette date, et la perte à la négociation que supporterait la Société de vins à 1/3 F. R. L., si elle recevait le montant de ces effets, est inscrite au crédit de Milhac (colonne des intérêts).

Ces trois mêmes effets étant remis, le lendemain, 10, par Milhac, l'escompte que celui-ci en supporterait, s'il s'agissait d'une négociation, est inscrit à son débit (colonne des intérêts), etc.

218. Enfin, pour arrêter le compte, on balance les nombres ; on trouve un solde créditeur de n/597.580, représentant 83 fr. d'intérêts à 5 p. °/₀; on additionne ces intérêts avec les 29 fr. 85 de change, dus par la société F. R. L., et l'on en écrit le total au crédit de Milhac, dont le compte se balance finalement par un solde débiteur de fr. 57.847,05.

Nota. Si la méthode nouvelle était pratiquée suivant les règles que nous venons d'en donner, elle pourrait remplacer, sans inconvénient, notre méthode de la Banque ; mais il n'en est généralement pas ainsi : les maisons qui la suivent, tiennent presque toujours leurs comptes courants d'après le deuxième genre ci-dessous exposé; et comme le système français est infiniment préférable à ce procédé, il en résulte que la plupart des teneurs de livres, prenant, sans examen, le deuxième genre de comptes pour la méthode hambourgeoise perfectionnée, ne sauraient songer à cette substitution de méthode.

§ IV. — *Deuxième Procédé de la Méthode Nouvelle, ou Comptes d'Espèces ou de Banque par soldes.*

219. Le deuxième procédé de la méthode nouvelle de comptes courants par soldes est un mode de comptabilité par lequel on ne fait entrer en compte que le montant effectif ou net des remises non productives d'intérêts le jour de l'opération.

220. D'après ce procédé, on balance le compte sur le montant des remises diminuées de leur escompte, et l'on écrit le solde qui résulte de cette opération dans une colonne distincte de celle des intérêts du solde précédent, comme dans le premier procédé.

221. Dans ce genre de comptes, il ne figure que le montant net des remises, les soldes et les intérêts qu'ils produisent. Il n'y est question ni du détail des remises, des changes et autres frais, ni du calcul des escomptes; de sorte que le comptable est obligé de recourir au brouillard et aux feuilles volantes, sur lesquelles il a fait ses bordereaux, chaque fois qu'il a besoin de renseignements sur sa gestion. C'est là un inconvénient qui nous dispense de critiquer cette manière de tenir les comptes courants.

222. On donne aux comptes tenus par ce procédé le nom de comptes d'espèces ou de comptes de banque par soldes. On les appelle ainsi, parce que toutes les remises qui y figurent, y sont considérées comme ayant été faites en espèces le jour de leur inscription dans le compte.

Les comptes d'espèces, réglés d'après le deuxième procédé, se tiennent suivant la formule ci-après, dans laquelle nous refaisons le compte de Milhac F. R. L.

MILHAC F. R. L., BANQUIER A LIMOGES, SON COMPTE, A 5 P. 0/0, AU 13 DÉCEMBRE 1876.

DATES.		REMISES.				NATURE DES REMISES.	SOLDES.				JOURS.	NOMBRES.	
		DOIT.		AVOIR.			DOIT.		AVOIR.			5 P. 0/0. DOIT.	5 P. 0/0. AVOIR.
1		2		3		4	5		6		7	8	9
1876.													
Déc.	3	50.000	»	»	»	Versement de Roux et Lejeune........	50.000	»	»	»	5	250.000	»
Id.	8	»	»	1.645	»	Espèces reçues......	48.355	»	»	»	1	48.355	»
Id.	9	15.674	63	»	»	N/ r/ valeur de ce jour..............	64.029	63	»	»	1	64.029	»
Id.	10	»	»	61.550	99	S/ r/ valeur de ce jour..............	2.478	64	»	»	»	»	»
	»	39.876	39	»	»	N/ r/ valeur de ce jour..............	42.355	03	»	»	2	84.710	»
	12	15.451	77	»	»	N/ r/ valeur de ce jour..............	57.806	80	»	»	1	57.806	»
	13	70	12	»	»	Intér. et balance des nombres..........	......	..	......	..	»	»	504.900
				57.876	92	Solde débiteur, au 13 décembre......							
		121.072	91	121.072	91							504.900	504.900

§ V. — *Comparaison des Résultats obtenus par les deux Procédés.*

223. En comparant les différentes sommes écrites dans les deux tableaux qui précèdent, on trouve qu'elles diffèrent de l'escompte des remises faites en valeurs de portefeuille, mais que le solde définitif du dernier tableau, diminué des 29 fr. 85 de frais de change revenant à Milhac, n'excède celui du premier que de 2 centimes.

Ainsi, les deux premiers soldes sont les mêmes dans les deux tableaux, parce qu'ils résultent de remises en espèces ; mais les autres diffèrent, à savoir :

1° Le troisième, de 75 fr. 37, escompte des trois valeurs remises à Milhac, le 9 décembre (1) :

2° Le quatrième solde, de 75 fr. 37 — (74 fr. 01, escompte des mêmes valeurs reçues de Milhac, le 10 courant, et dont le

(1) On trouvera le montant de l'escompte à déduire du total des remises en divisant ici, par 7.200, la somme des nombres produits par ces remises. Cherchez ainsi l'escompte représenté par les nombres du tableau, page 114.

montant net doit être retranché du troisième solde), soit une différence de 1 fr. 36.

3° Le cinquième, de 1 fr. 36 + (123 fr. 61, escompte des trois valeurs de Delorme, remises, le 10, par Ferret), soit de 124 fr. 97 ;

4° Le sixième, de 124 fr. 97 + 28 fr. 23 (escomptes des trois autres valeurs remises le 12 décembre), ou de 153 fr. 20.

Si l'on veut bien vérifier les opérations, comme il est toujours bon de le faire, on trouvera que les remises inscrites le même jour, dans les deux tableaux, et les soldes qui en résultent, diffèrent des sommes ci-dessus détaillées.

224. Quant aux balances des intérêts, elles ne sauraient être, le plus souvent, ni les mêmes, ni de la même nature dans les comptes tenus d'après les deux procédés que nous exposons; mais on comprend aisément que les réductions faites sur les bordereaux inscrits sommairement aux comptes d'espèces par soldes, en compensent naturellement la différence.

Toutefois, d'après le deuxième procédé, le cédant des valeurs de portefeuille supporte l'intérêt en dehors du montant de ses bordereaux, et n'en reçoit que l'intérêt en dedans, mais la réciprocité des remises balance, à peu près, la différence de ces intérêts.

§ VI. — *Troisième Procédé. — Des comptes d'Espèces tenus à l'Anglaise.*

225. Le troisième procédé de la méthode nouvelle, ou la tenue des comptes de banque à l'anglaise, est une simplification du livre des comptes d'espèces qui ne doivent avoir que des soldes de la même nature (soldes débiteurs ou soldes créditeurs), comme le compte de Milhac F. R. L., par exemple.

226. Ce procédé consiste à ne laisser, dans le livre des comptes d'espèces, qu'une colonne de soldes et une colonne d'intérêts, et à faire, à droite, une colonne d'observations. Il ne modifie en rien les résultats qu'on obtient par le deuxième procédé : les calculs des escomptes et des soldes se font de la même manière dans les deux procédés.

227. Ce perfectionnement, apporté à la tenue des comptes

d'espèces par soldes, rend la méthode hambourgeoise nouvelle plus simple que la méthode de la Banque. Mais, comme il est toujours bon de tenir compte de l'imprévu, l'emploi de ce procédé ne peut être qu'une exception, et la formule qu'on en donne ne sert généralement que de bordereau ou de copie des comptes courants arrêtés qui n'ont qu'une seule espèce de soldes.

Etablissons, comme exemple, le compte de Milhac F. R. L. d'après le procédé anglais. En voici la formule :

F° 1. — MILHAC F. R. L., BANQUIER A LIMOGES, S/ Cte D'ESPÈCES AVEC LA S/ F. R. L.

DATES des entrées et des échéances. 1		SOMMES. DOIT. 2		SOMMES. AVOIR. 3		NATURE DES REMISES. 4	SOLDES. 5		JOURS. 6	NOMBRES. 7	OBSERVATIONS. 8
1876.											
Déc.	3	50.000	»	»	»	Vers/ de Roux et Lejeune...........	50.000	»	5	250.000	
Id.	8	»	»	1.645	»	Espèces reçues......	48.355	»	1	48.355	
»	9	15.674	63	»	»	N/ r/ val. de ce jour..	64.029	63	1	64.029	
»	10	»	»	61.550	99	S/ r/ val. de ce jour..	2.478	64	»		
»	»	39.876	39	»	»	N/ r/ val. de ce jour..	42.355	03	2	84.710	
»	12	15.451	77	»	»	N/ r/ val. de ce jour..	57.806	80	1	57.806	
»	13	70	12	»	»	Intérêts.					
»	»	»	»	57.876	92	Solde débit. au 13 décembre.					
		121.072	91	121.072	91	Sommes égales......				504.900	70 f. 12, int. à 5 p. 0/0

228. On donne le nom de comptes de banque aux comptes d'espèces, parce qu'ils ne sont encore pratiqués qu'en banque. Ils se tiennent, généralement, d'après la méthode de la Banque.

229. Les comptes d'espèces ont été créés par la Banque de France, et non par les promoteurs de la nouvelle méthode hambourgeoise.

Les banques privées ont suivi peu à peu l'exemple de notre grand établissement financier. Aujourd'hui, presque toutes les grandes maisons de recouvrement, quelle que soit la méthode qu'elles pratiquent, réduisent en espèces, le jour de la remise, par le moyen de l'escompte, tous les effets de commerce qu'elles portent en compte courant.

§ V. — *Du Cas de Différence du Taux des Intérêts.*

230. Quand le taux des intérêts n'est pas le même pour les deux parties, dans les comptes d'espèces, au lieu de faire la balance des nombres, on calcule les intérêts du débit séparément de ceux du crédit, et l'on écrit les résultats qu'on obtient sous les remises auxquelles ils correspondent. Si, par exemple, dans le compte ci-dessus, le taux des intérêts du débit était de 6 p. 0/0, au lieu de 5 p. 0/0 comme celui des intérêts du crédit, on diviserait le total des nombres de la colonne du Doit, 504.900, par le diviseur fixe, 6.000, ce qui donnerait 84 fr. 15 d'intérêt, au lieu de 70 fr. 12 ; et comme il n'y a pas d'intérêt créditeur à déduire, le solde débiteur serait porté de 57.876 fr. 92 à 57.890 fr. 95 c.

231. Dans ce cas, l'escompte à déduire des valeurs de portefeuille, remises en compte, doit-être calculé, s'il n'y a stipulation contraire, au taux de l'intérêt du solde produit par les remises escomptées, ou au taux de l'intérêt des remises elles-mêmes, si le compte est tenu d'après l'une des méthodes françaises. Ainsi, dans l'hypothèse où le taux des intérêts du débit serait de 6 p. 0/0 et celui des intérêts du crédit, de 5 p. 0/0, l'escompte des trois valeurs remises par Ferret le 9 décembre resterait ce qu'il est (tableau p. 115); mais celui de ces mêmes valeurs remises à Ferret le lendemain, 10 décembre, serait de 88 fr. 81, au lieu de 74 fr. 01 c. (1) et, le total des remises de ce dernier serait ramené (tableau p. 118) de 61.550 fr. 99 à 61.536 fr. 19, etc.

Questionnaire.

200. Qu'est-ce que la méthode hambourgeoise nouvelle? — 201. D'après cette méthode, quelle date a pour échéance chaque solde, et que deviennent les escomptes des remises non réalisées en espèces?

---

(1) Ce qui, dans l'espèce, ne serait pas équitable, puisque la remise de ces trois effets est faite dans l'intérêt de la société F. R. L. qui en gagne l'escompte, en les donnant en règlement à Jounaud pour leur valeur nominale.

202. Qu'est-ce que le premier procédé ou premier genre de la méthode nouvelle? — 203. A quoi ce procédé donne-t-il lieu?

204. Quel est le premier solde d'un compte, et où s'écrit-il? — 205. Quel est le deuxième solde d'un compte? — 206. Quand en est-il le total, et où s'écrit-il? — 207. Quand en est-il la différence? — 208. Qu'arrive-t-il dans les deux cas, et que détermine cette différence de rapports? — 209. Si la remise est plus forte que le solde précédent, où faut-il en écrire l'excédant? — 210. Si, au contraire, la remise est plus faible que le solde, où faut-il en écrire la différence? — Donnez des exemples.

211. Comment se calculent les intérêts du dernier solde, et où s'écrivent-ils?

212. Comment se calculent les escomptes des remises, et par qui sont-ils dus? — 213. Où doivent s'écrire les escomptes des remises du Doit et ceux des remises de l'Avoir du compte? — 214. Que fait-on lors du règlement du compte? — Faites une formule de compte courant suivant le premier procédé.

215. Quels sont le premier et le deuxième solde de ce compte? — 216. Quand calcule-t-on les intérêts des soldes? — 217. Quelle opération fait-on sur les remises dont l'échéance est postérieure à la date de leur entrée en compte, et où en écrit-on les escomptes? — Donnez un exemple. — 218. Que fait-on pour arrêter le compte? — Lisez le nota.

219. Qu'est-ce que le deuxième procédé de la méthode nouvelle? — 220. Comment balance-t-on le compte d'après ce procédé, et où en écrit-on le solde? — 221. Que figure-t-il dans ce genre de compte, et de quoi n'y est-il pas question? — 222. Quel nom donne-t-on aux comptes tenus par ce procédé, et pourquoi les appelle-t-on ainsi? — Refaites le compte précédent d'après le deuxième procédé.

223. De quoi diffèrent les sommes écrites dans les deux tableaux qui précèdent? — 224. Les balances des intérêts sont-elles les mêmes dans les deux tableaux, et que supporte le cédant des valeurs de portefeuille, d'après le deuxième procédé?

225. Qu'est-ce que le troisième procédé, ou la tenue des comptes de banque à l'anglaise? — 226. En quoi consiste ce procédé? — Modifie-t-il les résultats du deuxième procédé? — 227. Quel avantage le perfectionnement apporté à la tenue des comptes d'espèces par soldes offre-t-il? — Etablissez, par ce troisième procédé le compte déjà réglé d'après les deux autres procédés.

228. Pourquoi donne-t-on le nom de comptes de banque aux comptes d'espèces, et comment ces comptes se tiennent-ils? — 229. Par qui les comptes d'espèces ont-ils été créés, et qu'ont fait les banques privées?

230. Comment opère-t-on, quand le taux n'est pas le même, dans les comptes d'espèces, pour les deux parties? — Donnez un exemple. — 231. Dans ce cas, comment doit être calculé l'escompte des valeurs de portefeuille remises en compte? — Donnez un exemple.

CHAPITRE XII.

DES LIVRES DE SOLDES ET DU JOURNAL-GRAND-LIVRE.

§ I. — *Du livre des Balances de Vérification.*

232. Le livre des balances de vérification est la copie au net des feuilles volantes sur lesquelles le comptable fait, à chaque révision de ses écritures, les calculs de vérification de sa comptabilité.

233. On appelle balance de vérification le tableau, par *débit* et par *crédit*, des totaux et des soldes des comptes du Grand-Livre qui ne s'équilibrent pas au moment de la révision des écritures, ou qui ne se balançaient pas lors de la dernière vérification (Livre I, nos 465 et 466).

234. La balance de vérification est juste lorsque le total général des sommes du *débit* des divers comptes qui y figurent, est égal au total des sommes de leur crédit, et que, par suite, le total des soldes débiteurs est égal au total des soldes *créditeurs* (nos 241 et 242).

235. Chaque balance, à l'exception de la première de la gestion, se compose de six colonnes, dans lesquelles on inscrit :

1° Les folios du Grand-Livre; — 2° les Titres des comptes qui ne s'équilibrent pas au moment de la révision, ou qui ne se balançaient pas lors de la dernière vérification; — 3° les totaux par DOIT et AVOIR des opérations des mois antérieurs à celui dans lequel la balance est dressée; — 4° les totaux par DOIT et AVOIR des opérations du mois; — 5° les totaux des opérations de tous les mois écoulés le jour de la vérification; — 6° les soldes débiteurs et les soldes créditeurs des divers comptes de la balance.

FORMULE DU LIVRE DES BALANCES DE VÉRIFICATION.

BALANCE DE VÉRIFICATION AU 31 DÉCEMBRE 1875.

Folios du Grand-Livre.	COMPTES OUVERTS au GRAND-LIVRE.	TOTAUX				TOTAUX			
		des mois antérieurs.		du mois de décembre.		des mois écoulés.		des soldes.	
		DOIT.	AVOIR.	DOIT.	AVOIR.	DOIT.	AVOIR.	DOIT.	AVOIR.
1	2	3	4	5	6	7	8	9	10
2	Caisse..........	19053 85	16577 90	21248 60	22074 20	40302 45	38652 10	1650 35	» »
12	Latour, à Tulle..	1020 30	1860 »	3301 05	» »	4321 35	1860 »	2461 35	» »
»	Bertin..........	» »	» »	» »	4699 40	» »	4699 40	» »	4699 40
	Etc., etc.								
	TOTAUX.......	» »	» »	» »	» »	» »	» »	» »	» »

236. La balance des opérations du premier mois de la gestion contient naturellement deux colonnes de moins que les autres balances : celle des opérations des mois antérieurs et celle des totaux des mois écoulés.

237. La balance des opérations du dernier mois de la gestion ou balance générale est suivie de la balance d'Inventaire ; elle se compose de deux colonnes de plus que les autres balances : la colonnes des articles d'Inventaire et celle des articles du Bilan. (Voyez ces balances, ci-après, Titre IV.)

§ II. — *Du Livre des Soldes, ou Duplicata du Grand-Livre.*

238. Le livre des soldes est un tableau synoptique des comptes du Grand-Livre. Il se compose d'une colonne de dates, à gauche, et d'autant de colonnes de chiffres établies par DOIT et AVOIR, qu'il y a de comptes essentiels au Grand-Livre. Chaque colonne porte le titre d'un compte général, excepté la dernière à droite, qui est intitulée Comptes de Divers, et qui résume, seule, tous les comptes particuliers.

239. Tous les soirs, on écrit dans chaque colonne du livre des

soldes le total des sommes qu'on a dû inscrire, dans la journée, au compte du Grand-Livre dont la colonne porte le titre, en ayant soin de transcrire le total des comptes particuliers dans la colonne intitulée : Comptes de Divers. Ainsi,

Le 2 novembre, après avoir inscrit aux comptes de Capital et de Caisse du Grand-Livre les 16.000 fr. remis ce jour par Ferret à son caissier, nous les écrivons au crédit de la colonne des comptes Personnels et au débit de celle de Caisse du tableau ci-dessous; de même,

Le 3 novembre, après avoir transcrit les opérations de la journée au Journal et au Grand-Livre, nous écrivons au débit de la colonne du compte de Divers 10.587 fr. dus par Milhac plus 7.000 fr. dus par Gatinaud, soit 17.587 fr., et nous portons au crédit de la colonne de Caisse les 9.000 fr. fournis par le Caissier, et à l'Avoir de celle des comptes Personnels les 1.587 fr. plus les 7.000 fr. fournis par Ferret, soit 8.587 fr.;

Le 4 novembre, opérant de la même manière, nous écrivons le montant de la facture Jounaud, 4.353 fr. 45, au débit de la colonne des Marchandises Générales et au crédit de celle des comptes de Divers, etc., etc. (Voyez le Brouillard, p. 32.)

240. En général, les comptes d'ordre (note p. 82) autres que celui de *Frais généraux,* et les comptes personnels du chef de maison, tels que les comptes de Capital, de Mobilier ou de Matériel, d'Immeubles, de Pertes et Profits, de Dépenses Domestiques, ne figurent pas dans ce livre. Mais il est bon, pour qui tient à connaître à tout moment son état de situation, d'y résumer tous ces comptes dans une colonne spéciale, qu'on peut intituler : *Comptes de la Maison ou Comptes personnels.* De cette manière on a un tableau fidèle des opérations de la gestion, sans crainte qu'un indiscret n'en puisse dévoiler les résultats à la suite d'une simple inspection du livre; car on ne peut connaître l'état de situation d'une maison que par l'estimation des objets mobiliers et immobiliers qu'elle possède et par la balance de ses comptes.

FORMULE DU LIVRE DES SOLD

DATES DES ARTICLES DU GRAND-LIVRE.		COMPTES PERSONNELS.		CAISSE ESPÈCES REÇUES ET PAYÉES.		EFFETS A RECEVOIR.		EFFETS A PAYER.	
		DOIT :	AVOIR :	DOIT :	AVOIR :	DOIT :	AVOIR :	DOIT :	AVOI
1		2	3	4	5	6	7	8	9
1875.									
Novembre.......	2	» »	16.000 »	16.000 »	» »	» »	» »	» »	»
	3	» »	8.587 »	» »	9.000 »	» »	» »	» »	»
	»	» »	24.587 »	16.000 »	9.000 »	» »	» »	» »	»
	4	» »	»	» »	» »	» »	» »	» »	»
	5	1.200 »	» »	» »	1.284 »	» »	» »	» »	»
	»	1.200 »	24.587 »	16.000 »	10.284 »	» »	» »	» »	»
	6	473 25	» »	» »	124 09	» »	» »	» »	»
	»	1.673 25	24.587 »	16.000 »	10.408 09	» »	» »	» »	»
	7	» »	79 40	» »	4.729 80	6.665 »	» »	» »	1.457
	»	1.673 25	24.666 40	16.000 »	15.137 89	6.665 »	» »	» »	1.457
	8	275 »	350 »	350 »	275 »	» »	» »	» »	»
	»	1.948 25	25.016 40	16.350 »	15.412 89	6.665 »	» »	» »	1.457
	10	» »	» »	143 60	» »	» »	» »	» »	»
	»	1.948 25	25.016 40	16.493 60	15.412 89	6.665 »	» »	» »	1.457
	11	» »	» »	296 60	» »	» »	» »	» »	»
		1.948 25	25.016 40	16.790 20	15.412 89	6.665 »	» »	» »	1.457
	12	» »	» »	» »	» »	» »	» »	» »	»
	»	1.948 25	25.016 40	16.790 20	15.412 89	6.665 »	» »	» »	1.457
	13	» »	51 70	» »	461 30	» »	» »	» »	»
	»	1.948 25	25.068 10	16.790 20	15.874 19	6.665 »	» »	» »	1.457
	15	» »	» »	» »	177 »	1.500 »	» »	» »	1.500
A Reporter......		1.948 25	25.068 10	16.790 20	16.051 19	8.165 »	» »	» »	2.957

241. Le total général des sommes inscrites au Doit de toutes les colonnes du Livre des soldes est égal au total des sommes inscrites à l'Avoir de chaque colonne, parce que, dans les écritures en partie double, on ne débite jamais un compte sans en créditer un ou plusieurs autres de la même somme.

242. Si l'on fait la balance du Doit et de l'Avoir de chaque colonne, le total des soldes débiteurs est lui-même égal au total des soldes créditeurs; car les totaux des différences partielles

DU DUPLICATA DES COMPTES DU GRAND-LIVRE.

FRAIS GÉNÉRAUX.				MARCHANDISES GÉNÉRALES.				VINS ET LIQUEURS.				ÉTOFFES ET NOUVEAUTÉS.				COMPTES DE DIVERS.			
DOIT : 10		AVOIR : 11		DOIT : 12		AVOIR : 13		DOIT : 14		AVOIR : 15		DOIT : 16		AVOIR : 17		DOIT : 18		AVOIR : 19	
»	»	»	»	»	»	»	»	»	»	»	»	»	»	»	»	»	»	»	»
»	»	»	»	»	»	»	»	»	»	»	»	»	»	»	»	17.587	»	»	»
»	»	»	»	»	»	»	»	»	»	»	»	»	»	»	»	17.587	»	»	»
»	»	»	»	4.353	45	»	»	»	»	»	»	»	»	»	»	»	»	4.353	45
84	»	»	»	»	»	»	»	4.770	60	»	»	»	»	»	»	»	»	4.770	60
84	»	»	»	4.353	45	»	»	4.770	60	»	»	»	»	»	»	17.587	»	9.124	05
»	»	»	»	»	»	»	»	»	»	349	16	»	»	»	»	»	»	»	»
84	»	»	»	4.353	45	»	»	4.770	60	349	16	»	»	»	»	17.587	»	9.124	05
»	»	»	»	3.602	»	»	»	»	»	»	»	»	»	»	»	»	»	4.000	»
84	»	»	»	7.955	45	»	»	4.770	60	349	16	»	»	»	»	17.587	»	13.124	05
»	»	»	»	»	»	»	»	»	»	»	»	»	»	»	»	»	»	»	»
84	»	»	»	7.955	45	»	»	4.770	60	349	16	»	»	»	»	17.587	»	13.124	05
»	»	»	»	»	»	68	60	»	»	75	»	»	»	»	»	»	»	»	»
84	»	»	»	7.955	45	68	60	4.770	60	424	16	»	»	»	»	17.587	»	13.124	05
»	»	»	»	»	»	236	60	»	»	60	»	»	»	»	»	»	»	»	»
84	»	»	»	7.955	45	305	20	4.770	60	484	16	»	»	»	»	17.587	»	13.124	05
»	»	»	»	»	»	»	»	»	»	506	05	»	»	»	»	506	05	»	»
84	»	»	»	7.955	45	305	20	4.770	60	990	21	»	»	»	»	18.093	05	13.124	05
»	»	»	»	»	»	507	30	»	»	»	»	»	»	»	»	1.020	30	»	»
84	»	»	»	7.955	45	812	50	4.770	60	990	21	»	»	»	»	19.113	35	13.124	05
»	»	»	»	2.919	90	»	»	»	»	»	»	»	»	»	»	»	»	2.742	90
84	»	»	»	10.875	35	812	50	4.770	60	990	21	»	»	»	»	19.113	35	15.866	95

de toutes les parties de deux quantités égales ne sauraient être inégaux (n° 234).

243. Le livre des soldes n'offre d'autre avantage que celui de permettre au comptable de saisir d'un même coup d'œil tous les comptes de sa gestion, et de se faire, en peu de temps, quand il le veut, une idée exacte de son état de situation.

244. Ce livre est plutôt du domaine de la statistique que de celui de la comptabilité. Aussi ne peut-on, en aucun cas, le

substituer à un livre principal. Les maisons qui en font un Journal-Grand-Livre, font de mauvaise comptabilité.

§ III. — *Du Journal-Grand-Livre.*

245. Le Journal-Grand-Livre, ou Journal synoptique, est un livre mixte, qui tient lieu, à la fois, de Journal et de Livre de soldes. Il se compose de deux parties, disposées sur deux pages en regard l'une de l'autre : le Journal, à gauche, et les colonnes de soldes, à droite, dans lesquelles on écrit les totaux de chaque opération.

FORMULE ABRÉGÉE DU JOURNAL-GRAND-LIVRE.

Prenons comme exemple l'article 4 du Brouillard, p. 32, et transportons-le au Journal. Nous aurons :		MARCHANDISES GÉNÉRALES.				COMPTES DE DIVERS.			
Du 4 novembre 1875.		*DOIT.*		*AVOIR.*		*DOIT.*		*AVOIR.*	
Doivent Marchandises générales à Jounaud, à Bordeaux,									
3 sacs café Martinique, 262 k. 5, à fr. 2,60, ci.	682,50								
2 — — Moka trié, 170 », à fr. 3,20, ci.	544 »								
4 — — Bourbon, 370 », à fr. 2,80, ci.	1036 »								
5 — — Myssore, 435 », à fr. 2,56, ci.	1113,60								
5 — — Santa-Yago, 430 », à fr. 2,75, ci.	1182,50								
TOTAL.........	4558,60								
Escompte 4 1/2 p. %......	205,15	4.353	45	»	»	»	»	4.353	45
Totaux à reporter..............		4.353	45	»	»	»	»	4.353	45

246. Ce registre ne peut tenir lieu de Grand-Livre, puisque certains comptes y sont réunis en un seul total. Il ne saurait non plus remplacer le livre des soldes, parce que les opérations de la gestion y sont trop disséminées pour qu'on puisse les comparer ou en apprécier les résultats à première vue, comme dans un tableau synoptique ordinaire. — Enfin, on ne peut employer ce livre comme Journal sans s'exposer à faire des ratures et, par suite, à enfreindre la loi, dans la correction de transpositions de chiffres ou d'erreurs de calcul rendues presque infaillibles par le grand nombre de colonnes et d'additions de chaque folio du Livre (n° 44).

QUESTIONNAIRE.

232. Qu'est-ce que le Livre des balances de vérification? — 233. Qu'appelle-t-on balance de vérification? — 234. Quand la balance de vérification est-elle juste? — 235. De combien de colonnes se compose chaque balance, et qu'écrit-on dans ces colonnes? — Donnez la formule du livre des balances de vérification. — 236. Quelles colonnes contient de moins que les autres la balance des opérations du premier mois de la gestion? — 237. De quoi est suivie la balance des opérations du dernier mois de la gestion, et de combien de colonnes de plus que les autres se compose-t-elle?

238. Qu'est-ce que le livre des soldes, de quelles colonnes se compose-t-il, et quel titre porte chaque colonne? — 239. Qu'écrit-on tous les soirs dans chaque colonne du livre des soldes? — 240. Quels comptes ne figurent pas généralement dans ce livre, et dans quelle colonne est-il bon d'y résumer ces comptes? — Donnez la formule du livre des soldes? — 241. A quoi est égal le total général des sommes inscrites au Doit de toutes les colonnes du livre des soldes? — 242. A quoi est égal le total des soldes débiteurs d'une balance trouvée juste? — 243. Quel avantage offre le livre des soldes? — 244. De quel domaine est ce livre?

245. Qu'est-ce que le Journal-Grand-Livre, et de quoi se compose-t-il? — Donnez la formule du Journal-Grand-Livre. — 246. Ce livre peut-il tenir lieu de Grand-Livre? — Peut-il remplacer le livre des soldes? — Enfin, peut-on l'employer comme Journal? — Lisez le nota ci-dessous.

NOTA. — « Maintenant que les élèves connaissent le vocabulaire, qu'ils » savent distinguer les valeurs (Liv. I), établir les livres auxiliaires, rédiger » les écritures qui servent à constater les opérations, le professeur peut » commencer le cours de la tenue des livres sans crainte d'être arrêté par des » difficultés incidentes. » (Programme officiel).

Ajoutons que les Instituteurs et les Institutrices, qui ne conservent pas leurs élèves assez de temps pour leur faire un cours complet de comptabilité, peuvent passer de l'étude des matières du premier Titre de cet ouvrage à l'enseignement de la tenue des livres, sans s'exposer à ne pas être compris. Quelques explications sur la signification des principaux termes du langage des affaires (Liv. I) suffiront pour mettre leur cours à la portée de toutes les intelligences.

TITRE III.

De la Tenue des Livres en Partie Simple et en Partie Mixte.

CHAPITRE PREMIER.

DES ÉCRITURES EN PARTIE SIMPLE.

§ I. — *De la Tenue des Livres, en Général, et des Parties.*

247. La tenue des livres est l'art d'écrire avec méthode et exactitude les opérations faites par une maison ou par une société, afin d'en conserver le souvenir.

248. Il y a deux méthodes de tenue de livres : la tenue des livres en partie simple, ou en partie mixte, et la tenue des livres en partie double.

249. Les livres sont tenus en partie simple, lorsqu'on n'y désigne nommément que l'une des parties qui ont fait les opérations qu'on y transcrit; ils sont tenus en partie double, lorsque les deux parties qui ont traité ensemble, y sont nommément désignées.

250. *Remarque.* — On appelle *parties*, en comptabilité, le débiteur et le créancier ou créditeur. (Liv. I, n° 457.)

Dans les opérations commerciales, on donne le nom de *parties* aux personnes qui font des affaires ensemble.

Au palais, on nomme parties les personnes qui plaident : le demandeur et le défenseur.

§ II. — *De la Tenue des Livres en Partie Simple.*

251. La tenue des livres en partie simple est un mode de comptabilité d'après lequel on ne débite ou l'on ne crédite au Journal et au Grand-Livre que ceux avec qui l'on fait des affaires à terme. D'où il suit que,

252. Dans le transport des articles du Brouillard au Journal tenu suivant cette méthode, il faut distinguer les opérations à terme de celles qui sont faites au comptant.

253. Au Journal tenu en partie simple, l'énoncé de chaque opération faite à crédit commence par le mot DOIT, suivi de l'indication du débiteur, lorsque la maison fournit ou doit fournir les objets de l'opération; il commence par le mot AVOIR, suivi de l'indication du créancier ou créditeur, lorsque, au contraire, la maison reçoit les objets qui sont la cause de l'opération. (Voyez les exemples d'articles de Brouillard, p. 16, et la première formule du Journal, p. 17.)

254. Les opérations faites argent comptant, en échange, ou qui sont réglées au moyen d'effets de commerce ou par virement, se reportent textuellement du Brouillard au Journal, et ne figurent point au Grand-Livre, ce qui en rend le contrôle fort difficile. (Voyez les exemples ci-après, chap. IV.)

255. A chaque transport d'article, on écrit, dans la colonne de référence du Brouillard (n° 28), le folio du Journal où l'article est transporté, ce qui permet de s'assurer, quand on le veut, s'il n'y a eu ni erreur ni omission dans le travail du transport des articles d'un livre sur l'autre.

QUESTIONNAIRE.

247. Qu'est-ce que la tenue des livres? — 248. Combien y a-t-il de modes de tenue de livres? — 249. Quand les livres sont-ils tenus en partie simple, et quand sont-ils tenus en partie double? — 250. Qu'appelle-t-on parties, en comptabilité, et à qui donne-t-on ce nom dans les opérations commerciales et au palais?

251. Qu'est-ce que la tenue des livres en partie simple? — 252. D'après cela, que faut-il distinguer dans le transport des articles du Brouillard au Journal? — 253. Par quoi l'énoncé de chaque opération à terme commence-t-elle au Journal tenu en partie simple? — 254. Comment se reportent du Brouillard au Journal les opérations faites argent comptant, en échange, etc.? — 255. A chaque transport d'article, qu'écrit-on dans la colonne de référence du Brouillard?

CHAPITRE II.

DE LA TENUE DES LIVRES EN PARTIE MIXTE.

256. La tenue des livres en partie mixte est une méthode de tenue des livres en partie simple par laquelle on ouvre des comptes au grand-livre à certaines choses que l'on personnifie

(n° 10), comme dans la tenue des livres en partie double : telles sont les espèces et les valeurs de portefeuille, auxquelles on ouvre des comptes sous les titres de Caisse (1), d'Effets à Recevoir, et, plus rarement, d'Effets à Payer.

257. Dans les écritures tenues par cette méthode, le libellé de chaque opération faite au comptant est précédé, au journal, des mots : Doit Caisse, ou Doivent Effets à Recevoir, lorsqu'on a reçu des espèces ou des effets de commerce, et des mots : Avoir Caisse, ou Avoir Effets à Recevoir, lorsqu'il est sorti de l'argent de la Caisse ou des effets du portefeuille.

258. Si l'on tient un compte d'Effets à Payer (2), ce compte est débité chaque fois que l'on paye un effet souscrit ou accepté par la maison ; il est crédité chaque fois que l'on souscrit un effet, ou que l'on accepte une traite pour en payer le montant à l'échéance.

D'où il suit que,

259. Chaque article du journal, — qui constate le paiement, la souscription ou l'acceptation, par la maison, d'une valeur de portefeuille, — commence par les mots : Doivent Effets à Payer, lorsqu'il s'agit du paiement de la valeur, et par les mots : Avoir Effets à Payer, lorsqu'il s'agit de la souscription ou de l'acceptation de cette valeur par la maison.

260. On peut, sans inconvénient, augmenter le nombre des comptes de choses commerçables, mais les maisons qui désirent pouvoir connaître à tout moment les résultats qu'elles obtiennent de chaque partie de leur travail ou de leur industrie, ont le bon esprit de tenir leur comptabilité en partie double, parce que « la partie simple et la partie mixte sont des systèmes » insuffisants et incomplets qui ne présentent aucun moyen de » contrôle. » (Programme officiel.)

Quoiqu'il en soit, il vaut encore mieux suivre l'une de ces méthodes que de n'en suivre aucune.

(1) Le compte de Caisse, qu'on ouvre au Grand-Livre en partie mixte, peut tenir lieu du livre de Caisse. (Voy. n° 115.)

(2) Il n'y a généralement de compte ouvert aux Effets à Payer que dans les maisons qui souscrivent ou qui acceptent à Payer beaucoup d'Effets de commerce.

§ II. — *De la Similitude de la Partie Simple et de la Partie Mixte.*

261. La tenue des livres en partie mixte ne diffère de la tenue des livres en partie simple que par l'en-tête des articles du Journal consacrés à l'inscription des opérations au comptant.

262. Au Journal tenu en partie mixte, le libellé des opérations au comptant commence par le mot Doit ou par le mot Avoir, comme celui des opérations à terme. Il commence par le mot Doit, suivi de l'un des noms : Caisse, Effets à Recevoir ou Effets à Payer, lorsqu'il s'agit de la rentrée d'espèces ou d'Effets de commerce; il commence par le mot Avoir, suivi de l'un des mêmes noms, Caisse, Effets à Recevoir ou Effets à Payer, lorsqu'il s'agit de la sortie d'espèces ou d'Effets de commerce.

263. A part cette exception, la partie simple et la partie mixte sont soumises aux mêmes règles : le transport des articles du Brouillard au Journal s'opère, dans l'une et l'autre, de la même manière. Elles sont donc semblables, et ne forment, par conséquent, qu'une seule méthode de comptabilité.

QUESTIONNAIRE.

256. Qu'est-ce que la tenue des livres en partie mixte? — 257. Dans les écritures tenues en partie mixte, de quoi est précédé le libellé du Journal de chaque opération faite au comptant? — 258. Si l'on tient un compte d'Effets à Payer, quand ce compte est-il débité ou crédité? — 259. Par quels mots commence donc chaque article du journal qui constate le paiement, la souscription ou l'acceptation par la maison d'une valeur de portefeuille? — 260. Peut-on, sans inconvénient, augmenter le nombre des comptes de choses, et que font les maisons qui désirent pouvoir reconnaître à tout moment les résultats qu'elles obtiennent?

261. Par quoi la tenue des livres en partie mixte diffère-t-elle de la tenue des livres en partie simple? — 262. Par quel mot commence, au journal tenu en partie mixte, le libellé des opérations? — 263. A part cette exception, à quoi sont soumises la partie simple et la partie mixte?

CHAPITRE III.

DES RÈGLES ESSENTIELLES DE COMPTABILITÉ.

264. La règle fondamentale de toute comptabilité consiste, quelle que soit la méthode qu'on suive :

1° A bien disposer les livres auxiliaires et les comptes du Grand-Livre nécessités par le mode de comptabilité adopté et par la nature de la gestion dont on tient les écritures;

2° A débiter et à créditer à propos, au Journal et au Grand-Livre, les choses auxquelles on ouvre des comptes, et les correspondants avec qui l'on fait des affaires à terme, en se conformant à la maxime :

« Qui reçoit Doit, qui paye A. »

265. Pour distinguer, dans un article du Brouillard, le débiteur du créancier ou créditeur, afin de savoir qui doit être débité, et qui doit être crédité au Journal et au Grand-Livre, il faut s'adresser les deux questions suivantes :

1re Question. — Qui est-ce qui reçoit les choses dont il s'agit ? (espèces, effets de commerce, marchandises, etc.)

2e Question. — Qu'est-ce qui fournit ces choses ?

266. La réponse à la première question indique le débiteur ; la réponse à la deuxième, le créditeur. Exemples :

Si l'on applique ces questions au transport des articles du Brouillard (p. 32) au Journal tenu en partie simple ou en partie mixte, on aura :

Art. 1 du Brouillard : versé à ma caisse 16.000 fr.

1re Question. — Qui est-ce qui reçoit 16.000 fr. ?

Réponse. Le caissier. Voilà le débiteur; donc, il faut écrire au Journal en partie mixte :

Doit Caisse,

Versé à ma caisse la somme de.....

2e Question. — Qui est-ce qui fournit ces 16.000 fr. ?

Réponse. — Le chef de la maison.

Voilà le créancier ; mais comme le chef de la maison qui tient sa comptabilité d'après cette méthode, n'a pas de compte personnel dans ses livres, il n'y a pas lieu de le créditer.

Nota. En partie simple, cet article est textuellement reporté du Brouillard au Journal (n° 254).

Art. 2 du Brouillard : Milhac me doit 1.587 fr., et je lui remets 9.000 fr. en compte courant, à 5 p. 0/0, soit, en tout, 10.587 fr.

1re Question. — Qui est-ce qui reçoit 10.587 fr. ?

Réponse. — Milhac. Voilà le débiteur. Ecrivons donc,

Doit Milhac, banquier à......

Il me doit 1.587 fr. valeur, etc. (comme au Brouillard).

2e QUESTION. — Qu'est-ce qui fournit 10.587 fr.?

Réponse. — Deux personnes : le chef de la maison, 1587 fr., et le caissier, 9000 fr. Voilà les créanciers ; mais le chef de la maison n'ayant de compte personnel dans ses livres, ni en partie simple, ni en partie mixte, il n'y a que son caissier à créditer.

Ecrivons donc au Journal :

Avoir caisse,

Remis à Milhac, mon banquier, en compte courant, à 5 p. 0/0, 9000 fr.

Art. 3 du Brouillard : J'ouvre un compte courant à Gatinaud, à Châteauroux, et j'y inscris, 7.000 fr., etc.

1re QUESTION : — Qu'est-ce qui reçoit 7.000 fr.?

Réponse. — Gatinaud. Voilà le débiteur. Il faut donc écrire au Journal :

Doit Gatinaud, à Châteauroux,

Je lui ouvre un compte courant, et j'y inscris, etc. (comme au Brouillard).

2e QUESTION. — Qu'est-ce qui fournit 7.000 fr.?

Réponse. — Ferret, le chef de la maison, qui, n'ayant pas de compte personnel dans ses livres, ne peut être crédité des 7.000 fr. dont il s'agit.

Art. 4 du Brouillard : Jounaud, à Bordeaux, me fait livrer, etc., etc., net 4.353 fr., 45.....

1re QUESTION. — Qui est-ce qui reçoit ces marchandises?

Réponse. — La maison, laquelle ne peut-être débitée, parce qu'elle n'a pas de compte de Marchandises ?

2e QUESTION. — Qui est-ce qui fournit ces marchandises?

Réponse Jounaud. — Voilà le créancier. Il faut donc écrire au Journal :

Avoir Jounaud, à Bordeaux,

Il me fait livrer par son représentant, Roux, 3 sacs, café Martinique, etc. (Comme au Brouillard), etc., etc.

NOTA. Nous nous bornons à analyser les quatre premiers articles du Brouillard. Ces quatre exemples suffiront aux élèves, — qui voudront s'y reporter à chaque passation d'article, — pour rédiger convenablement eux-mêmes le journal en partie simple et en partie mixte, dont nous donnons, d'ailleurs, ci-après, le canevas pour plus de développement.

QUESTIONNAIRE.

264. En quoi consiste la règle fondamentale de toute comptabilité, quelle que soit la méthode qu'on suive ? — 265. Quelles questions faut-il s'adresser pour distinguer, dans un article du Brouillard, le débiteur du créancier ou créditeur? — 266. Qu'indique la réponse à la première et à la deuxième question? — Appliquez ces questions au transport de quelques articles du Brouillard au Journal tenu en partie simple et en partie mixte ?

CHAPITRE IV.

APPLICATION DES RÈGLES DE LA TENUE DES LIVRES EN PARTIE SIMPLE ET EN PARTIE MIXTE.

§ I. — *Esquisse du Journal tenu en Partie Simple.*

NOTA. — Nous ne donnons qu'un canevas du Journal. Les élèves devront en rédiger eux-mêmes les articles. Dans ce travail, ils rétabliront la colonne intérieure (nos 29 et 36), que nous supprimons pour leur fournir l'occasion de mieux « se former, en la traçant, à l'intelligence des opérations, et de se préparer à bien libeller les articles du Journal en partie double, dont ils auront à s'occuper dans le cours de l'année suivante. »

Ils dateront et sépareront les opérations, comme au Brouillard, et ils écriront à la ligne, dans chaque article, l'explication et l'énumération que nous indiquons entre parenthèse (nos 31-33).

Dans les écoles élémentaires et dans les classes préparatoires, on fera bien de diviser nos exercices en trois petites comptabilités, comprenant :

La première, les 31 premiers articles du Brouillard ;

La deuxième, les articles 32 à 35, 38 et 48 à 83 ;

La troisième, les opérations en participation de la société à 1/3 F. R. L., art. 36 à 37 et 39 à 47 du Brouillard.

Dans les écoles rurales, on pourra remplacer ces exercices par les deux petites comptabilités agricoles que nous avons extraites des livres de M. H. Ducoudray, et que cet agriculteur nous autorise à placer à la suite du Titre IV de ce volume.

Notre esquisse du Journal en partie simple comprend le compte de caisse, que, dans aucun mode de comptabilité, on ne peut se dispenser d'ouvrir, soit au Grand-Livre, soit sur un livre spécial.

Enfin, nous y indiquons, par des notes, les opérations que ceux qui voudront faire de la tenue des livres en partie mixte, devront inscrire aux comptes des Effets à Recevoir et des Effets à Payer.

JOURNAL.

	Première partie des Opérations, 42 articles.	F.	C.
	L'art. 1 du Brouillard (2 novembre), se rédige ainsi au Journal ;		
1	Art. 1. — Doit caisse,		
	Versé à ma caisse la somme de..................	16.000	»
	L'art. 2 du Brouillard (3 novembre), donne lieu à deux articles du Journal, savoir :		
2	Art. 2. — Doit Milhac, mon banquier,		
	Le reliquat de s/ anc. c^te^, val. du 30 juin. 1587 »		
	Je lui remets en c^te^ courant, à 5 p. %,. 9000 »	10.587	»
1	Art. 3. — Avoir caisse,		
	Remis à Milhac en c^te^ courant, à 5 p. %,........	9.000	»
	L'art. 3 du Brouillard (3 novembre), s'écrit ainsi au Journal :		
4	Art. 4. — Doit Gatinaud, à Châteauroux,		
	Son obligation, etc. (comme au Brouillard).......	7.000	»
	L'art. 4 du Brouillard (4 novembre) se reporte ainsi au Journal :		
3	Art. 5. — Avoir Jounaud, à Bordeaux,		
	Il me fait livrer par Roux, à Limoges :		
	3 sacs café Martinique, etc. (comme au Brouillard).	4.353	45
	L'art. 5 du Brouillard (5 novembre), se rédige ainsi au Journal :		
5	Art. 6. — Avoir Lambert, à Angoulême,		
	10 barriques de vin, etc. (comme au Brouillard)...	4.770	60
	L'art. 6 du Brouillard (5 novembre), s'écrit ainsi au Journal :		
1	Art. 7. — Avoir Caisse,		
	Acheté au comptant, etc. (comme au Brouillard)..	84	»
	L'art. 7 du Brouillard (5 novembre), se rédige ainsi au Journal :		
1	Art. 8. — Avoir caisse,		
	Payé à Roux, etc. (comme au Brouillard)........	1.200	»
	L'art. 8 du Brouillard (6 novembre), donne lieu au Journal à deux articles, savoir :		
	Art. 9. — Mis en cave pour, etc. (comme au Brouillard, jusqu'au 1er total)..................	349	16
1	Art. 10. — Avoir caisse,		
	Payé les droits à la régie sur 12 hect. 13 litres de vin mis en cave, à fr. 10,23..................	124	09

		F.	C.
	L'art. 9 du Brouillard (7 novembre), se rédige ainsi au Journal :		
	Art. 11. — (1) Escompté à Réal, etc. (comme au Brouillard)................................	6.665	»
2	Art. 12. — Avoir Milhac, m/ banquier, Remis à Réal un bon sur la caisse de Milhac, de...	4.000	»
1	Art. 13. — Avoir caisse, Payé en espèces à Réal le solde de son bordereau................................	2.585	60
	L'art. 10 du Brouillard (7 novembre), se rédige ainsi au Journal :		
	Art. 14. — (Comme au Brouillard)............	3.602	»
1	Art. 15. (2) — Avoir caisse. Env. en paiem. à Haubert un group de. 2.000 » Payé le port de 3.120^k, etc. (comme au Brouillard) (2).................... 144 20	2.144	20
	L'art. 11 du Brouillard (8 novembre), se formule ainsi au Journal :		
1	Art. 16. — Avoir caisse (le reste comme au Brouillard)................................	275	»
	L'art. 12 du Brouillard (8 novembre), s'écrit ainsi au Journal :		
1	Art. 17. — Doit caisse (copier, à la ligne, l'art. du Brouillard)................................	350	»
	L'art. 13 du Brouillard (10 novembre), se formule ainsi au Journal :		
1	Art. 18. — Doit caisse (copier, à la ligne, l'art. du Brouillard)................................	143	60
	L'art. 14 du Brouillard (11 novembre), se rédige ainsi au Journal :		
1	Art. 19. — Doit caisse (copier, à la ligne, l'art. du Brouillard)................................	296	60
	L'art. 15 du Brouillard (12 novembre), s'écrit ainsi au Journal :		
6	Art. 20. — Doit Lebon, à Poitiers, Je lui expédie par le roulage, etc. (le reste comme au Brouillard)........................	506	05

(1) En Partie Mixte, on ferait précéder cet art. de la formule :
Doivent Effets à Recevoir............

(2) En Partie Mixte, on ajouterait au Journal :
Art. 16. — Avoir Effets à Payer,
Envoyé à Haubert, à Nantes, en paiement de sa facture :
N° 1, M/ B^{et} à s/ ord/. au 5 janvier........................ 1157,80

		F.	C.
	L'art. 16 du Brouillard (13 novembre), se formule ainsi au Journal :		
1	Art. 21. — Avoir caisse,		
	Payé à Tritschler et Cie, à Limoges, les objets etc. (comme au Brouillard), total. 475,55		
	Je leur retiens un escompte de 3 p. %, ci. 14,25		
	Et je leur remets en espèces pour solde..........	461	30
	L'art. 17 du Brouillard (13 novembre), se rédige ainsi au Journal.		
7	Art. 22. — Doit Latour, à Tulle.		
	Je lui expédie ce qui suit : (le reste comme au Brouillard)...........................	1.020	30
	L'art. 18 du Brouillard (15 novembre), se formule ainsi au Journal :		
6	Art. 23. — Avoir Lebon, à Poitiers.		
	Il m'a expédié : etc., etc., (comme au Brouillard).		
	Net de sa facture............................	2.742	90
1	Art. 24. — Avoir Caisse,		
	Payé le port des marchandises ci-dessus, à raison de fr., etc., etc........................	177	»
	L'art. 19 du Brouillard (15 novembre), se rédige ainsi au Journal :		
	Art. 25. — (Tout l'article comme au Brouillard)..	1.500	»
	NOTA. — En partie mixte, cet article se rédigerait ainsi au Journal :		
12	Doivent Effets à Recevoir.		
	Lebon, à Poitiers, me prie de, etc., (copier la 1re partie de l'art. du Brouillard)................	1.500	»
13	Avoir Effets à Payer.		
	Envoyé à Haubert pour le couvrir de, etc., (2e partie de l'art. du Brouillard).....................	1.500	»
	L'art. 20 du Brouillard (16 novembre), s'écrit ainsi au Journal :		
6	Art. 26. — Doit Lebon, à Poitiers.		
	Je lui envoie s/pli chargé, etc., (le reste comme au Brouillard)............................	1.500	»
	NOTA. — En partie mixte, on ajouterait au Journal :		
12	Avoir Effets à Recevoir.		
	Adressé à Lebon m/ traite n° 105, ci-dessus......	1.500	»
	L'art. 21 du Brouillard (17 novembre), se rédige ainsi au Journal :		
5	Art. 27. — Doit Lambert, à Angoulême.		
	Il m'informe, etc., (1re partie de l'art. du Brouillard).	1.770	60

		F.	C.
7	Art. 28. — Avoir Latour, à Tulle, (le virement de Lambert à s/ profit)........................	1.860	»
2	Art. 29. — Avoir Milhac, à Limoges, (le virement de Lambert à s/ profit).....................	2.910	60
	L'art. 22 du Brouillard (18 novembre), se rédige ainsi au Journal :		
	Art. 30. — Vendu, etc., (comme au Brouillard)..	4.441	»
1	Art. 31. — Doit Caisse, Reçu de Gatinaud, à Châteauroux, en espèces.....	1.972	05
	Nota. — En partie mixte, on ajouterait au Journal :		
12	Doivent Effets à Recevoir. Reçu de Gatinaud, à Châteauroux, pour solde de ma facture, les effets suivants : n° 106 etc. 575,80 n° 107, etc......................... 1842,60	2.418	40
	L'art. 23 du Brouillard (20 novembre), se rédige ainsi au Journal :		
3	Art. 32. — Doit Jounaud, à Bordeaux, réglé comme suit, etc., (comme au Brouillard).........	4.353	45
	Nota. — En partie mixte, on ajouterait au Journal les 2 articles suivants :		
12	Avoir Effets à Recevoir, (remis à Jounaud n°, etc.)..	3.240	»
13	Avoir Effets à Payer, (accepté n° 3, s/ traite, etc.).	1.113	45
	L'art. 24 du Brouillard (20 novembre), se rédige ainsi au Journal :		
8	Art. 33. — Avoir Roux, à Limoges, (il me cède son fonds, etc.)..........................	6.747	»
	L'art. 25 du Brouillard (20 novembre), se rédige ainsi au Journal :		
6	Art. 34. — Doit Lebon, à Poitiers, j'accepte, etc., (comme au Brouillard)..........................	736	85
	Nota. — En partie mixte, on ajouterait au Journal l'article suivant :		
13	Avoir Effets à Payer, (accepté n° 4, ord/ Dufort, au 1er mars)............................	736	85
	L'art. 26 du Brouillard (23 novembre), se rédige ainsi au Journal :		
2	Art. 35. — Doit Milhac, à Limoges, (je lui remets n° 101, etc.)............................	3.425	»
	Nota. — En partie mixte, on ajouterait au Journal l'article suivant :		
12	Avoir Effets à Recevoir, (remis à Milhac, etc.).....	3.425	»

		F.	C.
	L'art. 27 du Brouillard (25 novembre), se rédige ainsi au Journal :		
	Art. 36. — J'adresse à Roux, etc., (comme au Brouillard)........................	4.936	35
	L'art. 28 du Brouillard (27 novembre), se rédige ainsi au Journal :		
	Art. 37. — Echangé à M. Lejeune, etc., (comme au Brouillard)........................	240	60
	L'art. 29 du Brouillard (28 novembre), se rédige ainsi au Journal :		
1	Art. 38. — Doit Caisse, (le reste comme au Brouillard)........................	291	60
	L'art. 30 du Brouillard (29 novembre), se rédige ainsi au Journal :		
	Art. 39. — M. Villiers, etc., (comme au Brouillard jusqu'au nota)........................	7.036	»
10	Art. 40. — Doit Villiers, à Rouen, (le port de ses marchandises)........................	86	»
1	Art. 41. — Avoir Caisse, (payé le port des marchandises de Villiers)........................	86	»
	L'art. 31 du Brouillard (30 novembre), se rédige ainsi au Journal :		
1	Art. 42. — Avoir Caisse, (le reste comme au Brouillard)........................	440	71
	2e Partie. — Opérations du mois de Décembre, 105 articles en y comprenant 30 articles de l'association F. R. L., soit 75 art. pour Ferret seul.		
	L'art. 32 du Brouillard (1er décembre), s'écrit ainsi au Journal :		
2	Art. 43. — Avoir Milhac, m/ banquier, (pris à sa caisse, etc.)........................	2.500	»
1	Art. 44. — Doit Caisse, (reçu de Milhac, m/ banquier)........................	2.500	»
	L'art. 33 du Brouillard (1er décembre), se formule ainsi au Journal :		
	Art. 45. — Escompté à Lejeune, à Limoges, etc., (comme au Brouillard)........................	3.950	»
1	Art. 46. — Avoir Caisse, (payé le net du Bordereau de Lejeune)........................	3.928	10
	Nota. — En partie mixte, on ferait précéder l'art. 45 de la formule :		
12	Doivent Effets à Recevoir.		

		F.	C.
	L'art. 34 du Brouillard (1er décembre), se rédige ainsi au Journal :		
2	Art. 47. — Doit Milhac, m/ banquier, (je lui remets, n° 108, etc.)........................	2.490	»
	NOTA. — En partie mixte, on ajouterait l'article suivant :		
12	Avoir Effets à Recevoir, (remis à Milhac, etc.)....	2.490	»
	L'art. 35 du Brouillard (2 décembre), se rédige ainsi au Journal :		
7	Art. 48. — Doit Latour, à Tulle, (je lui vends 91 pains, etc.)........................	2.655	65
	OBSERVATION. — Les opérations de l'association en participation F. R. L. de vins à 1/3 (à tiers) qui donnent lieu au Journal à 30 articles, pourraient faire le sujet d'une 3e partie. Nous les confondons au Journal avec les opérations personnelles de la Maison Ferret, comme cela se fait dans la pratique ; mais nous croyons que le professeur fera bien d'en faire l'objet d'une petite Comptabilité séparée sur les sociétés.		
	L'art. 36 du Brouillard (3 décembre), se rédige ainsi au Journal :		
14	Art. 49. — Doit Milhac F. R. L., banquier à Limoges.		
	MM. Lejeune et Roux versent dans sa caisse pour le compte de, etc.	50.000	»
17	Art. 50. — Avoir Lejeune F. R. L. (s/ versement à la caisse de Milhac)................	25.000	»
16	Art. 51. — Avoir Roux F. R. L. (s/ versement à la caisse de Milhac)....................	25.000	»
	L'art. 37 du Brouillard (5 décembre), se rédige ainsi au Journal :		
	Art. 52. — Acheté à Jounaud, à Bordeaux, etc., (comme au Brouillard)...................	72.375	»
	L'art. 38 du Brouillard (personnel à Ferret. — 6 décembre), se rédige ainsi au Journal :		
2	Art. 53. — Avoir Milhac, m/ banquier, (pris à sa caisse)........................	1.500	»
1	Art. 54. — Doit Caisse (reçu de Milhac, m/ banquier)........................	1.500	»
1	Art. 55. — Avoir Caisse, (acquitté n° 2, m/ billet, ord/ Haubert)........................	1.500	»
	NOTA. — En partie mixte, on ajouterait l'article suivant .		
13	Doivent Effets à Payer (acquitté n° 2, mon bet, etc).	1.500	»

		F.	C.
	L'art. 39 du Brouillard (société F. R. L. — 8 décembre), se rédige ainsi au Journal :		
15	Art. 56. — Avoir Jounaud, à Bordeaux, F. R. L. Reçu les vins qu'il m'a vendus le 5 courant p. le compte, etc.	72.375	»
14	Art. 57. — Avoir Milhac F. R. L. (pris à sa caisse pour payer, etc.).	1.645	»
	L'art. 40 du Brouillard (9 décembre), se rédige ainsi au Journal :		
18	Art. 58. — Doit Bontant, à Guéret, F. R. L. Je lui vends pour le compte de la société F. R. L., etc.	10.750	»
	L'art. 41 du Brouillard (9 décembre), se formule ainsi :		
	Art. 59. — Vendu à Domard, etc., (comme au Brouillard).	15.750	»
14	Art. 60. — Doit Milhac F. R. L. Je lui remets le prix de 75 barriques de vin vendues, etc., à fr. 210, ci. . . . . . . 15,750 »		
	Savoir : en espèces, etc., (comme au Brouillard)...	15.750	»
	L'art. 42 du Brouillard (10 décembre), se rédige ainsi au Journal :		
15	Art. 61. — Doit Jounaud F. R. L., à Bordeaux. Le règlement de sa facture du 5 courant, remis à son voyageur, etc.	72.375	»
14	Art. 62. — Avoir Milhac F. R. L. Pris à s/ caisse, et remis à Jounaud F. R. L. (en espèces, etc.)	61.625	»
18	Art. 63. — Avoir Bontant, à Guéret, F. R. L. Tiré sur lui m/ traite, ord/ Jounaud F. R. L., au 31 du courant, de.	10.750	»
	L'art. 43 du Brouillard (10 décembre), se rédige ainsi au Journal :		
	Art. 64. — Vendu à de Lorme, etc., (comme au Brouillard).	40.000	»
14	Art. 65. — Doit Milhac F. R. L. Je lui remets le prix de 50 tonneaux, etc., à f. 800. . . . . 40.000 »		
	Savoir : un bon sur, etc., (comme au Brouillard). . .	40.000	»
	L'art. 44 du Brouillard (12 décembre), se rédige ainsi au Journal :		
	Art. 66. — Vendu à Gandaud (comme au Brouil.)	15.480	»
14	Art. 67. — Doit Milhac F. R. L. (je lui remets le prix de 75 barr. etc., vendues à Gandaud, etc., et payées comme suit :)	15.480	»

		F.	C.
	L'art. 45 du Brouillard (13 décembre), donne lieu aux articles suivants :		
14	Art. 68. — Doit Milhac F. R. L. (1) 1° Les frais, etc., (comme au Brouillard)	588	65
1	Art. 69. — Avoir Caisse, (payé pour la société F. R. L. etc.)	406	25
14	Art. 70. — Avoir Milhac F. R. L. Les intérêts qui lui sont dus par la société F. R. L. s/ compte courant, etc.	112	95
16	Art. 71. — Avoir Roux F. R. L. (les intérêts qui lui sont dus, etc.)	34	75
17	Art. 72. — Avoir Lejeune F. R. L. (les intérêts, etc.)	34	70
	L'art. 46 du Brouillard (14 décembre), se rédige ainsi au Journal :		
	Art. 73. — Le compte de participation, etc., (comme au Brouillard)	7.371	35
14	Art. 74. — Doit Milhac F. R. L. Le montant net des bénéfices de la société F. R. L.	7.371	35
16	Art. 75. — Avoir Roux F. R. L. Son tiers des bénéfices de l'associat. en participation.	2.457	10
17	Art. 76. — Avoir Lejeune F. R. L. (son tiers, etc.)	2.457	15
	L'art. 47 du Brouillard (13 décembre), se rédige ainsi au Journal :		
	Art. 77. — Les résultats de l'opération (comme au Brouillard)	57.847	05
14	Art. 78. — Avoir Milhac F. R. L. Le solde de s/ compte qu'il remet aux assoc. F. R. L.	57.847	05
16	Art. 79. — Doit Roux F. R. L. (le règlement de son compte)	27.491	85
17	Art. 80. — Doit Lejeune F. R. L. (le règlement de s/ compte)	27.491	85
2	Art. 81. — Doit Milhac, m/ banquier. Le solde de m/ règlement de la société F. R. L. resté entre ses mains	2.863	35

(1) L'opération en participation F. R. L. étant terminée, je porte le montant des frais inscrits à l'article 45 du Brouillard au débit du compte de Milhac, qui représente le compte de l'association F. R. L., et je crédite ensuite les comptes des associés et de Milhac, auxquels sont dus ces frais.

OBSERVATION. — Les art. 68 et 74 sont mal rédigés. (Voyez le nota p. 155.)

SUITE DES OPÉRATIONS DU MOIS DE DÉCEMBRE DE LA MAISON FERRET.

		F.	C.
	L'art. 48 du Brouillard (14 décembre), se rédige ainsi au Journal :		
9	Art. 82. — Avoir Lejeune, à Limoges. Il me demande de lui ouvrir, etc., (comme au Brouil.)	27.491	85
2	Art. 83. — Doit Milhac, m/ banquier, Le virement, en ma faveur, de Lejeune, à Limoges.	27.491	85
	L'art. 49 du Brouillard (15 décembre), se rédige ainsi au Journal :		
3	Art. 84. — Avoir Jounaud, à Bordeaux, (il me remet, etc.).	3.062	30
1	Art. 85. — Avoir Caisse, (payé le port des marchandises ci-dessus).	32	70
	L'art. 50 du Brouillard (16 décembre), se rédige ainsi au Journal :		
	Art. 86. — (Comme au Brouillard).	9.167	30
4	Art. 87. — Doit Gatinaud, à Châteauroux, Le montant de ma facture n° 15 des marchandises ci-dessus.	2.167	30
	L'art. 51 du Brouillard (17 décembre), se rédige ainsi au Journal :		
10	Art. 88. — Avoir Villiers, à Rouen, (vendu à Lefort, etc.)	3.900	»
	NOTA. — En partie mixte, on ajouterait l'art. suivant :		
12	Doivent Effets à Recevoir, (Lefort me remet en paiement, etc.)	3.900	»
	L'art. 52 du Brouillard (17 décembre), se rédige ainsi au Journal :		
10	Art. 89. — Doit Villiers, à Rouen, (la commission de 1 p. %, etc.)	39	»
1	Art. 90. — Avoir Caisse, (je paie en espèces, etc).	39	»
	L'art. 53 du Brouillard (18 décembre), se rédige ainsi au Journal :		
	Art. 91. — Copier l'article du Brouillard, moins la dernière ligne	5.196	20
1	Art. 92. — Avoir Caisse, (payé le port, etc.)	9	55
	NOTA. — En partie mixte, on ajouterait l'article suivant :		
12	Doivent Effets à Recevoir, (reçu de Roux, etc., n° 112, etc.)	3.789	95

Fo	Articles	F.	C.
	L'art. 54 du Brouillard (18 décembre), se rédige ainsi au Journal :		
4	Art. 93. — Doit Gatinaud, à Châteauroux, (je lui remets, etc.)........................	1.460	»
	NOTA. — En partie mixte, on ajouterait l'article suivant :		
12	Avoir Effets à Recevoir, (remis à Gatinaud, etc.)...	1.460	»
	L'art. 55 du Brouillard (18 décembre), se rédige ainsi au Journal :		
	Art. 94. — (Copier l'article du Brouillard)......	6.747	»
	L'art. 56 du Brouillard (19 décembre), se rédige ainsi au Journal :		
	Art. 95. — (Copier l'article du Brouillard)......	5.431	55
10	Art. 96. — Avoir Villiers, à Rouen, (le prix de vente de, etc.)........................	3.820	»
1	Art. 97. — Doit Caisse, (reçu de Meilhard, à Périgueux, pour solde en espèces, etc.)..........	3.618	75
	NOTA. — En partie mixte, on ajouterait l'article suivant :		
12	Doivent Effets à Recevoir, (reçu de Meilhard, etc.).	1.720	»
	L'art. 57 du Brouillard (19 décembre), se rédige ainsi au Journal :		
	Art. 98. — J'informe Villiers de la vente de ses marchandises, etc......... 7.720, » A déduire : 1° Le coût du transport, soit.... 86f » 2° La Csion de Rousseau, 1 p. °/o. 39f » } 356,60 3° Ma Csion à 3 p. °/o s/ 7.720, ci... 231f,60	7.363	40
10	Art. 99. — Doit Villiers, à Rouen, (m/ commission à 3 p. °/o) (1)........................	231	60
10	Art. 100. — Doit Villiers, à Rouen, (je lui remets en paiement Nos 113, etc.)..................	2.899	95
	Et je l'invite à tirer sur moi, fin mars, pour le reliquat.....................................	4.463	45
	NOTA. — En partie mixte, on ajouterait l'article suivant :		
12	Avoir Effets à Recevoir, (remis à Villiers, n°, etc.)	2.899	95
	L'art. 58 du Brouillard (20 décembre), se rédige ainsi au Journal :		
	Art. 101. — Copier l'art. du Brouillard jusqu'au mot : en tout..........................	1.544	60

(1) Nous ne débitons pas Villiers du prix de transport ni de la Commission Rousseau, parce que son compte a déjà été débité de ces deux sommes.

		F.	C.
2	Art. 102. — Doit Milhac, à Limoges. Je lui remets le chèque ci-dessus, val. du 25 courant.	1.544	60
1	Art. 103. — Avoir Caisse, (acquitté le compte de retour, etc.)........................	1.540	75
	L'art. 59 du Brouillard (20 décembre), se rédige ainsi au Journal :		
2	Art. 104. — Avoir Milhac, m/ banquier, (pris à sa caisse.)........................	8.000	»
1	Art. 105. — Doit Caisse, (pris à la caisse de Milhac.)	8.000	»
	L'art. 60 du Brouillard (20 décembre), se rédige ainsi au Journal :		
9	Art. 106. — Doit Lejeune à Limoges, (je lui remets : N° 106, etc.)................	4.958	40
1	Art. 107. — Avoir Caisse, (remis à Lejeune, en espèces)........................	2.540	»
	Nota. — En partie mixte, on ajouterait l'article suivant :		
12	Avoir Effets à Recevoir, (remis à Lejeune, n°, etc.)	2.418	40
	L'art. 61 du Brouillard (21 décembre), se rédige ainsi au Journal :		
4	Art. 108. — Avoir Gatinaud, à Châteauroux, (il me fait remettre, etc.)................	8.927	50
1	Art. 109. — Doit Caisse, (reçu en espèces de Gatinaud)........................	2.400	»
9	Art. 110. — Doit Lejeune à Limoges, (le virement de Gatinaud)........................	1.367	50
	Nota. — En partie mixte, on ajouterait l'article suivant :		
12	Doivent Effets à Recev., (reçu de Gatinaud, n°, etc.)	5.160	»
	L'art. 62 du Brouillard (22 décembre), se rédige ainsi au Journal :		
8	Art. 111. — Doit Roux, à Limoges, (acquitté n° 5, sa traite, etc.)................	800	»
1	Art. 112. — Avoir Caisse, (acquitté n°, 5, etc.)..	800	»
13	Nota. — En partie mixte, on débiterait et l'on créditerait à la fois le compte d'Effets à Payer du montant du n° 5, ci........	800	»
	L'art 63 du Brouillard (22 décembre), s'écrit ainsi au Journal :		
	Art. 113. — Copier textuellement l'art. du Brouil.	9.412	»
1	Art. 114. — Avoir Caisse, (payé le net du Bordereau, etc.)........................	9.338	80
	Nota. — En partie mixte, on ferait précéder l'article 113 de la formule :		
12	Doivent Effets à Recevoir.		

		F.	C.
	L'art. 64 du Brouillard (23 décembre), se rédige ainsi au Journal :		
8	Art. 115. — Doit Roux, à Limoges, (remis à Mme, etc., comme au Brouillard).	1.510	»
1	Art. 116. — Avoir Caisse, (remis à Mme Roux, etc.)	250	»
	NOTA. — En partie mixte, on ajouterait l'article suivant :		
13	Avoir Effets à Payer, (accepté n° 6, etc.).	1.260	»
	L'art. 65 du Brouillard (24 décembre), se rédige ainsi au Journal :		
9	Art. 117. — Doit Lejeune, à Limoges, (je lui vends, etc., comme au Brouillard).	3.143	60
	L'art. 66 du Brouillard (26 décembre), se rédige ainsi au Journal :		
2	Art. 118. — Doit Milhac, à Limoges, (il me demande, etc.).	17.690	50
	NOTA. — En partie mixte, on ajouterait l'article suivant :		
12	Avoir Effets à Recevoir, remis à Milhac, etc.) . . .	17.817	»
	L'art. 67 du Brouillard (26 décembre), se rédige ainsi au Journal :		
9	Art. 119. — Avoir Lejeune, à Limoges, (il verse dans m/ caisse, etc.).	2.800	»
1	Art. 120. — Doit Caisse, (Lejeune me remet, etc.)	2.800	»
	L'art. 68 du Brouillard (26 décembre), s'écrit ainsi au Journal :		
1	Art. 121. — Avoir Caisse, (acquitté n° 6, m/ acceptation à trois, etc.).	1.260	»
	NOTA. — En partie mixte, on ajouterait l'article suivant :		
13	Doivent Effets à Payer, (acquitté n° 6, etc.)	1.260	»
	L'art. 69 du Brouillard (27 décembre), se rédige ainsi au Journal :		
3	Art. 122. — Doit Jounaud, à Bordeaux, (le reste comme au Brouillard).	3.062	30
	NOTA. — En partie mixte, on ajouterait l'art. suivant :		
13	Avoir Effets à Payer, (comme au Brouillard).	3.062	30
	L'art. 70 du Brouillard (27 décembre), se rédige ainsi au Journal :		
10	Art. 123. — Avoir Villiers, à Rouen, (il m'envoie 5 pièces, etc.), net.	6.934	85
11	Art. 124. — Avoir Bertin, à Lyon, (1 b/ grége, etc.)	4.699	40
1	Art. 125. — Avoir Caisse, (payé le port des marchandises ci-dessus)	63	90
	L'art. 71 du Brouillard (27 décembre), se rédige ainsi au Journal :		
1	Art. 126. — Avoir Caisse, (je fais ma caisse, etc.)	80	»

		F.	C.
	L'art. 72 du Brouillard (28 décembre), se rédige ainsi au Journal :		
11	Art. 127. — Doit Rouix, à Clermont-Ferrand, (je lui expédie, etc.)............................	3.913	75
11	Art. 128. — Doit Meilhard, à Périgueux, (je lui expédie, etc.)........................	3.126	70
	L'art. 73 du Brouillard (29 décembre), s'écrit ainsi au Journal :		
1	Art. 129. — Doit Caisse, vendu, (comme au Brouil.)	1.773	»
	L'art. 74 du Brouillard (29 décembre), se rédige ainsi au Journal :		
1	Art. 130. — Avoir Caisse, (comme au Brouillard jusqu'à total)..............................	589	55
7	Art. 131. — Doit Latour, à Tulle, (expédié, etc.).	645	40
	L'art. 75 du Brouillard (30 décembre), se rédige ainsi au Journal :		
11	Art. 132. — Doit de Villevers, à Limoges, (je lui vends, etc.)................................	368	65
11	Art. 133. — Doit Salon, à Limoges, (je lui vends, etc.)................................	2.520	10
	L'art. 76 du Brouillard (30 décembre), se rédige ainsi au Journal :		
1	Art. 134. — Doit Caisse, (le reste comme au Brouillard)..........................	126	85
	L'art. 77 du Brouillard (31 décembre), se rédige ainsi au Journal :		
11	Art. 135. — Doit Redon, à Limoges. (Il me rappelle que, etc.)...........................	80	»
11	Art. 136. — Avoir Redon, à Limoges. (Il me remet, etc.)................................	30	»
1	Art. 137. — Doit Caisse, (reçu à compte de Redon)......................................	30	»
	L'art. 78 du Brouillard (31 décembre), se rédige ainsi au Journal :		
1	Art. 138. — Avoir Caisse, (je paie les frais suivants, etc.)............................	746	60
	L'art. 79 du Brouillard (31 décembre), se rédige ainsi au Journal :		
	Art. 139. — Je porte en dépense (1) dans m/ compte d'inventaire :		
	2 mois échus de m/ loyer, 400 fr. et $\frac{2}{12}$ de m/ patente, 47f 50..........................	447	50

(1) En partie simple, on n'ouvre pas de compte à ces dépenses : on se borne à les inscrire à l'inventaire.

		F.	C.
	L'art. 80 du Brouillard (31 décembre), s'écrit ainsi au Journal :		
5	Art. 140. — Doit Lambert, à Angoulême, (je lui expédie, etc.)	502	30
1	Art. 141. — Avoir Caisse, (payé à MM. Ardant et Cie, etc.)	449	»
	L'art. 81 du Brouillard (31 décembre), s'écrit ainsi au Journal :		
4	Art. 142. — Doit Gatinaud, à Châteauroux, Intérêts en ma faveur, son compte courant arrêté ce jour	96	05
2	Art. 143. — Doit Milhac, mon banquier, (comme Gatinaud)	192	»
8	Art. 144. — Doit Roux, à Limoges, (intérêts en ma faveur, etc.)	103	80
9	Art. 145. — Avoir Lejeune, à Limoges, (intérêts en sa faveur, etc.)	88	95
	L'art. 82 du Brouillard (31 décembre), s'écrit ainsi au Journal :		
	Art. 146. — (Copier textuellement l'article du Brouillard)	16	90
	L'art. 83 du Brouillard (31 décembre), se rédige ainsi au Journal :		
	Art. 147. — (Copier textuellement l'article du Brouillard)		

§ II. — *Du Transport des Articles du Journal au Grand-Livre.*

267. En partie simple et en partie mixte, on ne transcrit au Grand-Livre que les articles du Journal qui commencent par le mot DOIT ou par le mot AVOIR. Ce travail se fait ainsi :

268. On porte au débit des comptes du Grand-Livre les articles du Journal dans lesquels le nom de l'ayant-compte est précédé du mot DOIT, et à leur crédit, les articles dans lesquels le nom de l'ayant-compte est précédé du mot AVOIR.

269. On écrit, dans la petite colonne du Grand-Livre qui précède celle des francs et centimes, le folio du Journal où se trouve l'article transporté, et, dans la première colonne du Journal, le folio du Grand-Livre auquel l'article est reporté. De cette manière, on peut aisément suivre chaque opération d'un livre à l'autre, et s'assurer si le transport en a été bien fait.

§ III. — MODÈLE DU GRAND-LIVRE EN PARTIE SIMPLE.

F° 1. DOIT *Caisse,* (1) : *Caisse,* *AVOIR : F° 1.*

DOIT — Caisse (1)

Mois	Jour	Libellé	F°	Fr.	C.
1875.					
9bre.	2	Versé à ma caisse.........	1	16.000	
				16.000	—
9bre.	8	Solde en Caisse...........		862	11
	»	Reçu de Gatinaud..........	2	350	»
	10	Vente au comptant.........	2	143	60
	11	Vendu à divers............	2	296	60
	18	Reçu de Gatinaud..........	4	1.972	05
	28	Vendu au comptant.........	5	291	60
				3.915	96
xbre.	1	Solde en Caisse...........		2.475	95
	»	Reçu de Milhac............	5	2.500	»
	6	Id. id...............	6	1.500	»
	19	Reçu de Meilhard..........	10	3.618	75
	20	Reçu de Milhac............	11	8.000	»
	21	Reçu de Gatinaud..........	11	2.400	»
	26	Reçu de Lejeune...........	12	2.800	»
	29	Vente au comptant.........	13	1.773	»
	30	Reçu de MM. Ardant.......	13	126	85
	31	Reçu de Redon.............	13	30	»
				25.224	55
1876.					
Jan.	1	Solde en Caisse...........		1.630	35

AVOIR — Caisse

Mois	Jour	Libellé	F°	Fr.	C.
1875.					
9bre.	3	Remis à Milhac............	1	9.000	
	5	Acheté 7 stères de bois.....	1	84	
	»	Payé 6 mois de loyer........	1	1.200	
	6	Payé à la régie............	1	124	09
	7	Payé à Réal, à Limoges.....	2	2.585	60
	»	Payé à divers..............	2	2.144	20
		Balance (2)...........		862	11
				16.000	00
xbre.	8	Payé le mémoire de Redon..	2	275	»
	13	Payé à Tristchler..........	3	461	30
	15	Payé le port de marchandises	3	177	»
	29	Port des march^ses de Villiers..	5	86	»
	30	Divers prélèvements........	5	440	71
		Balance...............	»	2.475	95
				3.715	96
xbre.	1	Payé à Lejeune............	5	3.928	10
	6	Acquitté, n° 2.............	6	1.500	»
	13	Payé pour la société F. R. L..	8	406	25
	15	Port de marchandises.......	9	32	70
	17	Commission Rousseau......	9	39	»
	18	Port de toile..............	9	9	55
	20	Payé n° 5, retour..........	11	1.540	75
	»	Remis à Lejeune...........	11	2.540	»
	22	Payé pour Roux............	11	800	»
	»	Payé à Rousseau...........	11	9.338	80
	23	Remis à Madame Roux......	12	250	»
	26	Payé pour Roux............	12	1.260	»
	27	Port de marchandises......	12	63	90
	»	Moins trouvé en caisse.....	12	80	»
	29	Payé à Gandy..............	13	589	55
	31	Divers prélèvements........	13	746	60
	31	Payé à divers..............	14	449	»
		Balance...............	»	1.630	35
				25.224	55

(1) Ce compte tient lieu de livre de Caisse, et réciproquement (n° 112-120).

(2) Nous n'arrêtons ici la Caisse que pour apprendre aux élèves à la faire eux-mêmes chaque jour, ou chaque semaine quand il y a peu de recettes ou de dépenses à contrôler.

F° 2. DOIT — Milhac, *banquier* à *Limoges*, — AVOIR : F° 2.

Date		DOIT	F°	Fr.	C.	Date		AVOIR	F°	Fr.	C.
1875.						1875.					
9bre.	3	Diverses sommes	1	10.587	»	9bre.	7	Mon bon sur s/caisse	2	4.000	»
	23	Remis nos 101, 102	4	3.425	»		17	Virement Lambert	4	2.910	60
xbre.	1	Id nos 108, 110	6	2.490	»	xbre.	1	Pris à sa caisse	5	2.500	»
	13	La solde de la Société F. R. L.	8	2.863	35		6	Id. id	6	1.500	»
	14	Virement Lejeune	9	27.491	85		20	Pris à sa caisse	11	8.000	»
	20	Remis un chèque	11	1.544	60		31	Solde débiteur	»	47.373	70
	26	Nos 111, 112, 116, 119, 120	12	17.690	50						
	31	Intérêts s/compte courant	14	192	»						
				66.284	30					66.284	30
1876.											
Jan.	1	Solde à nouveau	»	47.373	70						

F° 3. DOIT — Jounaud, à *Bordeaux*, — AVOIR : F° 3.

Date		DOIT	F°	Fr.	C.	Date		AVOIR	F°	Fr.	C.
1875.						1875.					
9bre.	20	Remis nos 103, 104	4	4.353	45	9bre.	4	Sa facture	1	4.353	45
xbre.	27	Mes acceptations	12	3.062	30	xbre.	15	Id	9	3.062	30
				7.415	75					7.415	75

F° 4. DOIT — Gatinaud, à *Châteauroux*, — AVOIR : F° 4.

Date		DOIT	F°	Fr.	C.	Date		AVOIR	F°	Fr.	C.
1875.						1875.					
9bre.	3	Son obligation	1	7.000	»	xbre.	21	Diverses valeurs	11	8.927	50
xbre.	16	Ma facture	9	2.167	30		31	Solde débiteur	»	1.795	85
	18	Remis n° 119	10	1.460	»						
	31	Intérêts s/compte courant	14	96	05						
				10.723	35					10.723	35
1876.											
Jan.	1	Solde à nouveau	»	1.795	85						

F° 5. DOIT — Lambert, à *Angoulême*, — AVOIR : F° 5.

Date		DOIT	F°	Fr.	C.	Date		AVOIR	F°	Fr.	C.
1875.						1875.					
9bre.	17	Son virement	3	4.770	60	9bre.	3	Sa facture	1	4.770	60
xbre.	31	Ma facture	14	502	30	xbre	31	Solde débiteur		502	30
				5.272	90					5.272	90
1876.											
Jan.	1	Solde à nouveau	»	502	30						

F° 6. DOIT — LEBON, à Poitiers, — AVOIR : F° 6.

Date		DOIT	F°	Fr.	c.	Date		AVOIR	F°	Fr.	c.
1875.						1875.					
9bre.	12	Ma facture	2	506	05	9bre.	15	Sa facture	3	2.742	90
	16	Ma remise n° 105	3	1.500	»						
	20	M/ acceptation	4	736	85						
				2.742	90					2.742	90

F° 7. DOIT — LATOUR, à Tulle, — AVOIR : F° 7.

Date		DOIT	F°	Fr.	c.	Date		AVOIR	F°	Fr.	c.
1875.						1875.					
9bre.	13	Ma facture	3	1.020	30	9bre.	17	Virement Lambert	4	1.860	»
Xbre.	2	Ma facture	6	2.655	65	Xbre.	31	Solde débiteur		2.461	35
	29	Id.	13	645	40						
				4.321	35					4.321	35
1876.											
Jan.	1	Solde à nouveau		2.461	35						

F° 8. DOIT — ROUX, à Limoges, — AVOIR : F° 8.

Date		DOIT	F°	Fr.	c.	Date		AVOIR	F°	Fr.	c.
1875.						1875.					
Xbre.	22	Sa traite n° 5	11	800	»	9bre.	20	Son fonds de commerce	4	6.747	»
	23	Remis à Madame Roux	12	1.510	»						
	31	Intérêts s/ compte courant	14	103	80						
	»	Solde créditeur	8	4.333	20						
				6.747	»					6.747	»
						1876.					
						Jan.	1	Solde à nouveau		4.333	20

F° 9. DOIT — LEJEUNE, à Limoges, — AVOIR : F° 9.

Date		DOIT	F°	Fr.	c.	Date		AVOIR	F°	Fr.	c.
1875.						1875.					
Xbre.	20	Mes remises	11	4.958	40	Xbre.	14	Son virement	9	27.491	85
	21	Virement Gatinaud	11	1.367	50		26	Sa remise en espèces	12	2.800	»
	24	Ma facture	12	3.143	60		31	Intérêt s/ compte courant	14	88	95
	31	Solde créditeur		20.911	30						
				30.380	80					30.380	80
						1876.					
						Jan.	1	Solde à nouveau		20.911	30

F° 10. DOIT Villiers, *à Rouen, AVOIR : F° 10.*

Date		Doit	F°	Fr.	c.	Date		Avoir	F°	Fr.	c.
1875.						1875.					
9bre.	20	Le port de ses marchandises.	5	86	»	xbre.	17	M/ vente à Lefort...........	9	3.900	»
xbre.	17	Commission Rousseau........	9	39	»		19	M/ vente à Meilhard.........	10	3.820	»
	19	M/ commission 3 p. 0/0......	10	231	60		27	Sa facture...................	12	6.934	85
	19	M/ remises..................	10	2.899	95						
	31	Solde créditeur.............	»	11.398	30						
				14.654	85					14.654	85
						1876.					
						Jan.	1	Solde à nouveau...........		11.398	30

F° 11. DOIVENT Divers, Compte de Divers, AVOIR : F° 11.

Date		Doivent	F°	Fr.	c.	Date		Avoir	F°	Fr.	c.
1875.						1875.					
xbre.	28	Rouix, à Clermont, m/ fact..	13	3.913	75	xbre.	27	Bertin, à Lyon, s/ facture...	12	4.699	40
	»	Meilhard, à Périgueux, id...	13	3.126	70		31	Redon, à compte...........	13	30	»
	30	De Villevers, avocat, id...	13	368	65			Solde débiteur.		5.279	80
	»	Salon, à Limoges, id...	13	2.520	10						
	31	Redon, prêt.................	13	80	»						
				10.009	20					10.009	20
1876.											
Jan.	1	Solde à nouveau............		5.279	80						

Comptes Mixtes des Effets a Recevoir et des Effets a Payer.

F° 12. DOIVENT Effets à Recevoir, AVOIR : F° 12.

Date		Doivent	F°	Fr.	c.	Date		Avoir	F°	Fr.	c.
1875.						1875.					
9bre.	7	Escompté nos 101-104........	2	6.665	»	9bre.	16	Remis no 105...............	3	1.500	»
	15	Tiré no 105..................	3	1.500	»		20	Remis nos 103 et 104........	4	3.240	»
	18	Reçu nos 106 et 107..........	4	2.418	40		23	Id. nos 101 et 102.	4	3.425	»
xbre.	1	Escompté nos 109 et 110.....	5	3.950	»	xbre.	1	Id. nos 108 et 110.........	6	2.490	»
	17	Reçu no 111..................	9	3.900	»		18	Id. no 109................	10	1.460	»
	18	Id. nos 111 et 113.	9	3.789	95		19	Id. nos 113 et 114.........	10	2.899	95
	19	Id. nos 114 et 115..........	10	1.720	»		20	Id. nos 106 et 107........	11	2.418	40
	21	Id. nos 116 et 117...........	11	5.160	»		26	Id. nos 111, 112, 116, 119-120.	12	17.817	»
	22	Escompté nos 118-120.	11	9.412	»		31	En portefeuille nos 115-118...		3.265	»
				38.515	35					38.515	35
1876.											
Jan.	1	En portefeuille no 115 et 118.		3.265	»						

F° 13. *DOIVENT* *Effets* *à Payer,* *AVOIR :* F° 13.

1875.						1875.					
xbre.	6	Acquitté n° 2	6	1.500	»	9bre. 7	Envoyé à Haubert, n° 1	2	1.457	80
	22	Acquitté n° 5	11	800	»	15	Envoyé à id., n° 2	3	1.500	»
	26	Acquitté n° 6	12	1.260	»	20	Accepté n° 3	4	1.113	45
	31	En circulation n°s 1, 3-4, 7-8.		6.370	40	»	Accepté n° 4	4	736	85
						xbre. 22	Accepté n° 5	11	800	»
						23	Accepté n° 6	12	1.260	»
						27	Acceptés n°s 7 et 8	12	3.062	30
				9.930	40				9.930	40
						1876.				
						Jan. 1	En circulation n°s 1, 3-4, 7-8.		6.370	40

§ IV. — *Comptes à 1/3 de la Société en Participation* F. R. L.

270. Les associations en participation ou de compte à demi, à tiers, etc. (Liv. I, n° 28), sont des sociétés formées temporairement, et sans publicité, pour l'achat et la vente de marchandises ou de denrées déterminées d'avance, pour la publication d'un ouvrage ou pour l'exploitation d'une propriété rurale, Ainsi, l'association formée, le 3 décembre, par Ferret, Roux et Lejeune est une société en participation, et non une société en commandite, par exemple (Liv. I, n° 488), parce qu'elle est uniquement contractée pour une opération sur une marchandise dont la nature et le prix maximum sont désignés par la convention des parties.

Le bail à colonage partiaire ou à partage de fruits (Liv. I, p. 199), est un contrat d'association particulière en participation ou de compte à demi entre le propriétaire du domaine à exploiter et le cultivateur qui en prend l'exploitation. (Voyez Liv. I, p. 214 et suivantes.)

271. La comptabilité des sociétés civiles et commerciales ne peut être bien tenue qu'au moyen de comptes généraux. On ne saurait en faire les écritures par la méthode des parties simples sans s'exposer à des erreurs ou à des omissions qu'il ne serait, le plus souvent, possible de découvrir qu'en relevant toutes les opérations sur des feuilles volantes. *Une erreur de composition des articles 68, 74 et de la note, p. 144, ci-dessus, nous en donne un exemple.*

Nota. — *Dans les articles 68 et 74, le compositeur a débité (à tort) le compte de Milhac F. R. L. des frais et des bénéfices nets de la société F. R. L., parce qu'il a cru que le compte de Milhac tient lieu du compte de la société, lequel en partie simple, s'établit sur une feuille volante.*

Ce dernier compte se compose, au crédit, des prix de ventes, remis à Milhac, s'élevant à .... 71.230, »

Et au débit, de fr. 1.645 + 61.625 avancés par Milhac, et de 588 fr. 65 de frais. (Art. 68 du Journal), en tout 63.858,65

Soit un bénéfice net de........ 7.371,35

F° 14. DOIT MILHAC F. R. L., *banq. à Limoges, AVOIR : F° 14*

1875.						1875.					
xbre.	3	Les remises de Roux, etc....	6	50000	»	xbre.	8	Sa remise en espèces........	7	1645	
	9	Nos remises................	7	15750	»		10	Ses remises.................	7	61625	
	10	id. id.	7	40000	»		13	Int. s/ compte courant......	8	112	9
	12	id. id.	7	15480	»		»	Son règlement..............	8	57847	0
				121230	»					121230	0

F° 15. DOIT JOUNAUD F. R. L., *à Bordeaux, AVOIR : F° 15.*

1875.						1875.					
xbre.	10	Notre règlement...........	7	72.375	»	xbre.	8	Sa facture.................	7	72.375	»
				72.375	»					72.375	»

F° 16. DOIT ROUX F. R. L., *à Limoges, AVOIR : F° 16.*

1875.						1875.					
xbre.	13	Le règlement de Milhac.....	8	27.491	85	xbre.	3	Sa mise de fonds...........	6	25.000	»
							13	Int. s/ compte courant......	8	34	75
							13	S/ 1/3 des bénéfices........	8	2.457	10
				27.491	85					27.491	85

F° 17. DOIT LEJEUNE F. R. L., *à Limoges, AVOIR : F° 17.*

1875.						1875.					
xbre.	13	Le règlement du banquier..	8	27.491	85	xbre.	3	Sa mise de fonds............	6	25.000	»
							13	Int. s/ compte courant.....	8	34	70
							13	S/ 1/3 des bénéfices........	8	2.457	15
				27.491	85					27.491	85

F° 18. DOIT BONTANT F. R. L., *à Guéret, AVOIR : F° 18.*

1875.						1875.					
xbre.	9	75 barriques de vin.........	7	10.750	»	xbre.	10	Notre traite	7	10.750	»
				10.750	»					10.750	»

§ V. — *Du Transport de l'Inventaire au Livre des Inventaires.*

272. Dans tous les modes de comptabilité, l'inventaire sous seing privé prescrit par la loi, ou le Bilan, s'établit d'abord sur une feuille volante, en deux articles écrits l'un à la suite de l'autre, comme au Livre I, p. 211, ou l'un en regard de l'autre, comme dans l'exemple ci-dessus, page 55. Il se transcrit ensuite au livre des inventaires.

273. Le transport des deux articles de l'inventaire sous seing privé au livre des inventaires se fait comme le transport des articles du Brouillard au Journal, suivant les principes de la méthode de tenue des livres qu'on a adoptée.

274. Dans la tenue des livres en partie simple et en partie mixte, on copie textuellement l'inventaire sous seing privé sur le livre des inventaires; dans la tenue des livres en partie double, on opère comme il est dit, Titre IV, chap. IV, ci-après, p. 191. (Voyez l'inventaire, page 55.)

Questionnaire.

267. En partie simple et en partie mixte, quels articles du Journal transcrit-on au grand-livre? — 268. Comment se fait ce travail? — 269. Qu'écrit-on dans la petite colonne du grand-livre, et dans la première colonne du Journal?

270. Qu'est-ce que les associations en participation ou de compte à demi, etc.? 271. Comment peut être bien tenue la comptabilité des sociétés?

272. Comment s'établit l'inventaire sous seing privé, dans tous les modes de comptabilité? — 273. Comment se fait le transport des deux articles de l'inventaire au livre des inventaires? — 274. Comment opère-t-on dans la tenue des livres en partie simple et en partie mixte?

TITRE IV.

De la Tenue des Livres en Partie Double.

CHAPITRE PREMIER.

PRINCIPES ESSENTIELS DE COMPTABILITÉ GÉNÉRALE.

§ I. — *Du Mécanisme des Écritures en Partie Double.*

275. La tenue des livres en partie double est l'application des règles de la comptabilité générale aux écritures d'une gestion quelconque (1); c'est une méthode de comptabilité d'après laquelle on ouvre, à la fois, au grand-livre, des comptes au chef de la maison, aux diverses opérations qui font l'objet des écritures et aux correspondants avec lesquels on fait des affaires à terme.

276. On donne le nom de partie double à cette méthode, parce que, dans ce mode de comptabilité, chaque article du Journal désigne nommément les deux parties (le cessionnaire (2) et le cédant) qui ont fait l'opération constatée par l'article, et que chaque somme est portée deux fois au grand-livre : au débit du compte de la partie qui reçoit l'objet de l'opération, et au crédit de celui de la partie qui cède cet objet ou qui en fournit la valeur. (Voyez p. 3 à 8, et apprenez d'abord à tenir un compte.)

277. Le système des parties doubles repose sur une hypothèse : on suppose, en effet, pour en établir le mécanisme, que le chef de la maison dont on tient les écritures, a confié la gestion de son commerce ou de son industrie à une personne morale, appelée sa maison, et que la maison a elle-même confié la direc-

---

(1) Voyez nos 5-6, 44-52 (p. 20) et 264-265, p. 133.

(2) Le cessionnaire est celui à qui l'on cède un objet ou un droit quelconque. Dans une vente, l'acheteur est cessionnaire, et le vendeur, cédant.

tion de chaque branche de ses affaires à un agent spécial responsable. Dans cette hypothèse,

278. Le chef de maison est considéré comme placé en dehors de sa maison. Il profite de tous les bénéfices et supporte toutes les pertes, tous les frais et toutes les dépenses qu'elle fait. Il a des comptes dans sa maison comme les correspondants avec lesquels il fait des affaires.

279. La maison est naturellement tenue, à chaque instant, de rendre compte de sa gestion; elle doit, à tout moment, pouvoir dire quelles modifications a subies le capital qui lui a été confié, sous quelle forme il est et entre quelles mains elle l'a placé. Or,

280. Pour que la maison puisse, quand elle le veut, établir clairement et sans peine l'état de situation des affaires qu'elle gère, le comptable donne pour point de départ aux écritures le capital confié, et les organise au point de vue de la maison, jamais au point de vue de son chef.

281. Pour cela, il ouvre des comptes à toutes les branches d'affaires dont la direction est supposée confiée à des agents spéciaux, comme il en ouvre aux correspondants ou clients de la maison. Puis, au moment de l'opération, il en écrit au journal la nature et les conditions, à la suite des noms des parties qui les ont faites, et

Il débite tout compte d'agent ou de correspondant qui reçoit des denrées, du matériel, des marchandises, des espèces, des effets de commerce, des valeurs commerçables, des virements, etc., qui supporte des pertes, des frais, des dépenses, des intérêts, des ports de lettres, des diminutions, des escomptes, des agios, etc.

Il crédite tout compte d'agent ou de correspondant qui donne ou fournit des denrées, du matériel, des marchandises, des espèces, des effets de commerce, des valeurs commerçables, des virements, etc., qui profite des bénéfices, des intérêts, des ports de lettres, des diminutions, des escomptes, des agios, etc., dont il vient d'inscrire le montant au débit des comptes qui les ont reçus ou supportés. (Voy. Liv. I, § III, p. 209.)

282. De cette manière, le débit et le crédit d'une maison s'équilibrent toujours (n° 241). — Les comptes débiteurs expriment l'actif de la maison et les comptes créditeurs, le passif.

Ainsi, le compte de Capital, qui exprime un actif pour le chef de la maison, est un passif pour la maison. — Si l'on étudie un bilan, celui que publie la Banque de France, par exemple, on trouvera à l'actif les frais, les pertes et les dépenses, parce qu'ils sont dus à cet établissement par les actionnaires, et au passif, les bénéfices et le capital, parce qu'ils sont dus aux actionnaires par cet établissement. (Extrait du programme de 3e année d'enseignement secondaire spécial. — Voyez Livre I, p. 207, § II.)

§ II. — *De l'ouverture des Livres.*

283. L'ouverture des Livres est l'acte par lequel une maison fait ou passe écritures, sur ses Livres, des espèces, des créances et des objets dont se compose le capital que lui apporte son chef.

284. La passation des écritures que nécessite l'ouverture des Livres, doit se faire dès le premier jour de l'entreprise, et avant l'inscription de toute autre opération.

285. Pour ouvrir des Livres, il faut naturellement se conformer aux conditions auxquelles est établie la maison ou l'entreprise dont on veut faire les premiers articles de comptabilité. Or, comme un établissement quelconque (commercial, industriel ou agricole) peut être fondé par

Une seule personne,
Une société en nom collectif,
Une société en commandite simple,
Une société en commandite par actions,
Ou par une société ou compagnie anonyme (Liv. I, n° 485),

Il en résulte qu'il y a quatre genres d'ouverture des Livres de comptabilité.

1er Genre. — Ouverture des Livres d'un seul Intéressé.

286. L'ouverture des Livres d'un seul intéressé présente deux cas : ou le capital confié à la maison se compose uniquement de dettes actives, ou il se compose de dettes actives et de dettes passives (Livre I, n° 456).

287. 1er cas. — Pour ouvrir les Livres, lorsque le capital ne

se compose que de dettes actives, on passe au Journal, ou au Livre des inventaires (1), un article de toutes les valeurs remises à la maison par son chef, et l'on en transcrit le montant aux comptes ouverts, à cet effet, au Grand-Livre, à Capital et aux valeurs dont il se compose. (Voyez F° 1, p. 3 et 4.)

288. 2e cas. — Si le capital se compose de dettes actives et de dettes passives, comme cela arrive quand il s'agit d'une liquidation (p. 202) ou d'une maison dont on change la méthode de comptabilité, on ouvre les Livres par deux articles que l'on passe au Journal ou au Livre des inventaires.

Dans le premier article, on débite les comptes de l'actif par le crédit du capital ; dans le deuxième, on crédite ceux du passif par le débit, cette fois, du compte de capital.

Nota. — Voyez Titre V, chap. II, ci-après, ce que nous disons de l'ouverture des livres des sociétés.

§ III. — *De l'Organisation des Écritures.*

289. L'organisation des écritures s'entend de l'ouverture, au Grand-Livre, des comptes généraux essentiels, et de la bonne disposition des Livres auxiliaires spéciaux.

290. Les écritures d'une maison sont bien organisées, lorsque ses comptes essentiels en résument clairement toutes les opérations, et que le nombre des comptes de son Grand-Livre se réduit à un chiffre assez limité pour qu'elle puisse facilement faire, à tout moment, son état de situation.

291. Pour ouvrir méthodiquement les Livres et bien organiser les écritures d'une maison, il faut savoir parfaitement la théorie des comptes (p. 9 et suiv.), et bien connaître le mécanisme des affaires dont on se propose d'établir les pièces comptables. En dehors de ces connaissances, cette question ne présente de sérieuses difficultés, que dans la disposition méthodique des

(1) On passe les articles d'ouverture des écritures au livre des inventaires, lorsqu'on ne veut pas que le teneur de livres en connaisse le montant. Toutefois, l'ouverture des livres des sociétés en commandite par actions et des compagnies anonymes ne peut se faire qu'au Journal.

Livres auxiliaires, et dans la juste appréciation du titre et de la quantité des comptes spéciaux ou d'ordre qu'il est utile d'établir. (Voyez Titre II, chap. V.)

§ IV. — *Du Libellé des articles du Journal et du Livre des Inventaires.*

292. Pour transformer chaque article du Brouillard en article de Journal ou du Livre des Inventaires, on en fait l'analyse, au moyen des deux questions suivantes :

1° Qui est-ce qui reçoit cela (marchandises, denrées, effets de commerce, espèces, etc.), ou qui supporte ces pertes, ces frais, etc. ?

2° Qui est-ce qui donne ou fournit cela (marchandises, denrées, etc.), ou qui profite de ces bénéfices, de ces intérêts, de ces diminutions, etc. ?

Et, après avoir distingué, au moyen de ces deux questions, le débiteur du créancier ou créditeur (n°s 264 et 265), on écrit méthodiquement, et aussi brièvement que possible, les choses que l'article doit énoncer.

293. Outre la date, les articles du Journal et du Livre des inventaires se composent de trois choses : la formule ou l'en-tête, les motifs du débit et du crédit et l'énumération des objets de l'opération.

294. *Formule.* — Dans la tenue des livres en partie simple, la formule ou en-tête des articles du Journal et du Livre des inventaires se compose du mot *Doit*, suivi du nom du débiteur, ou du mot *Avoir*, suivi du nom du Créancier.

295. En partie double, il se présente, dans ces deux livres, quatre genres d'articles, qui commencent tous par le mot *Doit* ou par le mot *Doivent*, mais dont le reste de la formule varie selon le genre auquel appartiennent les articles. (§ V, ci-après.)

296. *Motifs.* — Les motifs du débit et du crédit s'énoncent sous forme d'entrefilets, écrits en caractères plus petits que ceux des noms des parties (n° 250), et plus gros que ceux des détails de l'opération.

297. *Énumération.* — L'énumération des objets de l'opé-

ration se fait au Journal et au Livre des inventaires comme au Brouillard (n° 33).

§ V. — *Des Quatre Genres d'Articles du Journal et du Livre des Inventaires.*

298. *1er Genre.* — Les articles du premier genre sont ceux qui constatent une entrée fournie par un seul créditeur, ou une sortie reçue par un seul débiteur, et dans lesquels il ne figure, par suite, qu'un seul débiteur et un seul créancier. Ils ont pour formule :

		F.	C. (1)
DOIT Tel a Tel,			
Motifs :			
Enumération, s'il y a lieu..............	» »	»	»

Prenons comme exemple l'art. 1 du Brouillard.

Du 2 novembre 1875.

Versé à ma caisse.......................... 16.000 fr.

En appliquant à cet article les questions d'usage (nos 265 et 292), on trouve qu'il doit être rédigé au Journal comme suit :

Fo 1.

1 — *Du 2 novembre 1875.*				
DOIT Caisse a Capital,				
Mon versement à la caisse............			16000	»

299. *2e Genre.* — Les articles du deuxième genre sont ceux qui constatent une entrée fournie par plusieurs créditeurs, ou plusieurs sorties reçues par un seul débiteur, et dans lesquels il figure, par conséquent, un seul débiteur et plusieurs créanciers. Ils ont pour formule :

(1) Cette double colonne représente la colonne extérieure du Journal et du Livre des Inventaires.

	F. (1)	C.
DOIT TEL A DIVERS,		
1° Motifs du débit. . . . . » »		
2° Enonciation des créditeurs, comme suit :		
A TEL (nom du premier créancier).		
Motifs du premier crédit. . . . . » »		
A TEL (nom du deuxième créancier).		
Motifs du deuxième crédit. . . . . » »	»	»
Etc., etc.		

Prenons comme exemple l'article 2 du Brouillard.

Du 3 novembre 1875.

J'ouvre un compte à Milhac, à Limoges, mon banquier, qui me doit 1,587 fr., valeur du 30 juin dernier, ci..... 1.587 fr.
Et je lui remets en compte courant, à 5 0/0,.... 9.000

TOTAL............... 10.587 fr.

Appliquons à cet article les questions d'usage, et nous trouverons qu'il doit se rédiger ainsi au Journal :

		2 — *Du 3 id.*				
		Doit MILHAC, banquier à Limoges, à Divers,				
		Je lui remets en compte courant...	10587	»		
		A capital,				
		Le reliquat de son compte ancien, valeur du 30 juin dernier, ci......	1587	»		
		A Caisse,				
		Espèces versées à sa Caisse....	9000	»	10587	»

(1) Cette double colonne représente la colonne extérieure du Journal et du Livre des Inventaires.

300. *3e Genre.* — Les articles du troisième genre sont ceux qui constatent plusieurs entrées fournies par un seul créditeur, ou une sortie reçue par plusieurs débiteurs, et dans lesquels il figure, par suite, plusieurs débiteurs et un seul créancier ; ils sont l'inverse des articles du 2e genre. On les rédige suivant la formule :

	F. (1)	C.
DOIVENT DIVERS A TEL,		
1° Motifs du crédit (2).	»	»
2° Enonciation des débiteurs :		
TEL (nom du premier débiteur).		
Motifs du premier débit.	»	»
TEL (nom du deuxième débiteur).		
Motifs du deuxième débit, etc.	»	»

Prenons comme exemple l'art. 31 du Brouillard.

Du 30 novembre 1875.

Je paie à mes employés, savoir :

1 mois des appointements de mon chef de chai....	120f
1 id. id. de mon garçon de magasin..	70f
10 jours id. de mon commis...........	50f
Je prélève	
Mes frais de correspondance et d'emballage.......	75f
Ensemble............	315f
Pour mes dépenses domestiques..............	125f,71
TOTAL.............	440f,71

En appliquant les questions d'usage à cet article, on trouve qu'il doit se rédiger de la manière suivante au Journal :

(1) Cette double colonne représente la première colonne intérieure du Journal et du Livre des Inventaires.

(2) Dans les articles du 3e genre, on commence par les motifs du crédit, parce que l'énonciation en est moins longue que celle des motifs du débit.

	F.	C.	F.	C.
31 —— Du 30 novembre 1875. ——				
Doivent Divers a Caisse, (1)				
Prélevé à la caisse pour payer :				
Frais généraux,				
1 mois des appoint/ de m/ chef de chai.................. 120 f.				
1 mois des appoint/ de m/ garç. de mag/................ 70				
10 jours des appoint/ de mon commis.................. 50				
Frais de corr. et d'emb[lage] pendant le mois............. 75	315	»		
Dépenses domestiques,				
Les dépenses de ménage du mois....	125	71	440	71

301. 4e *Genre*. — Les articles du quatrième genre sont ceux qui constatent plusieurs entrées fournies par plusieurs créditeurs, ou, réciproquement, plusieurs sorties reçues par plusieurs débiteurs ; ce sont les articles de Divers à Divers. On les appelle articles composés ou complexes. Ils se rédigent suivant la formule :

			F. (2)	C.
DOIVENT Divers a Divers,				
1° Enonciation des débiteurs :				
Tel }	»	»		
Motifs de chaque débit.				
Tel }	»	»	»	»
2° Enonciation des créditeurs :				
A Tel }			»	»
A Tel } Motifs de chaque crédit.			»	»
A Tel }			»	»

(1) Nous n'exposons pas ici, par entrefilet, les motifs du crédit, parce que ces motifs se déduisent naturellement de ce qui suit.

(2) Cette double colonne représente la première colonne intérieure du Journal et du Livre des Inventaires.

Prenons comme exemple l'article 56 du Brouillard.

Du 19 décembre 1875.

Vendu à M. Meilhard, à Périgueux :
30 pièces rouennerie de Villiers, ens., etc. . . .
20 p. id.

Ensemble, net.	3.820f »
25 pièces de toile de Clermont, ens., net.	1.611,55
En tout.	5.431,55

Il me paie ainsi :

Nos 114 et 115, deux effets de commerce s'élevant à.	1.720f »
En espèces	3.618,75
Escompte 2 1/2 p. °/₀ sur fr. 3.711,55, (excédant du prix de vente sur le montant des effets), ci.	92,80
Total égal au prix net de vente.	5.431,55

En appliquant à cet article les questions d'usage, on trouvera qu'il faut le rédiger de la manière suivante au Journal :

	F.	C.	F.	C.
56 — *Du 19 décembre 1875.* —				
Doivent Divers à Divers,				
Meilhard, à Périgueux, me remet :				
Effets à recevoir,				
No 114, Billet Berthon, à Périgueux, à s/ ord/, 15 mars. 985 f. No 115, s/ mand/, à m/ ordr/, s/Réal, à Limoges, 15 mars 735 f.	1720	»		
Caisse,				
Espèces.	3618	75		
Escompte et rabais,				
Escompte 2 1/2 p. °/₀ sur f. 3711,55 payés en espèces.	92	80		
Total.	5431	55		

		F.	C.	F.	C.
En paiement de ce qui suit :					
A marchandises de Villiers,					
30 p. rouennerie de Villiers, ens. 1500m, à f. 1,40...........	2.100				
20 p. rouennerie de Villiers, ens. 1000m, à f. 1,90.........	1.900				
Ensemble...	4.000				
Escompte 4 1/2 p. %.......	180	3820	»		
A Etoffes et Nouveautés,					
25 p. de toile de Clermont, ens. 1875m, à f. 0,90...	1687.50				
Escompte 4 1/2 p. %.....	75.95	1611	55	5431	55

§ VI. — *Observation sur les Articles Complexes.*

302. Il faut éviter, autant que possible, de faire des articles de Divers à Divers ; car la rédaction de ce genre d'articles produit toujours une certaine confusion. Lorsque l'article à transcrire au Journal est complexe, il faut donc, après en avoir analysé une à une toutes les opérations partielles, en supprimer les comptes qui y sont à la fois débiteurs et créditeurs de mêmes sommes dans les mêmes conditions, et diviser ces opérations en plusieurs articles d'autres genres. (Extrait du programme officiel, p. 161.)

Nota. — Les élèves sont généralement disposés à débiter ou à créditer le compte de caisse à tout propos. Il suffit, pour les corriger de ce travers, de lire lentement l'article du Brouillard qu'on veut passer au Journal, et de bien poser les deux questions : Qui est-ce qui reçoit ? Qui est-ce qui fournit ? De cette manière, on les habitue bien vite à réfléchir et à répondre exactement, surtout s'ils ont déjà copié attentivement les petits modèles de comptes agricoles que nous donnons, p. 7 et 8. Il est d'ailleurs bon de leur faire lire, dans leur Livre, au commencement de l'exercice, le modèle du genre d'articles qu'ils ont à passer au Journal (§ V, ci-dessus), et de leur faire reporter ces articles au Grand-Livre, à mesure qu'ils les rédigent. Ce dernier exercice leur plaît ordinairement beaucoup, et les initie rapidement au mécanisme de la tenue des Livres en partie double.

QUESTIONNAIRE.

275. Qu'est-ce que la tenue des livres en partie double ? — 276. Pourquoi donne-t-on le nom de partie double à cette méthode ? — 277. Sur quoi repose le système des parties doubles, et que suppose-t-on ? — 278. Dans cette hypothèse, comment est considéré le chef de maison ? — 279. A quoi est tenue la maison ? — 280. Que fait le comptable pour que la maison puisse, quand elle le veut, établir son état de situation ? — 281. Que fait le comptable pour cela, et quels comptes débite-t-il et crédite-t-il ? — 282. De cette manière, qu'arrive-t-il, et qu'expriment les comptes débiteurs et les comptes créditeurs ? — Donnez un exemple.

283. Qu'est-ce que l'ouverture des livres ? — 284. Quand doit se faire la passation des écritures que nécessite l'ouverture des livres ? — 285. A quoi faut-il se conformer pour ouvrir des livres, et par qui un établissement peut-il être fondé ? — 286. Combien de cas présente l'ouverture des livres d'un seul intéressé ? — 287. Comment fait-on pour ouvrir les livres, lorsque le capital ne se compose que de dettes actives ? — 288. Comment ouvre-t-on les livres si le capital se compose de dettes actives et de dettes passives ?

289. Comment s'entend l'organisation des écritures ? — 290. Quand les écritures d'une maison sont-elles bien organisées ? — 291. Que faut-il savoir pour ouvrir méthodiquement les livres et bien organiser les écritures d'une maison ?

292. Que fait-on pour transformer un article du Brouillard en un article de Journal ou du Livre des Inventaires ? — 293. Outre la date, de combien de choses se composent les articles du Journal et du Livre des Inventaires ? — 294. Quelle est la formule des articles du Journal et du Livre des Inventaires dans la tenue des livres en partie simple ? — 295. En partie double, combien se présente-t-il de genres d'articles dans ces deux livres, et par quel mot commencent-ils ? — 296. Comment s'énoncent les motifs du débit et du crédit ? — 297. Comment se fait au Journal et au Livre des Inventaires l'énumération des objets de l'opération ?

298. Qu'est-ce que les articles de Journal du premier genre, et quelle en est la formule ? — Donnez un exemple. — 299. Qu'est-ce que les articles du deuxième genre, et quelle en est la formule ? — Donnez un exemple. — 300. Qu'est ce que les articles du troisième genre, et comment les rédige-t-on ? — Donnez un exemple. — 301. Qu'est-ce que les articles du quatrième genre, comment les appelle-t-on, et comment se rédigent-ils ? — Donnez un exemple.

302. Pourquoi faut-il éviter de faire des articles de Divers à Divers, et que faut-il faire lorsque l'article à rédiger au Journal est complexe ? — Lisez le nota.

raux de la maison. Donc le compte de Frais Généraux doit 84 fr.

2e Question. — Qui est-ce qui fournit cette somme ?

Réponse. — Le caissier. Donc il faut écrire au Journal :

Doivent Frais Généraux à Caisse,
7 stères, etc. (art. 6 du Journal).

Art. 7. — *Du 5 novembre 1875.* —

Payé à M. Roux, mon propriétaire, 6 mois d'avance de mon loyer, ci. 1.200 fr.

1re Question. — Qui est-ce qui reçoit 1.200 fr. ?

Réponse. — Mon propriétaire ; mais comme il ne me remettra point cette somme, c'est le commis, appelé Loyer Payé d'avance, chargé d'en surveiller le paiement, qui en doit être débité à sa place.

2e Question. — Qui est-ce qui fournit 1.200 fr. ?

Réponse. — La caisse. Donc il faut écrire au Journal :

Doit Loyer Payé d'avance à Caisse, etc. (art. 7 du Journal).

Art. 8. — *Du 6 id.* —

Mis en cave, pour être consommée dans le ménage, 1 barrique de vin de Libourne, etc., etc., en tout pour. . . . . 349f16 de vins.
Payé à la régie pour droits d'entrée et autres. 124,09

Soit, en tout, la somme de fr. 473,25

1re Question. — Qui est-ce qui reçoit ?

Réponse. — La personne chargée du contrôle des Dépenses Domestiques.

2e Question. — Qui est-ce qui fournit ?

Réponse. — Diverses personnes : le commis des Vins et Liqueurs, et le caissier. Donc il faut écrire au Journal :

Doivent Dépenses Domestiques à Divers,

On expose ici les motifs pour lesquels on débite le compte de Dépenses Domestiques, et l'on énumère ensuite les titres des divers comptes créditeurs (voyez art. 8 du Journal).

Art. 9. —— *Du 7 novembre 1875.* ——

Escompté à Réal, à Limoges, les effets suivants :

N° 101, traite Lombard, etc., etc., ensemble 6.665 fr.

Je lui remets en paiement : un bon sur la caisse de Milhac, de 4.000 fr. (Liv. I, formule n° 1, p. 189), en espèces 2.585 fr. 60, et je lui retiens sur 6.665 fr. un escompte de 79 fr. 40, soit, en tout, 6.665 fr., somme égale au montant des 4 effets que je reçois.

1re Question. — Quel est l'employé de la maison qui reçoit?

Réponse. — Le commis des Effets à Recevoir. Voilà donc le débiteur.

2e Question. — Qui est-ce qui fournit?

Réponse. — Réal, mais comme il est payé par Milhac et le Caissier, ces derniers et le commis de Pertes et Profits, qui a droit à un escompte qu'il n'a pas reçu, deviennent évidemment créditeurs à la place de Réal. Donc il faut écrire au Journal :

Doivent Effets à Recevoir à Divers.

Motifs du débit. Escompté à Réal, etc., etc.

Enumération des divers créditeurs : A Milhac, etc., etc. (art. 9 du Journal).

Art. 10. —— *Du 7 id.* ——

Reçu de Haubert, à Nantes, ce qui suit, etc., etc., s'élevant à 3.457 fr. 80, plus 144 fr. 20 de frais de transport, soit, en tout, à 3.602 fr., et je lui remets, en paiement, n° 1, m/ b^{et}, etc., 1.457 fr. 80, plus 2.000 fr. en espèces.

1re Question. — Qui est-ce qui reçoit pour 3.602 fr. de marchandises?

Réponse. — Le commis des Marchandises Générales.

2e Question. — Qui est-ce qui fournit le montant de cette somme?

Réponse. — Le caissier et le commis des Effets à Payer. Voilà les créditeurs. Donc il faut écrire au Journal :

Doivent Marchandises Générales à Divers.

Motif du débit : Reçu de Haubert, etc., etc. Motif du crédit, et énumération des divers créditeurs ou créanciers : A Caisse, etc. (art. 10 du Journal).

Art. 11. —————— *Du 8 novembre 1875.* ——————

Acquitté le mémoire des travaux de menuiserie faits dans mon magasin par Redon, s'élevant à 275 fr.

1re Question. — Qui est-ce qui reçoit ?

Réponse. — Le Mobilier du Magasin. Voilà le débiteur.

2e Question. — Qui est-ce qui fournit le prix de ce mobilier?

Réponse. — Le caissier. Donc il faut écrire au Journal :

Doit Mobilier à Caisse : payé à Redon, etc. (art. 11 du Journal).

Art. 12. —————— *Du 8 id.* ——————

Reçu de Mr Gatinaud, par les mains de Me Dumard, 350 fr. d'intérêts.

1re Question. — Qui est-ce qui reçoit ?

Réponse. — Le caissier. Voilà le débiteur.

2e Question. — Qui est-ce qui fournit ou profite ?

Réponse. — Le commis des Pertes et Profits, puisque le paiement de cette somme de 350 fr. ne diminue point la dette de Gatinaud. Donc il faut écrire au Journal :

Doit Caisse à Pertes et Profits,

Reçu de Mr Gatinaud, etc. (art. 12 du Journal).

Art. 13. —————— *Du 10 id.* ——————

Vendu au comptant à Roux pour 68 fr. 60 de sucre et de café, et pour 75 fr. de vin, en tout pour 143,60.

1re Question. — Qui est-ce qui reçoit le prix de ces denrées?

Réponse. — Le caissier. Voilà le débiteur.

2e Question. — Qui est-ce qui fournit ?

Réponse. — Le commis des Marchandises Générales et celui des Vins et Liqueurs. Voilà les créditeurs. Donc il faut écrire :

Doit Caisse à Divers,

Motif du débit : vendu, etc.

Divers créditeurs : A Marchandises Générales, etc. (art. 13 du Journal).

Art. 14. —————— *Du 11 id.* ——————

Vendu à Divers au comptant, savoir :

Pour 60 fr. de vin, et pour 236 fr. 60 de café et de sucre, en tout pour 296 fr. 60.

1re Question. — Qui est-ce qui reçoit?

Réponse. — Le caissier. Voilà le débiteur.

2e Question. — Qui est-ce qui fournit?

Réponse. — Le commis des Vins et Liqueurs, et celui des Marchandises Générales. Donc il faut écrire au Journal :

Doit Caisse à Divers,

Motif du débit : Vendu à divers, au comptant :

Enumération des divers créditeurs : A Vins et Liqueurs, etc. (art. 14 du Journal).

Art. 15. ——— *Du 12 novembre 1875.* ———

Expédié à Lebon, à Poitiers, pour 506 fr. 05 de vins.

1re Question. — Qui est-ce qui reçoit?

Réponse. — Lebon. Voilà le débiteur.

2e Question. — Qui est-ce qui fournit?

Réponse. — Vins et Liqueurs. Ecrivons donc (art. 15 du Journal) :

Doit Lebon, à Poitiers, à Vins et Liqueurs, 3 barr., etc., etc.

Art. 16. ——— *Du 13 id.* ———

Reçu de Tritschler et fils, pour le compte de Latour, divers instruments aratoires, et payé le net de leur facture 461 fr. 30.

1re Question. — Qui est-ce qui reçoit?

Réponse. — Le compte de commissions.

2e Question. — Qui est-ce qui fournit?

Réponse. — Le caissier. Donc il faut écrire (art. 16 du Journal) :

Doivent commissions à Caisse, payé, etc.

Art. 17. ——— *Du 13 id.* ———

Expédié à Latour, à Tulle, les instruments fournis par Tritschler pour 513 fr., plus 178 k. de café, pour 507 fr. 30, soit, en tout, 1.020 fr. 30.

1re Question. — Qui est-ce qui reçoit?

Réponse. — Latour. Voilà le débiteur.

2e Question. — Qui est-ce qui fournit?

Réponse. — L'employé des Commissions et celui des Marchandises Générales. Donc il faut écrire (art. 17 du Journal) :

Doit Latour, à Tulle, à Divers,

A Commissions, les instruments aratoires achetés pour son compte à Tritschler et fils, à Limoges, (énumération de ces instruments et des prix forts seulement).....

A Marchandises Générales, etc.

Art. 18. ——— *Du 15 novembre 1875.* ———

Reçu de Lebon, à Poitiers, 3 sacs, etc., etc., en tout, net, pour 2.742 fr. 90; payé le port 177 fr., ensemble, 2.919 fr. 90.

1re Question. — Qui est-ce qui reçoit?

Réponse. — Les Marchandises Générales.

2e *Question.* — Qui est-ce qui fournit?

Réponse. — Mr Lebon et le caissier. Donc il faut écrire (art. 18 du Journal) :

Doivent Marchandises Générales à Divers,

A Lebon, à Poitiers, (énumérer les marchandises comme au Brouillard, ou dire : sa facture du 10 courant, n° 5) (1).

A Caisse (payé le transport, etc.)

Art. 19. ——— *Du 15 id.* ———

Je tire, à l'ordre de Lebon, sur Haubert, une traite de 1.500 fr., et j'envoie à ce dernier, pour le couvrir, (il n'a pas provision, Liv. I, n° 396), mon billet de pareille somme, au 6 décembre prochain.

1re Question. — Qui est-ce qui reçoit?

Réponse. — Le commis des Effets à Recevoir, qui prend ma traite pour l'enregistrer, et dont il sera crédité lorsqu'il l'adressera à Lebon. Voilà le débiteur.

2e *Question.* — Qui est-ce qui fournit?

Réponse. — Le commis des Effets à Payer, qui, en envoyant mon billet à Haubert, répond du paiement de cet effet. Donc il faut écrire (art. 19 du Journal) :

Doivent Effets à Recevoir à Effets à Payer.

Motif du débit : tiré sur Haubert, à Nantes, n° 105, etc.

Motif du crédit : Et envoyé au même en provision, etc.

---

(1) La facture Lebon est la 5e facture reçue. — Voyez le Livre d'achats, à la Partie du Maître.

Nota. — On pourrait décomposer cet article en deux : débiter, dans le 1er article, le compte d'Effets à Recevoir, par le crédit du compte d'Haubert; dans le 2e, débiter le compte d'Haubert et créditer celui d'Effets à Payer; mais cette multiplicité d'articles n'ajouterait rien à la clarté des écritures de l'opération, que nous transcrivons ici en un seul article de Journal.

Art. 20. ——— *Du 16 novembre 1875.* ———

Adressé à Lebon, à Poitiers, ma traite n° 105, de 1.500 fr.

1re Question. — Qui est-ce qui reçoit?

Réponse. — Lebon. Voilà le débiteur.

2e Question. — Qui est-ce qui fournit?

Réponse. — Le commis des Effets à Recevoir. Donc il faut écrire (art. 20 du Journal) :

Doit Lebon, à Poitiers, à Effets à Recevoir, etc.

Art. 21. ——— *Du 17 id.* ———

Lambert, à Angoulême, m'informe qu'il transporte, par virement, sa créance sur moi, valeur du 1er février prochain, à Latour, à Tulle, 1860 fr., à Milhac, à Limoges, 2.910 fr. 60, en tout 4.770 fr. 60.

1re Question. — Qui est-ce qui reçoit cette créance?

Réponse. — Lambert, car, s'il n'en recevait pas la valeur de MM. Latour et Milhac, il est évident qu'il ne m'inviterait pas à leur en payer le montant pour son compte, à l'échéance. Donc il faut débiter le compte de Lambert pour le solder, et créditer à sa place ceux de Latour et de Milhac ; par conséquent, il faut écrire (art. 21 du Journal) :

Doit Lambert, à Angoulême, à Divers,

(Motif du débit : son virement.

Enumération des divers créanciers : à Latour, etc.)

Art. 22. ——— *Du 18 id.* ———

Vendu à Gatinaud, à Châteauroux, 30 barriques de vin, etc., etc., ensemble, escompte à 4 1/2 p. °/o déduit, pour 1.981 fr. 15 de vins, et pour 2.459 fr. 85 de divers cafés, soit, en tout, pour la somme nette de 4.441 fr. — Gatinaud me remet en paiement deux effets s'élevant ensemble à 2.418 fr. 40, plus 1.972 fr. 05 en espèces, sur les 2.022 fr. 60 restant dus après la remise des effets, et me retient sur ce reliquat 50 fr. 55 d'escompte commercial à 2 1/2 p. °/₀, soit, en tout, la même somme de 4.441 fr.

1re Question. — Qui est-ce qui reçoit dans la Maison ?

Réponse. — Le commis du portefeuille, le caissier et le compte de Pertes et Profits qui doit supporter l'escompte fait à Gatinaud pour en avoir de l'argent comptant. Voilà les débiteurs.

2e Question. — Qui est-ce qui fournit la valeur des sommes reçues ?

Réponse. — Le commis des Vins et Liqueurs, et celui des Marchandises Générales. Donc il faut écrire, en renversant l'ordre des matières de l'article du Brouillard :

Doivent Divers à Divers,
(Motif du débit : Reçu de Gatinaud, à Châteauroux.
Énumération des divers débiteurs : Caisse, etc.
Motif du crédit : en paiement de ce qui suit :
Enumération des divers créditeurs : Vins et Liqueurs, etc.)
(art. 22 du Journal) :

Nota. — On pourrait décomposer cet article en deux : l'un du 2e genre, dans lequel on débiterait le compte de Gatinaud par le crédit de ceux de Vins et Liqueurs et de Marchandises Générales ; l'autre du 3e genre, par lequel on débiterait Caisse, Effets à Recevoir et Pertes et Profits par le crédit du compte de Gatinaud, qui se trouverait ainsi soldé, et dans lequel cette opération ne figurerait que pour mémoire ; mais il nous semble préférable de ne faire qu'un seul article.

Art. 23. ———— *Du 20 novembre 1875.* ————

Remis en règlement au mandataire de Jounaud, à Bordeaux, nos 103 et 104, ensemble, 3.240 fr., et mon acceptation, n° 3, de 1.113 fr. 45, en tout, 4.353 fr. 45.

1re Question. — Qui est-ce qui reçoit ces valeurs ?

Réponse. — Jounaud. Voilà le débiteur.

2e Question. — Qui est-ce qui fournit ces effets ?

Réponse. — Le commis des Effets à Recevoir et celui des Effets à Payer. Donc il faut écrire (art. 23 du Journal) :

Doit Jounaud, à Bordeaux, à Divers,
(Motif : mon règlement avec Roux, son mandataire,
A Effets à Recevoir, n° 103, etc., etc. — A Effets à Payer, etc.)

Art. 24. ——— *Du 20 novembre 1875.* ———

Acheté le fonds de commerce de Roux, à Limoges, qui se compose de 4 pièces de drap pointillé, etc., etc., ensemble, net 6.176 fr. 60, et le mobilier du magasin, 570 fr. 40, en tout 6.747 fr.

1re Question. — Qui est-ce qui reçoit?

Réponse. — Le commis des Etoffes et celui du mobilier du magasin. Voilà les débiteurs.

2e Question. — Qui est-ce qui fournit?

Réponse. — Roux. Donc il faut écrire (art. 24 du Journal) :

Doivent Divers à Roux, à Limoges.

Motif (1) : — Acheté ce qui suit à M. Roux, qui me cède en outre, à titre gratuit, la jouissance, etc.

Enumération des débiteurs : — Etoffes et Nouveautés. — Le reste comme au Brouillard, ou, plus simplement, les marchandises composant son fonds de commerce. — Mobilier (le mobilier meublant son magasin).

Art. 25. ——— *Du 20 id.* ———

J'accepte, sous le n° 4, la traite Lebon, à l'ordre Dufort, au 1er mars, de fr. 736,85.

1re Question. — Qui est-ce qui reçoit?

Réponse. — Lebon, à l'ordre de qui je prends l'engagement, par mon acceptation, de payer 736 fr. 85.

2e Question. — Qui est-ce qui fournit?

Réponse. — Le commis des Effets à Payer, car l'acceptation d'une traite est la même chose, quant à l'engagement de payer, que la souscription d'un billet à ordre. Donc il faut écrire (article 25 du Journal) :

Doit Lebon, à Poitiers à Effets à Payer, etc., etc.

Art. 26. ——— *Du 23 id.* ———

Remis à Milhac, banquier à Limoges, nos 101 et 102, etc., etc., s'élevant ensemble à la somme de 3.425 fr.

---

(1) Lorsqu'il s'agit d'un article du 3e genre, c'est-à-dire de divers débiteurs et d'un seul créancier, on énonce d'abord le motif du crédit (voyez les différents genres d'Articles au Journal, chap. I, § V, ci-dessus).

1re Question. — Qui est-ce qui reçoit ?

Réponse. — Milhac. Voilà le débiteur.

2e Question. — Qui est-ce qui fournit ?

Réponse. — Le commis des Effets à Recevoir. Donc il faut écrire (art. 26 du Journal) :

Doit Milhac, à Limoges   à Effets à Recevoir, etc., etc.

Art. 27. ——— *Du 25 novembre 1875.* ———

J'adresse à Rouix, à Clermont-Ferrand, en commission, à 3 p. °/₀, les marchandises suivantes :

4 pièces drap pointillé, etc., etc., ensemble pour 4.936 fr. 35 d'étoffes à vendre pour mon compte.

1re Question. — Qui est-ce qui reçoit ces marchandises ?

Réponse. — Rouix. — Oui, mais, comme il ne les reçoit pas pour son compte, il est évident que le commis ou le compte de mes Etoffes chez Rouix en est le seul débiteur pour le moment.

2e Question. — Qui est-ce qui fournit ?

Réponse. — Le commis des Etoffes et Nouveautés. Donc il faut écrire (art. 27 du Journal) :

Doivent Etoffes chez Rouix   à Etoffes et Nouveautés,
Mon envoi en commission. (Le reste comme au Brouillard).

Art. 28. ——— *Du 27 id.* ———

Echangé à Lejeune, à Limoges, 1 barrique, etc., etc., ensemble, 240 fr. 60, contre une pièce de toile du même prix.

1re Question. — Qui est-ce qui reçoit, dans la maison ?

Réponse. — Le commis des Etoffes, une pièce de toile. Voilà le débiteur.

2e Question. — Qui est-ce qui fournit la valeur de la toile reçue ?

Réponse. — Le commis des Vins et Liqueurs. Donc il faut écrire (art. 28 du Journal) :

Doivent Etoffes et Nouveautés   à Vins et Liqueurs,
(Motif du débit : — Reçu de Lejeune, à Limoges, etc., etc.
Motif du crédit : — En échange de, etc., etc.)

Art. 29. ——— *Du 28 id.* ———

Vendu au comptant, à divers, dans la semaine :

12 douzaines cravates, etc., etc., ensemble, pour 291 fr. 60 d'Etoffes.

1re Question. — Qui est-ce qui reçoit?

Réponse. — Le caissier. Voilà le débiteur.

2e Question. — Qui est-ce qui fournit?

Réponse. — Le commis des Etoffes. Donc il faut écrire (article 29 du Journal) :

Doit Caisse à Etoffes et Nouveautés,

(Ma vente, au comptant, à divers, etc., etc., comme au Brouillard).

Art. 30. — *Du 29 novembre 1875.* —

Villiers, à Rouen, m'envoie, en commission, à 3 p. %,

60 pièces, etc., etc., ensemble pour 6.950 fr. de rouennerie; j'en paie le port, au commissionnaire, 86 fr., en tout 7.036 fr.

1re Question. — Qui est-ce qui reçoit?

Réponse. — Le commis que nous chargeons des Marchandises de Villiers. Voilà le débiteur.

2e Question. — Qui est-ce qui fournit?

Réponse. — Villiers et le Caissier. Donc il faut écrire (art. 30 du Journal) :

Doivent Marchandises de Villiers à Divers,

A Villiers (il m'envoie pour les vendre en commission, 60 pièces, etc., etc.)

A Caisse, payé le port de ces marchandises.

NOTA. — Cet article est l'inverse de l'article 27, ci-dessus.

Art. 31. — *Du 30 id.* —

Je prélève à la caisse 315 fr. pour payer mes employés et mes frais de correspondance, et 125 fr. 71 pour acquitter mes dépenses domestiques du mois, en tout 440 fr. 71.

1re Question. — Qui est-ce qui reçoit?

Réponse. — Le commis préposé au contrôle et au paiement des frais généraux, et l'employé chargé de payer les dépenses du ménage, dépenses qu'il ne faut pas confondre avec les frais d'exploitation du commerce ou de l'industrie de la maison. Voilà les débiteurs.

2e Question. — Qui est-ce qui fournit ?

Réponse. — Le Caissier. Donc il faut écrire (art. 31 du Journal) :

Doivent Divers à Caisse,
Prélevé à la caisse pour payer :
Frais Généraux,
1 mois, etc., etc. (comme au Brouillard).
Dépenses Domestiques,
Les dépenses de bouche et autres frais, etc.

CHAPITRE III.

DU TRANSPORT DES ARTICLES DU JOURNAL AUX DIVERS COMPTES DU GRAND-LIVRE, ET DE LA VÉRIFICATION DES ÉCRITURES.

---

§ I. — *Du transport des articles du Journal au Grand-Livre.*

303. Chaque article du Journal, quelque complexe qu'il soit, ne doit occuper qu'une ligne aux divers comptes du grand-livre auxquels il est transporté.

304. Le transport des articles du Journal au grand-livre se fait de la manière suivante :

1° On inscrit la date de l'article dans la première colonne, à gauche, au Doit du compte ou des comptes débiteurs ;

2° On écrit, à la suite, sur la même ligne, le nom du compte créditeur, ou le mot Divers (s'il s'agit de plusieurs créanciers), précédé, l'un ou l'autre de *A,* et suivi du motif du débit, exprimé en quelques mots.

3° On inscrit dans la première petite colonne de référence, le folio du Journal où se trouve l'article transporté ; dans la 2e, le folio du grand-livre où se trouve le compte créditeur, ou un guillemet s'il s'agit de divers créditeurs ;

4° Enfin, on écrit à la suite, dans la colonne des francs et centimes, la somme due par le compte ainsi débité.

Ensuite, passant au compte créditeur, ou successivement aux

divers comptes créditeurs énoncés dans l'article, on écrit de même, à l'Avoir de chacun d'eux la date, le nom du compte Débiteur, ou le seul mot Divers, s'il y a lieu, précédé de *Par* et suivi en quelques mots du motif du crédit; le folio du Journal, celui du compte débiteur, ou un guillemet, s'il y a divers débiteurs, et la somme due au compte que l'on crédite.

305. Après avoir fait ce transport, on écrit, dans la première colonne de référence du Journal, en regard de chaque compte débiteur, le folio de ce compte au grand-livre, et dans la 2e colonne, également en regard des comptes créditeurs, le folio que ces comptes occupent au même grand-livre. — On met un point à droite de chaque folio ainsi écrit, au fur et à mesure qu'on transporte au grand-livre la somme qui appartient au compte dont ce folio de référence est le numéro d'ordre (1).

Nota. — Il suffit pour bien comprendre ces règles, de lire quelques articles du Journal, et d'en suivre le transport au grand-livre, au moyen des folios inscrits dans les colonnes de référence du Journal. — Voyez les exemples que nous donnons p. 3 à p. 8. — Le professeur indiquera aux élèves, à l'aide de la Partie du Maître, l'espace qu'ils devront réserver à chaque compte, dans l'organisation des écritures. Il fera bien de leur faire dresser le grand-livre sur un cahier de 10 centimes. Ce travail sera pour eux un sujet d'excellents exercices de calligraphie et de dessin linéaire, et leur apprendra mieux et plus vite à mettre leurs affaires par écrit que l'emploi des registres lithographiés, qui, du reste, sont, le plus souvent, mal préparés, et coûtent trop cher.

§ II. — *De la Vérification des Ecritures.*

306. La vérification des écritures est une révision des livres au moyen de laquelle on s'assure si toutes les opérations de la maison ont été régulièrement inscrites.

307. Cette révision doit se faire au moins tous les mois, afin de prévenir la possibilité d'omissions dans les règlements de comptes, et de ne pas surcharger le travail du comptable à

(1) L'inscription des folios dans les colonnes de référence du Journal se fait ordinairement avant le transport, au moyen du répertoire du grand-livre, dans lequel les titres des comptes sont écrits, comme on le sait, par ordre alphabétique, avec indication de leurs folios ; mais le point ne se met à droite de chacun d'eux qu'après l'inscription des articles au grand-livre.

l'époque de l'inventaire. Les grandes maisons vérifient leurs écritures toutes les semaines. Les comptables des administrations financières et ceux des grands établissements, soit commerciaux, soit industriels, font ce travail tous les jours (n° 120).

308. Le travail de révision des écritures comprend deux parties :

Le pointage et la balance de vérification, qui ont pour complément le redressement de compte, lorsqu'il y a erreur ou omission dans le libellé des opérations de comptabilité.

Toutefois, beaucoup de teneurs de livres établissent d'abord la balance de vérification, et ne procèdent au travail long et minutieux du pointage que dans le cas où la balance n'est pas juste, c'est-à-dire lorsque le total des sommes inscrites dans la colonne du Doit de la balance n'est pas égal au total des sommes inscrites dans la colonne de l'Avoir, et que, par suite, la somme des soldes débiteurs n'est pas la même que celle des soldes créditeurs (n° 234).

309. Mais ce moyen de vérification ne présente pas une garantie suffisante de correction des écritures. L'égalité des totaux des Débits et des Crédits de la balance atteste bien, il est vrai, que toutes les sommes reportées du Journal au grand-livre ont été inscrites, à la fois, au Doit et à l'Avoir des comptes qui font l'objet de cette balance ; mais elle ne prouve pas que l'inscription de ces sommes ait été faite au Doit et à l'Avoir des comptes qui devaient les recevoir, plutôt qu'au Doit et à l'Avoir d'autres comptes, et elle démontre moins encore que toutes les opérations de comptabilité de la maison figurent au Journal et au Grand-Livre ; donc une balance juste n'est pas une garantie suffisante de la correction des écritures. Elle en représente seulement les résultats, s'il n'y a ni erreur ni omission dans le libellé des opérations, dont elle est le tableau synoptique résumé.

310. Aussi, les teneurs de livres, un peu comptables, qui désirent le plus s'affranchir du travail du pointage, procèdent-ils toujours à une révision préparatoire des écritures avant d'en relever la balance.

§ III. — *De la Révision Préparatoire.*

311. La révision préparatoire est une vérification rapide par laquelle on s'assure si les articles du Brouillard et tous les comptes dénommés dans chaque article du Journal sont affectés, dans leurs colonnes de référence, du folio marqué d'un point noir que le teneur de livres doit y inscrire, à mesure qu'il transporte ces articles, de la Main-Courante au Journal, et du Journal aux divers comptes du Grand-Livre.

312. Après la révision, si tout est trouvé régulier, on en conclut que les écritures sont correctes ; si, au contraire, on découvre, en vérifiant ainsi, des erreurs ou des omissions, on les rectifie, et l'on dresse la balance de vérification sur une feuille volante. Enfin, si la balance n'est pas trouvée juste, on procède au pointage.

§ IV. — *Du Pointage.*

313. Le pointage est un travail de révision des écritures de comptabilité par lequel on examine avec soin si tous les articles du brouillard ont été régulièrement rédigés au journal, et reportés de là aux divers comptes du grand-livre.

314. On donne à ce travail le nom de pointage, parce qu'à mesure que l'on confronte, un à un, les articles de deux livres, on met un point, au crayon, à gauche du chiffre qui représente, dans la colonne de référence du premier de ces livres, le folio où se trouve transcrit, dans l'autre livre, chaque article ou chaque compte vérifié. Ainsi, lors de la vérification, on marque d'un point, à gauche, chaque nombre qui, dans la première colonne du brouillard, indique à quel folio du journal est reporté l'article en regard duquel il est écrit.

315. On pointe de même les folios du grand-livre qui sont écrits dans les deux petites colonnes de référence du journal, à mesure que l'on s'assure que les comptes auxquels ils correspondent, sont débités ou crédités au grand-livre des sommes dont ils sont débités ou crédités au journal. Au grand-livre, on met le point à droite ou à gauche des sommes vérifiées.

316. Dans les administrations financières, le pointage se fait

ordinairement à l'encre rouge. Le contrôleur écrit même, le plus souvent, sur les états spéciaux, le mot : *vu,* ou un tiret, à droite des sommes vérifiées.

317. Pour faire commodément le travail du pointage, il faut être deux : un employé et le comptable. L'employé lit d'abord, à haute voix, les articles du brouillard, et en fait le pointage, à mesure que le comptable reconnaît que chaque article lu est régulièrement transcrit au journal ; puis, prenant le journal et le livre des inventaires, s'il y a lieu, l'employé en relit les articles et en opère le pointage, à mesure que le comptable s'assure que les sommes énoncées sont exactement transcrites au grand-livre, où il les marque lui-même d'un point.

Après ce travail, le comptable redresse les articles erronés, s'il y en a, et annule les sommes qui ne sont pas marquées d'un point au grand-livre.

§ V. — *Du Redressement de compte (Livre I, n° 467).*

318. On appelle redressement de compte les rectifications auxquelles donnent lieu les omissions et les erreurs reconnues dans les écritures d'un comptable, après vérification.

319. Le redressement de compte se fait par de nouveaux articles que l'on passe à la suite de la dernière opération inscrite dans le livre ou dans le compte à rectifier. On ne doit point l'effectuer par des surcharges, des interlignes ni des transports en marge. (Art. 10, C. de Com.)

320. Deux causes donnent lieu au redressement de compte :

1° Une omission, qui se répare aisément ;

2° Une irrégularité dans la rédaction des articles du journal ou dans le transport qui en a été fait au grand-livre, et que l'on rectifie par une contre-passation.

1° De la Réparation des Omissions.

321. Lorsqu'on a omis d'inscrire une opération au journal, on répare cette omission par un article semblable à celui qu'on aurait dû faire. Cet article porte la date du jour de sa rédaction au journal. On y écrit, à l'encre rouge, entre le titre et l'explication :

Omis d'inscrire l'article de telle date, tel folio du Brouillard.

Le transport s'en fait ensuite au grand-livre, sous la date donnée à l'article du journal, sans autre explication.

322. Si l'omission consistait uniquement dans le transport d'articles au grand-livre, on la réparerait en y transcrivant, sans changement de date, les articles omis, à la suite de la dernière inscription faite aux divers comptes dans lesquels doivent figurer ces articles, et l'on écrirait, à l'encre rouge, sur la ligne du transport : *Omis de reporter à sa date.*

2° De la Contre-Passation (Liv. I, n° 468).

323. On donne le nom de contre-passation au redressement de compte qui annule un article erroné. La contre-passation a donc pour objet la rédaction au journal et le transport au grand-livre d'articles qui disent le contre de ceux que l'on veut annuler.

§ VI. — *De la Correction des irrégularités dans la rédaction des articles de Journal ou dans le transport qui en a été fait au Grand-Livre.*

324. Il peut se présenter deux cas d'irrégularités au journal et au grand-livre. En effet,

1° Un compte peut y être débité ou crédité pour un autre compte ;

2° Il peut y être débité au lieu d'y être crédité, et réciproquement.

325. Dans le premier cas, c'est-à-dire lorsqu'un compte est débité d'une somme qui devait être portée au Doit d'un autre compte, il faut le créditer de cette somme par le débit de cet autre compte ; et, réciproquement, s'il est crédité, il faut le débiter et créditer l'autre compte.

Si, par exemple, au lieu de créditer le compte de Milhac des 4.000 fr. qu'il a reçus, le 7 novembre, pour acquitter le bordereau de Réal (p. 33, art. 9), Ferret avait crédité de cette somme son compte de Caisse, il rectifierait cette erreur, lors de la vérification, le 30 novembre, par l'article de journal suivant :

Du 30 novembre 1875.

DOIT Caisse A Milhac,

Contrepassé l'article du 7 novembre, folio 2, ci-dessus, dans lequel la caisse a été créditée, par erreur, au préjudice de Milhac, du montant de

Mon bon sur la caisse de ce dernier, ci.......... 4.000 fr.

De cette manière, le compte de Milhac se trouve crédité comme il aurait dû l'être, lors de l'opération du 7 novembre, et les 4.000 fr. *portés par erreur, à cette époque, au crédit de caisse, sont annulés par l'inscription de pareille somme au débit de ce dernier compte.*

326. Dans le deuxième cas, c'est-à-dire, lorsqu'un compte a été débité au lieu d'être crédité, ou crédité au lieu d'être débité, il faut d'abord annuler, par une contre-passation, l'article erroné; puis, il faut inscrire régulièrement l'opération par un nouvel article ; donc deux articles dans ce cas.

Supposons, comme exemple, que Ferret, au lieu de créditer Capital par le débit de Gatinaud des 7.000 fr. qu'il porte, le 3 novembre, au compte de ce dernier, ait débité Capital et crédité Gatinaud de cette somme, et qu'il s'aperçoive de cette erreur le 30 du même mois. Dans cette hypothèse, il rectifiera l'article erroné par les deux articles suivants :

1° *Du 30 novembre 1875.*

DOIT Gatinaud A Capital,

Contrepassé l'article du 3 de ce mois, folio 1, dans lequel ce dernier compte a été débité, par erreur, de fr. 7.000, dont, au contraire, il doit être crédité par le débit de Gatinaud, le véritable débiteur, ci. . . . . 7.000 fr.

2° *Du 30 id.*

DOIT Gatinaud A Capital,

Son obligation, inscrite au folio 1 du Brouillard, le 3 du courant, ci . . . . 7.000 fr.

327. On pourrait encore rectifier l'erreur dont il s'agit par un seul article ; mais il vaut mieux en faire deux, afin d'établir la rectification aussi clairement que possible. Toutefois, beaucoup d'auteurs conseillent de faire cette rectification par l'unique article suivant :

Du 30 novembre 1875.

DOIT GATINAUD A CAPITAL,

Contrepassé l'article du 3 courant, folio 1, dans lequel ce dernier compte a été débité de fr. 7.000, au lieu d'y être crédité de pareille somme par le débit de Gatinaud, soit :

Pour contre-passation.	7.000
Pour rectification	7.000
En tout.	14.000

328. On le voit, la contre-passation annule simplement l'article erroné, comme nous le disons plus haut, et le redressement en opère la rectification.

En effet, dans notre hypothèse, l'inscription de 7.000 fr. au débit de Gatinaud et au crédit de Capital balance les 7.000 fr. portés par erreur, le 3 du courant, au crédit de Gatinaud et au débit de Capital, et la répétition de cette inscription, ou la transcription en un seul article du double de la somme de 7.000 fr., régularise les deux comptes.

§ VII. — *De la Balance de Vérification.*

329. La balance de vérification (n° 233), est un tableau dans lequel on écrit, par débit et par crédit, les totaux et les soldes des comptes du grand-livre qui ne s'équilibrent pas au moment de la révision des écritures, ou qui ne se balançaient pas lors de la dernière vérification.

APPLICATION.

Prenons les comptes du grand-livre et écrivons-en les totaux et les soldes dans la formule ci-dessous, afin de voir si nos écritures sont exactes, et de connaître le résultat produit par chaque branche d'opération de la maison Ferret.

Balance de Vérification, au 30 novembre 1875.

FOLIOS du Grand-Livre	COMPTES OUVERTS au GRAND-LIVRE.	TOTAUX DU MOIS				EXCÉDANTS OU SOLDES			
		DOIT :		AVOIR :		DOIT :		AVOIR :	
1	2	3		4		5		6	
1	Capital..........................	»	»	24.587	»	»	»	24.587	»
»	Loyer payé d'avance...............	1.200	»	»	»	1.200	»	»	»
»	Mobilier..........................	845	40	»	»	845	40	»	»
2	Caisse............................	19.053	85	16.577	90	2.475	95	»	»
3	Marchandises Générales............	10.875	35	3.272	35	7.603	»	»	»
»	Vins et Liqueurs..................	4.770	60	3.211	96	1.558	64	»	»
4	Effets à Recevoir.................	10.583	40	8.165	»	2.418	40	»	»
»	Effets à Payer....	»	»	4.808	10	»	»	4.808	10
5	Pertes et Profits.................	50	55	429	40	»	»	378	85
»	Dépenses Domestiques..............	598	96	»	»	598	96	»	»
6	Etoffes et Nouveautés.............	6.417	20	5.227	95	1.189	25	»	»
»	Frais Généraux....................	399	»	»	»	399	»	»	»
»	Commissions.......................	461	30	513	»	»	»	51	70
7	Milhac, à Limoges.................	14.012	»	6.910	60	7.101	40	»	»
»	Gatinaud, à Châteauroux...........	7.000	»	»	»	7.000	»	»	»
8	Roux, à Limoges...................	»	»	6.747	»	»	»	6.747	»
9	Marchandises de Villiers..........	7.036	»	»	»	7.036	»	»	»
»	Etoffes chez Rouix................	4.936	35	»	»	4.936	35	»	»
»	Villiers, à Rouen.................	»	»	6.950	»	»	»	6.950	»
12	Latour, à Tulle...................	1.020	30	1.860	»	»	»	839	70
	TOTAUX........	89.260	26	89.260	26	44.362	35	44.362	35

Questionnaire.

303. Quel espace chaque article du journal doit-il occuper au grand-livre? — 304. Comment se fait le transport des articles du journal au grand-livre ? — 305. Que fait-on après avoir opéré ce transport ? — Lisez le nota.

306. Qu'est-ce que la vérification des écritures ? — 307. Quand doit se faire cette révision, et quand les grandes maisons et les comptables des finances font-ils ce travail ? — 308. Combien comprend de parties le travail de révision des écritures, et comment procèdent beaucoup de teneurs de livres? — 309. Ce moyen de vérification présente-t-il une garantie suffisante de correction des écritures ? — 310. Comment procèdent les teneurs de livres un peu comptables ?

311. Qu'est-ce que la révision préparatoire ? — 312. Que fait-on après la révision ?

313. Qu'est-ce que le pointage ? — 314. Pourquoi donne-t-on à ce travail le nom de pointage ? — 315. Que pointe-t-on de même ? — 316. Comment se fait le pointage dans les administrations financières ? — 317. Combien faut-il être de personnes pour faire commodément le travail du pointage, et que fait le comptable après ce travail ?

318. Qu'appelle-t-on redressement de compte ? — 319. Comment se fait le redressement de compte? — 320. Combien de causes donnent lieu au redressement de compte ? — 321. Comment répare-t-on l'omission d'une opération au journal ? — 322. Si l'omission ne consiste que dans le transport d'articles au grand-livre, comment la répare-t-on ? — 323. A quoi donne-t-on le nom de contre-passation ?

324. Combien peut-il se présenter de cas d'irrégularités au journal et au grand-livre ? — 325. Que faut-il faire dans le premier cas, c'est-à-dire, lorsqu'un compte est débité ou crédité pour un autre compte ? — Donnez un exemple, et dites comment l'erreur se trouve corrigée de cette manière. — 326. Dans le deuxième cas, que faut-il faire ? — Donnez un exemple. — 327. Comment pourrait-on encore rectifier l'erreur dont il s'agit ? — Donnez un exemple. — 328. Que font la contre-passation et le redressement?

329. Qu'est-ce que la balance de vérification ? — Faites la balance de vérification des écritures de novembre.

CHAPITRE IV.

DE L'INVENTAIRE.

330. L'inventaire d'une maison est le tableau de son actif et de son passif, ou de son Avoir et de ses Dettes. (Voyez Liv. I, p. 210 à 213.)

331. Le travail de l'inventaire proprement dit comprend deux choses :

1° L'inventaire de la maison ou état estimatif de ses effets mobiliers (meubles, denrées, marchandises, etc.);

2° L'inventaire du comptable, ou les écritures au moyen desquelles un chef de maison établit son état de situation ou son Bilan.

NOTA. — En général, l'inventaire est précédé d'écritures préparatoires, dont nous faisons connaître l'objet à la fin de ce Titre, Chap. VI.

§ I. — *De l'Inventaire de la Maison.*

332. L'inventaire de la maison est un état estimatif des animaux, du matériel, du mobilier, des marchandises, etc., qui restent entre les mains de la maison, et dont la valeur nette ne figure pas d'une manière distincte dans la balance de vérification.

333. Pour qu'un inventaire témoigne de l'esprit d'ordre et de la bonne foi du chef de maison, il faut que les objets qui y figurent soient estimés le prix que la maison les paierait si elle devait les acheter.

NOTA. — Les objets à inventorier, dans la maison dont nous venons de faire la comptabilité du mois de novembre, se trouvent au Livre d'Entrée et de Sortie de la Partie du Maître. Mais pour éviter au professeur la peine d'en faire la recherche, nous en donnons ci-dessous la quantité, la désignation, le prix et le produit, sauf à laisser aux élèves, qui auront rédigé le livre de Magasin, le soin de vérifier notre travail.

COMPTE DE MARCHANDISES GÉNÉRALES.

Marchandises en magasin :

1	sac café Martinique,		87	k. 5 h.,	à fr.	2,60, ci.......	227,50
1	— — Moka,		83	— »	—	3,20, ci.......	265,60
2	— — Bourbon,	ens.	232	— —	—	2,80, ci.......	649,60
2	— — Sta-Yago,	—	172	— —	—	2,75, ci.......	473, »
291	painssuc. de Nantes,	—	3020	— —	—	1,20, ci.......	3.624, »
3	sacs trèfle nouveau,	—	240	— —	—	0,80, ci.......	192, »
5	— — incarnat,	—	400	— —	—	0,50, ci.......	200, »
15	— pois cassés,	—	1200	— —	—	0,50, ci.......	600, »
6	— chènevis,	—	450	— —	—	0,40, ci.......	180, »

à Reporter....... 6.411,70

Report............ 6.411,70

3 caisses savon bl. pâle, ens. 306 k. » h., à fr. 0,79, ci....... 241,75

5 — — bl. vif, — 459, — 2 h. — 0,76, ci....... 349, »

2 — — blanc, — 205, — — — 0,76, ci....... 155,80

5 tierçons huile colza, — 480, — — — 0,96, ci....... 460,80

8 — — pétrole, — 704, — — — 0,70, ci....... 492,80

Total du prix des Marchandises en magasin, au 30 novembre... 8.111,85

COMPTE DES VINS ET LIQUEURS.

Vins et Liqueurs en magasin :

5 barriques de vin de Libourne, 11 h. 40 l., à fr. 52, ci........ 592,80

15 — — d'Angoumois, 33 — — — 16, ci........ 528, »

14 — — de Brantôme, 35 — — — 17, ci........ 595, »

Total du prix des Vins en magasin, au 30 novembre........ 1.715,80

COMPTE DES ÉTOFFES ET NOUVEAUTÉS.

Etoffes en magasin :

2 pièces drap noir, ens., 90 m., à fr. 10,50, ci.............. 945, »

1 — cravates deuil, 26 d. 8, — 5,90, ci.............. 157,35

1 — — fond blanc, 8 d. 6, — 6,50, ci.............. 55,25

2 — mérinos, ensem. 116 m., — 1,95, ci.............. 226,20

1 — alpaga, 63 — — 2.50, ci.............. 157,50

1 — coutil gris, 77 — — 1,90, ci.............. 146,30

5 — toile de mén., ens. 250 — — 1,75, ci.............. 437,50

2 — — — 120, 30, — 2, », ci.............. 240,60

Total du prix des Etoffes en magasin, au 30 novembre........ 2.365,70

§ II. — *De l'Inventaire du Comptable.*

334. L'inventaire du comptable est l'ensemble des écritures de comptabilité à l'aide desquelles le chef d'une maison établit, dans son livre d'inventaire, ses bénéfices et ses pertes, et l'état détaillé de son actif et de son passif ou son bilan.

335. Le travail de l'inventaire du comptable comprend :

1° La détermination des bénéfices et des pertes de la gestion ;

2° L'inscription de ces résultats au livre des inventaires et au grand-livre ;

3° L'inscription des articles d'inventaire dans la balance générale, et le calcul des soldes définitifs dont se compose le bilan ;

4° L'inscription au livre des inventaires des articles du bilan ;

5° Enfin, l'arrêté définitif de tous les comptes et la réouverture des écritures, ou la préparation du compte de liquidation.

I. — Détermination des Bénéfices et des Pertes de la Gestion.

336. Pour trouver le bénéfice ou la perte, on additionne, sur une feuille volante, le prix des objets inventoriés avec l'Avoir du compte auquel ils appartiennent, et l'on en compare le total au montant du Débit de ce compte, ce qui donne le résultat demandé.

En prenant la balance de vérification et l'inventaire ci-dessus des marchandises en magasin, nous trouvons :

BÉNÉFICES.		BÉNÉFICES.	
Marchandises Générales,			
Avoir	3.272,35		
Marchandises en magasin	8.111,85		
Total	11.384,20		
Doit	10.875,35		
Bénéfice brut sur ces marchandises		508	85
Vins et Liqueurs,			
Avoir	3.211,96		
Vins en magasin	1.715,80		
Total	4.927,76		
Doit	4.770,60		
Bénéfice brut sur les vins		157	16
Etoffes et Nouveautés,			
Avoir	5.227,95		
Etoffes en magasin	2.365,70		
Total	7.593,65		
Doit	6.417,20		
Bénéfice brut sur les étoffes		1.176	45
Commissions, bénéfice d'après la balance		51	70
Total des bénéfices sur les comptes susceptibles d'en produire, *à reporter*		1.894	16

PERTES.	Report...	1.894	16
Compte de Dépenses Domestiques,			
Dépensé, conséquemment perte, ...	598,96		
Compte de Frais Généraux,			
Dépensé, conséquemment perte, ...	399, »		
Total des dépenses........	997,96, ci..	997	96
D'où il résulte un bénéfice net de...............		896	20
En ajoutant à ce chiffre l'excédant des bénéfices déjà inscrits au compte de Pertes et Profits........		378	85
On trouve que les bénéfices nets s'élèvent à fr.....		1.275	05

II. — Inscription au livre des inventaires des Bénéfices et des Pertes ci-dessus calculés.

337. Après avoir calculé les bénéfices et les pertes, on en écrit les résultats au livre des inventaires, en deux articles appelés articles d'inventaire, que l'on transporte ensuite au grand-livre.

Prenons donc les résultats ci-dessus, et inscrivons-les à l'inventaire à l'aide des questions d'usage.

1er Article d'inventaire. — Bénéfices.

1re Question. — Qui est-ce qui reçoit ou conserve entre les mains les 1.894 fr. 16 de bénéfices bruts? — *Réponse.* — Les comptes de Marchandises Générales, de Vins et Liqueurs, d'Etoffes et Nouveautés, et de commissions. Voilà les débiteurs.

2e Question. — Qui est-ce qui profite de ces bénéfices? — *Réponse.* — Le compte de Pertes et Profits. Voilà le créditeur.

Donc il faut écrire au livre des inventaires :

		Du 30 novembre 1875.				
	5	Doiv. Divers A Pertes et Profits.				
3		Marchandises Générales, Mes bénéfices..................	508	85		
3		Vins et Liqueurs, Mes bénéfices..................	157	16		
6		Etoffes et Nouveautés, Mes bénéfices..................	1.176	45		
6		Commissions, Solde de ce compte à l'inventaire..	51	70	1.894	16

2e ARTICLE. — PERTES ET SOLDE DU COMPTE DE PERTES ET PROFITS.

1re Question. — Qui est-ce qui doit supporter les frais et dépenses de la gestion ? — *Réponse.* — Le compte de Pertes et Profits. Voilà le débiteur.

2e Question. — Qui est-ce qui a été chargé de ces frais et dépenses ? — *Réponse.* — Les comptes de Frais Généraux et de dépenses domestiques. Voilà les créditeurs.

Mais, s'il s'agit de clore l'exercice, on doit se demander : qui est-ce qui finalement profite du bénéfice effectif de 1.275 fr. 05 ? — *Réponse.* — Le Capital. Donc le compte de capital est également créditeur. Conséquemment il faut écrire au livre d'inventaire :

		Du 30 novembre 1875.				
5		DOIV. PERTES ET PROFITS A DIVERS.				
	5	A Dépenses Domestiques, Solde de ce compte à l'inventaire.	598	96		
	6	A Frais Généraux, Solde de ce compte à l'inventaire.	399	»		
	1	A Capital, Le solde, à l'inventaire, du compte de Pertes et Profits représentant mes bénéfices nets......	1.275	05		
		TOTAL......................			2.273	01
		Lequel total est égal à la somme des bénéfices bruts..			1.894	16
		Et des profits nets inscrits au compte de Pertes et Profits avant l'inventaire................			378	85
		TOTAL pour preuve..................			2.273	01

NOTA. — Si la gestion se soldait par une perte, on débiterait le compte de Capital du montant effectif de cette perte dans le premier article d'inventaire. — Le Doit et l'Avoir du compte de Pertes et Profits se balanceraient naturellement, dans ce cas, par l'inscription au débit de ce compte des dépenses et des frais de la maison énumérés dans le deuxième article d'inventaire.

Si, par exemple, au lieu de présenter un bénéfice de 1.275 fr. 05, l'exercice se soldait par une perte de 500 fr., on écrirait, dans le premier article d'inventaire, ci-dessus, à la suite du compte de commissions : Capital.

Le solde, à l'inventaire, du compte de Pertes et Profits représentant mes pertes. . . . .

III. — Inscription à la balance générale des articles d'inventaire, et calcul des articles du Bilan.

338. Après avoir transporté les deux articles d'inventaire au grand-livre, on écrit les sommes qu'ils contiennent au DOIT et à l'AVOIR de la première colonne de la balance générale, placée, comme dans la formule ci-dessous, à droite des soldes de la balance de vérification (1), et l'on calcule les articles du bilan.

339. L'inscription des sommes des deux articles d'inventaire dans la balance générale, à la suite des soldes trouvés après la vérification des écritures, se fait de manière que les bénéfices soient placés sous le mot Doit et les frais sous le mot Avoir, sur la même ligne que les comptes qui les ont produits. — Le total des bénéfices (1er article) s'écrit à l'Avoir de la colonne, et le total des frais, au Doit, le tout sur la même ligne que le compte de Pertes et Profits.

Pour trouver le montant de chaque article du bilan, on fait le total, ou la différence s'il y a lieu, de chaque solde de la balance de vérification, et de chaque somme des articles d'inventaire qui correspondent au même compte, et l'on écrit les résultats obtenus dans la dernière colonne de la balance générale, de manière que le total ou l'excédant des soldes débiteurs y soit placé sous le mot DOIT, et le total ou l'excédant des soldes créditeurs, sous le mot AVOIR.

Les soldes débiteurs représentent l'actif de la maison, les soldes créditeurs, le passif. L'actif et le passif forment ensemble le Bilan du chef de la maison.

NOTA. — Refaites les calculs de la balance ci-dessous, et rédigez ensuite les deux articles du Bilan.

---

(1) Voyez la balance d'inventaire, le grand-livre et le livre des inventaires à la Partie du Maître.

Balance de Vérification et d'Inventaire, ou Bilan, au 30 novembre 1875.

Folios du Grand-Livre.	COMPTES OUVERTS au GRAND-LIVRE.	TOTAUX des Mois écoulés.				TOTAUX des Excédants ou soldes.				TOTAUX des Art. d'inventaire.				TOTAUX des Articles du Bilan.			
		DOIT:		AVOIR:		DOIT:		AVOIR:		DOIT:		AVOIR:		DOIT:		AVOIR:	
1	2	3		4		5		6		7		8		9		10	
1	Capital.........	»	»	24.587	»	»	»	24.587	»	»	»	1.275	05	»	»	25.862	0
»	Loyer payé d'av..	1.200	»	»	»	1.200	»	»	»	»	»	»	»	1.200	»	»	»
»	Mobilier.........	845	40	»	»	845	40	»	»	»	»	»	»	845	40	»	»
2	Caisse..........	19.053	85	16.577	90	2.475	95	»	»	»	»	»	»	2.475	95	»	»
3	March^ses^ Gén^les^..	10.875	35	3.272	35	7.603	»	»	»	503	85	»	»	8.111	85	»	»
»	Vins et Liqueurs	4.770	60	3.211	96	1.558	64	»	»	157	16	»	»	1.715	80	»	»
4	Effets à Recevoir	10.583	40	8.165	»	2.418	40	»	»	»	»	»	»	2.418	40	»	»
»	Effets à Payer...	»	»	4.808	10	»	»	4.808	10	»	»	»	»	»	»	4.808	10
5	Pertes et Profits.	50	55	429	40	»	»	378	85	2.273	01	1.894	16	»	»	»	»
»	Dépenses Domes.	598	96	»	»	598	96	»	»	»	»	598	96	»	»	»	»
6	Etoffes et Nouv..	6.417	20	5.227	95	1.189	25	»	»	1.176	45	»	»	2.365	70	»	»
»	Frais Généraux..	399	»	»	»	399	»	»	»	»	»	399	»	»	»	»	»
»	Commissions....	461	30	513	»	»	»	51	70	51	70	»	»	»	»	»	»
7	Milhac, à Limoges	14.012	»	6.910	60	7.101	40	»	»	»	»	»	»	7.101	40	»	»
»	Gatinaud, à Châtroux	7.000	»	»	»	7.000	»	»	»	»	»	»	»	7.000	»	»	»
8	Roux, à Limoges	»	»	6.747	»	»	»	6.747	»	»	»	»	»	»	»	6.747	»
9	M^ses^ de Villiers..	7.036	»	»	»	7.036	»	»	»	»	»	»	»	7.036	»	»	»
»	Etoffes ch/ Rouix	4.936	35	»	»	4.936	35	»	»	»	»	»	»	4.936	35	»	»
»	Villiers, à Rouen	»	»	6.950	»	»	»	6.950	»	»	»	»	»	»	»	6.950	»
12	Latour, à Tulle..	1.020	30	1.860	»	»	»	839	70	»	»	»	»	»	»	839	70
	TOTAUX.....	89.260	26	89.260	26	44.362	35	44.362	35	4.167	17	4.167	17	45.205	85	45.205	85

IV. — Inscription des articles du Bilan au livre des inventaires.

340. Après avoir terminé la balance d'inventaire, le comptable en transcrit les résultats définitifs, en deux articles, au livre des inventaires. Ces nouveaux articles sont la clôture de la gestion et le premier terme d'un nouvel exercice, ou de la liquidation de l'exercice clos.

341. Les comptes de l'exercice clos prennent le nom de *Comptes anciens,* et ceux du nouvel exercice, le nom de *Comptes nouveaux.*

342. Le premier article à rédiger au livre des inventaires comprend les soldes débiteurs du Bilan, le deuxième, les soldes créditeurs. Pour rédiger ces deux articles, on prend la dernière double colonne de la balance, et l'on s'adresse les questions d'usage.

1re Question. — Qui est-ce qui reçoit les objets et les créances dont la valeur ou le montant est exprimé par les soldes du débit de la balance ci-dessus ?

Réponse. — Les comptes nouveaux. Voilà les débiteurs.

2e Question. — Qui est-ce qui fournit ces objets et ces créances ?

Réponse. — Les comptes anciens. Voilà les créditeurs.

Donc il faut écrire au livre des inventaires :

F° . . .

		Du 30 novembre 1875.				
		DOIVENT Ctes NOUV. A Ctes ANC.				
1	1	Loyer payé d'avance, 6 mois de loyer payé d'avance...	1.200	»		
1	1	Mobilier, Divers objets mobiliers.........	845	40		
2	2	Caisse, Espèces en Caisse.............	2.475	95		
3	3	Marchandises Générales, Marchandises en magasin : 1 sac café Martinique, 87 k. 5, à fr. 2,60, ci 227,50, etc. (copier ici l'inventaire des Mses Génles).	8.111	85		
		A reporter. . . .	12.633	20		

		Report.	12.633	20		
3	3	Vins et Liqueurs, Vins et Liqueurs en magasin : 5 bar. de vin de Libourne, 11 h. 40 l., à fr. 52, ci 592,80, etc. (copier ici l'inventaire des Vins et Liqueurs).	1.715	80		
4	4	Effets à Recevoir, Effets en portefeuille (voyez la Partie du Maître) : N° 106, sur Limoges, au 15 janvier. . . . . 575,80 N° 107, sur Limoges, au 31 janvier. 1.842,60	2.418	40		
6	6	Etoffes et Nouveautés, Etoffes en magasin (voy. l'inventaire plus haut) : 2 pièces drap noir, ens. 90 m. à fr. 10,50 . . . . . . 945, » 1 pièce cravates deuil, etc., etc., en tout.	2.365	70		
7	7	Milhac, mon banquier, Solde de son compte.	7.101	40		
7	7	Gatinaud, à Châteauroux, Solde de son compte.	7.000	»		
9	9	Marchandises de Villiers, Cent pièces rouennerie en commission.	7.036	»		
9	9	Etoffes chez Rouix, à Clermont-Ferrant, Mes marchandises en commission.	4.936	35	45.206	85

Passant ensuite à l'avoir de la colonne du Bilan, on se demande :

1re Question. — Qui est-ce qui reçoit, ou mieux, qui est-ce qui a reçu la valeur des soldes de cette colonne ?

Réponse. — Les comptes anciens. Voilà les débiteurs.

2e Question. — Qui est-ce qui fournit, ou plutôt, qui est-ce qui tiendra compte de ces soldes aux créanciers ?

Réponse. — Les comptes nouveaux. Voilà les créditeurs. Donc il faut écrire au livre des inventaires :

		Du 30 novembre 1875.						
		DOIVENT Ctes ANC. A Ctes NOUV.						
4	4	Effets à Payer, Effets en circulation (voyez la Partie du Maître) :						
		N° 1, m/billet ord/ Haubert, 5 janvier. . .	1.457,80					
		N° 2, m/ billet ord/ Haubert, 6 décembre. .	1.500, »					
		N° 3, Traite Jounaud, 5 janvier.	1.113,45					
		N° 4, Tr/Lebon, 1er mars	736,85	4.808	10			
8	8	Roux, à Limoges, Solde de son compte.		6.747	»			
9	9	Villiers, à Rouen, Solde de son compte.		6.950	»			
12	12	Latour, à Tulle, Solde de son compte.		839	70			
1	1	Capital, Mon actif net, solde à nouveau. .		25.862	05	45.206	85	

V. — Arrêté et réouverture des comptes.

343. Pour arrêter les écritures de la gestion, on transporte au grand-livre les deux articles du bilan. Ce transport se fait comme celui des articles de Journal. On inscrit à l'AVOIR de chaque compte du premier article le solde qui en est la balance, en en formulant l'inscription comme suit : Par comptes nouveaux, solde à nouveau; et l'on transporte ensuite au DOIT de chaque compte du deuxième article le solde dont il est débiteur. Ce nouveau transport se fait sous le titre :

A Compte Nouveau, Solde à Nouveau.

Puis, on additionne séparément le Doit et l'Avoir de chaque compte, on en écrit les totaux au-dessous, en regard l'un de l'autre, et on les souligne par un double trait.

344. Pour rouvrir les comptes nouveaux énumérés dans le bilan, on écrit au-dessous du double trait, savoir :

1° Au DOIT, les soldes du premier article du bilan, sous le

titre : A Compte Ancien, Solde ancien, ou Solde à nouveau (1);

2° A l'AVOIR, les soldes du 2e article, sous le titre :

Par Compte Ancien, Solde Ancien, ou Solde à Nouveau,

Et l'on écrit les nouvelles opérations, comme à l'ordinaire.

§ III. — *Liquidation de la Gestion. (Liv. I, n° 553.)*

345. Quand une maison liquide elle-même ses affaires, elle remplace le compte de Pertes et Profits et ses subdivisions par un compte de Liquidation, et, à cette modification près, elle tient ses écritures comme à l'ordinaire, jusqu'à la fin de ses opérations.

346. Mais lorsqu'il s'agit d'une liquidation à faire par un tiers, il n'y a pas réouverture de comptes sur les livres de la maison : le liquidateur écrit les opérations dont il est chargé dans ses livres personnels ; il y ouvre un compte de liquidation, qu'il crédite, par un article de journal, des soldes du 1er article du Bilan, et qu'il débite, par un autre article, des soldes du 2e article.

Supposons, comme exemple, que Mr Ferret charge un tiers de la liquidation de ses affaires commerciales, le liquidateur ouvrira les comptes ci-après, et commencera les écritures de ses opérations par les deux articles suivants :

---

(1) L'arrêté et la réouverture des comptes se faisait, autrefois, au moyen de deux comptes spéciaux, appelés Balance de Sortie et Balance d'Entrée, qu'on ouvrait à la fin du Grand-Livre.

Le Compte de Balance de Sortie, spécial à la clôture des écritures de la gestion, soldait tous les comptes non balancés, et se soldait lui-même par deux articles analogues à ceux du bilan, ci-dessus, ayant pour titre, savoir :

Le 1er art. Doit Balance de Sortie à Divers.

A Loyer Payé d'Avance, etc. (énumération des comptes du premier article du Bilan).

Le 2e art. Doivent Divers à Balance de Sortie

Effets à Payer, etc. (énumération des comptes du 2e article du Bilan).

Le compte de Balance d'Entrée, destiné à la réouverture des écritures, reprenait les mêmes comptes par deux nouveaux articles ainsi formulés :

1er Art. Doivent Divers à Balance d'Entrée.

Loyer Payé d'avance, etc. (énumération des comptes du 1er article du Bilan).

2e Art. Doit Balance d'Entrée à Divers.

A Effets à Payer, etc. (énumération des comptes du 2e article du Bilan).

Mais on a renoncé depuis longtemps à ces comptes fictifs, aussi bien qu'à celui de Bilan, qui doublent, sans utilité, le travail des écritures au livre des inventaires.

1er Art. — Doivent Divers   a Liquidation de Ferret,

Loyer payé d'avance, 6 mois de loyer payé d'avance. . . .	1.200	»		
Mobilier, Divers objets mobiliers.	845	40		
Caisse, Espèces en caisse qui m'ont été remises.	2.475	95		
Marchandises Générales, etc., etc. (comme dans l'article ci-dessus, p. 199).	»	»	45.206	85

2e Art. — Doit Liquidation Ferret   A Divers,

A Effets à Payer de Ferret, N° 1, son bet ord/ Haubert, etc., etc. .	4.808	10		
A Roux, à Limoges, Le solde du compte de ce dernier, etc.	14.536	70		
A Capital de Ferret, L'actif net de ce dernier.	25.862	05	45.206	85

347. Les autres articles auxquels donne lieu la liquidation, se rédigent comme ceux de toutes les opérations de comptabilité : on débite les comptes qui reçoivent et l'on crédite ceux qui fournissent. (Voyez le modèle de liquidation que nous donnons à la fin de ce Titre).

Questionnaire.

330. Qu'est-ce que l'inventaire d'une maison ? — 331. Combien comprend de choses le travail de l'inventaire ?

332. Qu'est-ce que l'inventaire de la maison ? — 333. Que faut-il pour que l'inventaire de la maison témoigne de l'esprit d'ordre et de la bonne foi du chef de maison ? — Faites l'inventaire des objets mobiliers de la maison Ferret.

334. Qu'est-ce que l'inventaire du comptable ? — 335. Que comprend l'inventaire du comptable ? — 336. Que fait-on pour trouver le bénéfice ou la perte ? — Calculez les bénéfices et les pertes de la gestion de la maison Ferret pendant le mois de novembre. — 337. Que fait-on après avoir calculé les bénéfices et les pertes ? — Rédigez les deux articles d'inventaire. — 338. Que fait-on après avoir transporté les deux articles d'inventaire au grand-livre, et de quelle manière se fait l'inscription des sommes des deux articles d'inventaire dans la balance générale ? — 339. Que fait-on pour trouver le montant de chaque article du bilan, et que représentent les soldes ? — 340. Que fait le comptable, après avoir terminé la balance générale, et que sont ces nouveaux articles ? — 341. Quels noms prennent les comptes de l'exercice clos et ceux du nouvel exercice ? — 342. Que comprennent le premier et le deuxième article à rédiger, et quelle pièce prend-on pour les rédiger ? — Rédigez ces articles, et

ajoutez-y les détails de l'inventaire de la maison. — 343. Que fait-on pour arrêter les écritures de la gestion, et comment se fait le transport des articles du bilan au grand-livre ? — 344. Que fait-on pour rouvrir les comptes nouveaux énumérés dans le bilan ?

345. Que fait une maison qui liquide elle-même ses affaires ? — 346. Y a-t-il réouverture de comptes lorsque la liquidation est faite par un tiers, et comment opère le liquidateur ? — Donnez un exemple. — 347. Comment se rédigent les autres articles auxquels donne lieu la liquidation ?

CHAPITRE V.

§ I. — *Analyse et Transport au Journal des Opérations inscrites au Brouillard, au mois de décembre.*

Art. 32. ——— *Du 1er décembre 1875.* ———

Pris à la caisse de Milhac, mon banquier, et versé dans la mienne 2.500 fr.

1re Question. — Qui est-ce qui reçoit 2.500 fr. ?

Réponse. — La Caisse. Voilà le débiteur.

2e Quest. — Qui est-ce qui fournit ces 2.500 fr. ?

R. — Milhac. Voilà le créditeur.

Donc il faut écrire au Journal (voy. art. 32) :

Doit Caisse à Milhac, m/ banquier,

Pris à la Caisse de ce dernier, etc.

Art. 33. ——— *Du 1er id.* ———

Escompté à Lejeune, à Limoges, etc., etc., pour	3.950 fr. d'effets.	
Remis en espèces le net de ce bordereau...	3.928,10	
Retenu pour intérêts et change de place...	21,90	3.950

1re Quest. — Qui est-ce qui reçoit ces effets ?

R. — Le compte d'Effets à Recevoir. Voilà le débiteur.

2e Quest. — Qui est-ce qui en fournit la valeur ?

R. — La Caisse et le compte de Pertes et Profits, auquel revient la retenue faite à Lejeune.

Donc il faut écrire au Journal (art. 33) :

Doivent Effets à Recevoir à Divers,

(Motif du débit) : Escompté à Lejeune, à Limoges, les effets suivants :

N° 108, etc., comme au Brouillard.
A Caisse (Payé en espèces le net de ce bordereau),
A Pertes et Profits (Int., etc., change, etc.)

Art. 34. ——— *Du 1er décembre 1875.* ———

Remis à Milhac, nos 108 et 110, etc., ensemble, 2.490 fr.

1re QUEST. — Qui est-ce qui reçoit ces effets ? — R. — Milhac.

2e QUEST. — Qui est-ce qui les fournit ? — R. — Le compte d'Effets à Recevoir. Voilà le créancier.

Donc il faut écrire au Journal (art. 34) :

Doit Milhac à Effets à Recevoir (n° 108, etc.),

Art. 35. ——— *Du 2 id.* ———

Vendu à Latour, à Tulle, pour 2.655 fr. 65 c. de marchandises.

1re QUEST. — Qui est-ce qui reçoit ces marchandises ?

R. — Latour.

2e QUEST. — Qui est-ce qui les lui fournit ?

R. — Le commis des Marchandises Générales.

Donc il faut écrire au Journal (art. 35) :

Doit Latour, à Tulle, à Marchandises Générales,
(91 pains de sucre, etc., ou, *si l'on tient un livre de factures*, m/ facture n° 10).

§ II. — *Opérations en participation ou de compte à 1/2, à 1/3, etc.* (1).

Art. 36. ——— *Du 3 id.* ———

Ayant formé avec MM. Roux et Lejeune une association en participation qui aura pour raison : Vins à 1/3 F. R. L., mes associés versent chacun 25.000 francs dans la caisse de Milhac, banquier de l'association.

(1) Nous intercalons dans ces opérations l'art. 38, qui fait partie des opérations particulières de Ferret : les professeurs qui réserveront les matières du § II, devront donc comprendre l'art. 38 dans leur comptabilité de la gestion personnelle de la maison Ferret. — Nous évitons de donner nos exemples par ordre méthodique de genres d'opérations. Nous croyons qu'il est préférable de les exposer dans l'ordre où les affaires, qu'ils ont pour but d'apprendre à rédiger, se présentent naturellement dans la pratique.

1re Quest. — Qui est-ce qui reçoit 50.000 fr. ?

R. — Milhac F. R. L. Voilà le débiteur.

2e Quest. — Qui est-ce qui fournit ces 50.000 fr. ?

R. — Roux et Lejeune.

Donc il faut écrire au Journal (art. 36) :

Doit Milhac, à Limoges, F. R. L. à Divers.

A Lejeune F. R. L. (Le versement de ce dernier à la caisse du premier).

A Roux F. R. L. (Son versement à la caisse de Milhac).

Art. 37. —— *Du 5 décembre 1875.* ——

Acheté à Jounaud, à Bordeaux, 100 tonneaux de vin de Pauliac pour la société F. R. L. la somme nette de 72.375 fr.

1re Quest. — Qui est-ce qui reçoit ces 100 tonneaux ?

R. — Le compte de Vins à 1/3 F. R. L. chez Jounaud.

2e Quest. — Qui est-ce qui fournit ces tonneaux ?

R. — Jounaud F. R. L.

Donc il faut écrire au Journal (art. 37) :

Doivent Vins à 1/3 F. R. L. chez Jounaud, à Jounaud, à Bordeaux.

(Ce dernier me vend, pour me les livrer sous le plus bref délai, etc.)

Art. 38. —— *Du 6 id.* ——

Pris 1.500 fr. à la caisse de Milhac pour acquitter n° 2, m/ bet ord/ Hauberi.

1re Quest. — Qui reçoit 1.500 fr. ? — R. — Le commis d'Effets à Payer.

2e Quest. — Qui est-ce qui fournit ces 1.500 fr. ?

R. — Milhac.

Donc il faut écrire au Journal (art. 38).

Doivent Effets à Payer à Milhac, à Limoges.

(Pris à la caisse de ce dernier pour acquitter n° 2, etc.)

Art. 39. —— *Du 8 id.* ——

Reçu de Jounaud les vins qu'il m'a vendus, et pris 1.645 fr. à la caisse de Milhac F. R. L. pour en payer le transport, etc.

1re Quest. — Qui est-ce qui reçoit les 100 tonneaux de vin dont il s'agit, et les 1.645 fr. pris à la caisse de Milhac ? — R. — Notre commis de vins à 1/3 F. R. L. Voilà le débiteur.

2e Quest. — Qui est-ce qui fournit le vin et l'argent ?

R. — Le commis de Vins à 1/3 chez Jounaud F. R. L., et Milhac.

Ecrivons donc au Journal (art. 39) :

Doivent Vins à 1/3 F. R. L. à Divers.

A Vins à 1/3 chez Jounaud F. R. L., à Bordeaux, (Jounaud F. R. L. me livre les 100 tonneaux, etc., fr.) 72.375

A Milhac F. R. L. (Pris à sa caisse pour payer etc., fr.) .... 1.645 } 74.020

Art. 40. ——— *Du 9 décembre 1875.* ———

Vendu à Bontant, à Guéret, pour le Compte de la Société F. R. L. 50 barr., etc., 10.750 fr.

1re Quest. — Qui est-ce qui reçoit ces barr. ? — R. — Bontant.

2e Quest. — Qui est-ce qui les fournit ? — R. — Les Vins à 1/3 F. R. L.

Donc nous devons écrire au Journal (art. 40) :

Doit Bontant, à Guéret, F. R. L. à Vins à 1/3 F. R. L.

(Je lui vends, payables fin courant, 50 barriques, etc.)

Art. 41. ——— *Du 9 id.* ———

Vendu à Domard, à Limoges, contre son règlement que j'ai remis à Milhac F. R. L., 75 barr. de vin, etc., 15.750 fr.

1re Quest. — Qui est-ce qui reçoit 15.750 fr. ? — R. — Milhac. Voilà le débiteur.

2e Quest. — Qui est-ce qui fournit la valeur de ce règlement ? — R. — Le commis de Vins à 1/3 F. R. L. Voilà le créditeur.

Donc il faut écrire au Journal (art. 41) :

Doit Milhac F. R. L. à Vins à 1/3 F. R. L.

Je lui remets le règlement suivant : Espèces, etc.

Que je reçois de Domard, à Limoges, en paiement de 75 barriques, etc. (1).

---

(1) L'inscription de cette opération au Journal pourrait s'y faire aussi en deux articles ayant pour titre, savoir :

Le 1er Art. Doivent Divers à Vins à 1/3 F. R. L., dans lequel on créditerait le Compte de Vins à 1/3 F. R. L. par le débit des comptes de Caisse et d'Effets à Recevoir F. R. L.

Art. 42. ——————— *Du 10 décembre 1875.* ———————

Remis au commis voyageur de Jounaud, en règlement de sa facture du 5 courant : m/ traite s/ Bontant, F. R. L., à Guéret, de fr. 10.750 ; espèces et n°s 0001 à 0003, F. R. L., ensemble 61.625 fr., que j'ai pris à la caisse de Milhac, soit en tout 72.375 fr.

Avant de passer ce règlement au Journal, il faut évidemment faire écritures de n/ traite s/ Bontant.

Ecrivons donc au Journal (art. 42) :

Doivent Effets à Recevoir F. R. L. à Bontant F. R. L.

(Tiré sur ce dernier, n° 0004, m/ traite, etc.)

Puis passant au règlement remis à Jounaud, demandons nous :

1re Quest. — Qui est-ce qui reçoit 72.375 fr. ? — R. — Jounaud.

2e Quest. — Qui est-ce qui fournit cette somme ? — R. — Divers : Milhac, des espèces et trois effets ; le commis des Effets à Recevoir F. R. L., une traite.

Donc il faut écrire au Journal (art. 43) :

Doit Jounaud F. R. L. à Divers.

Mon règlement remis à son Commis voyageur :

(A Milhac F. R. L. Espèces, etc.

A Effets à Recevoir F. R. L. n° 0004, etc.)

Art. 43. ——————— *Du 10 id.* ———————

Vendu à De Lorme, à Paris, 50 tonneaux de vin de la société F. R. L. 40.000 fr. et reçu de Mr De Lorme, en paiement, quatre valeurs que j'ai remises à Milhac F. R. L.

1re Quest. — Qui est-ce qui reçoit 40.000 fr. ? — R. — Milhac F. R. L. Voilà le débiteur.

2e Quest. — Qui est-ce qui fournit les valeurs dont il s'agit ? —

Le 2e Art. Doit Milhac F. R. L. à Divers, dans lequel on débiterait Milhac et l'on créditerait, cette fois, les Comptes de Caisse et d'Effets à Recevoir F. R. L.

Mais cette inscription du règlement de Domard, faite à la même heure à l'entrée et à la sortie des Comptes de Caisse et d'Effets à Recevoir F. R. L., n'ajouterait rien à la clarté des écritures. Toutefois il est bon d'inscrire les trois effets qui entrent dans ce règlement au livre d'enregistrement des Effets à Recevoir F. R. L. (Voyez la Partie du Maître).

R. — Le commis des Vins à 1/3 F. R. L., qui les a reçues lui-même de Mr De Lorme en paiement de 50 tonneaux de vin, à 800 fr. l'un, soit 40.000 fr.

Donc il faut écrire au Journal (voy. art. 44) :

Doit Milhac F. R. L. à Vins à 1/3 F. R. L.

Remis à ce banquier un bon sur la caisse, etc.

Valeurs reçues de Mr De Lorme, en paiement, etc.

Art. 44. ——— *Du 12 décembre 1875.* ———

Vendu à Gandaud, à Châteauroux, 75 barr. de vin de Pauliac, la somme nette de 15.480 fr., en paiement desquels il me remet :

Son virement sur Milhac F. R. L. de 8.780 fr. et trois effets s'élevant, ensemble, à 6.700 fr., en tout 15.480 fr. Je remets ces trois effets à Milhac F. R. L.

Pour la clarté des écritures, nous faisons, au Journal, deux articles de cette opération.

1er Art. — 1re Quest. — Qui est-ce qui reçoit 15.480 fr. ? — R. — Divers : d'une part, Milhac, qui doit à Gandaud 8.780 fr. que celui-ci transporte au compte de la Société F. R. L. ; d'autre part, le commis des Effets à Recevoir, à qui Gandaud remet trois effets.

2e Quest. — Qui est-ce qui fournit ces 15.480 fr. ?

R. — Le commis des Vins à 1/3 F. R. L. par les mains de Gandaud, qui lui doit cette somme.

Donc il faut écrire au Journal (art. 45) :

Doivent Divers à Vins à 1/3 F. R. L.

Vendu à Gandaud, à Châteauroux, etc.

Reçu en paiement les titres suivants :

Milhac, à Limoges, F. R. L. (virement de, etc.)

Effets à Recevoir F. R. L. (n° 0008, etc.)

2e Art. — Enfin, je remets à Milhac les effets n° 0008, etc.

1re Quest. — Qui est-ce qui reçoit ces effets ? — R. — Milhac.

2e Quest. — Qui est-ce qui les fournit ? — R. — Le commis des Effets à Recevoir F. R. L.

Donc (voy. art. 46 du Journal) :

Doit Milhac F. R. L. à Effets à Recevoir F. R. L., etc.

Toutefois, il n'y aurait pas un grand inconvénient à réunir ces deux articles en un seul.

Art. 45. —— *Du 13 décembre 1875.* ——

L'opération en participation F. R. L. étant terminée, j'en débite les comptes de 406 fr. 25 que j'ai déboursés pour frais généraux, de 112 fr. 95 d'intérêts dus à Milhac, et de 69 fr. 45 d'intérêts également dus à Roux et à Lejeune sur les 50.000 fr. qu'ils ont avancés à l'association. Nous écrivons donc (art. 47 du Journal) :

Doivent Vins à 1/3 F. R. L. à Divers.

A Caisse, (payé divers frais pour le compte, etc).

A Milhac F. R. L. (intérêts et change, etc.) A Roux, int., etc.

A Lejeune, int., etc.

En tout 588 fr. 65.

Art. 46. —— *Du 13 id.* ——

Le compte de Vins à 1/3 ainsi réglé présente (voyez ce compte à la Partie du Maître) un bénéfice de 7.371 fr. 35, dont le tiers pour chaque associé est de 2.457 fr. 10 c.

1re QUEST. — Qui est-ce qui reçoit ou qui retient ce bénéfice? — R. — Le commis de Vins à 1/3 F. R. L. Voilà le débiteur.

2e QUEST. — Qui est-ce qui profite de ce bénéfice ? — R. — Les associés : Ferret, Roux et Lejeune.

Donc il faut écrire (art. 48 du Journal) :

Doivent Vins à 1/3 F. R. L. à Divers.

Le solde de ce compte........................ 7.371 fr. 35

A Roux (son 1/3 des bénéfices).............

A Lejeune (son 1/3, etc.)..................

A Pertes et Profits (pour Ferret) : mon 1/3 des bénéfices..............................

Art. 47. —— *Du 13 id.* ——

Les résultats de l'opération étant donnés, il nous reste à solder les comptes de MM. Milhac, Roux et Lejeune ; or, en consultant ces comptes (voyez-les à la Partie du Maître), on trouve que Milhac doit à la société 57.847 fr. 05, et qu'il est dû à Roux 27.491 fr. 85, à Lejeune, 27.491 fr. 85, à Ferret, ses bénéfices et ses avances de frais, 2.863 fr. 35, en tout une somme égale de 57.847 fr. 05. Donc, si Milhac F. R. L. règle son compte, et que la maison Ferret transporte ce qui lui est dû au compte personnel qu'elle a chez Milhac, le comptable de Ferret écrira dans son Journal (art. 49) :

Doivent Divers à Milhac F. R. L.

Roux (solde du compte de ce dernier passé au premier).

Lejeune (le solde de s/ compte passé à Milhac F. R. L.)

Milhac, à Limoges (le solde du compte de Milhac F. R. L., etc.)

§ III. — *Suite des opérations personnelles de la maison Ferret.*

Art. 48. — *Du 14 décembre 1875.*

Mr Lejeune, à Limoges, me remet en compte courant, à 4 1/2 p. %, sa créance sur Milhac, de 27.491 fr. 85, valeur du 13 courant.

1re Quest. — Qui est-ce qui reçoit ? — R. — Milhac. Voilà le débiteur.

2e Quest. — Qui est-ce qui fournit ? — R. — Lejeune. Voilà le créditeur.

Ecrivons donc au Journal (art. 50) :

Doit Milhac, à Limoges, à Lejeune, à Limoges.

Le virement en ma faveur du dernier sur le premier.

Art. 49. — *Du 15 id.*

Reçu de Jounaud, à Bordeaux, ce qui suit :

1.500 b. rhum, etc., net fr. 1.333,75.

Payé le port 14 fr. 70, en tout 1.348 fr. 45.

3 barr. de sucre pour 1.728 fr. 55, plus 18 fr. de port, soit 1.746,55, en tout pour 3.062,30 de marchandises et 32 fr. 70 de port, soit 3.095 fr.

1re Quest. — Qui est-ce qui reçoit ? — R. — Le commis des Vins et Liqueurs et celui des Marchandises Générales. Voilà les débiteurs.

2e Quest. — Qui est-ce qui fournit ? — R. — Jounaud et le Caissier.

Donc il faut écrire au Journal (art. 51) :

Doivent Divers à Divers.

Reçu de Jounaud, à Bordeaux,

Vins et Liqueurs, etc., 1.348 fr. 45... Marchandises Générales, etc., 1.746,55.

A Jounaud, sa facture 3.062 fr. 30... A Caisse, le port 32,70.

Art. 50. ——— *Du 16 décembre 1875.* ———

Vendu à Gatinaud, à Châteauroux, pour 495 fr. de sucre et pour 1.672 fr. 30 de Vins et Liqueurs, en tout 2.167 fr. 30. Je porte en compte courant le montant de cette facture et les 7.000 francs que Gatinaud me doit par obligation.

1re Quest. — Qui est-ce qui reçoit? — R. Gatinaud.

2e Quest. — Qui est-ce qui fournit? — R. — Le commis des Marchandises Générales et celui des Vins et Liqueurs.

Ecrivons donc au Journal (art. 52) :

Doit Gatinaud, à Châteauroux, à Divers.

A Marchandises Générales, etc., 495 fr... A Vins et Liqueurs, etc., 1.672,30.

Nota. — Il ne doit pas être question dans cet article des 7.000 fr. de l'obligation de Gatinaud, parce que cette somme figure au compte déjà ouvert à ce dernier, au grand-livre, et qu'elle ne pourrait être l'objet d'un article de journal sans faire double emploi.

Le livre des comptes courants et tous les livres auxiliaires ne sont que des duplicata du grand-livre. Le transport d'une somme d'un compte du grand-livre à un compte auxiliaire ne saurait, dans aucun cas, faire l'objet d'un article de journal, puisque la somme devrait être reportée au grand-livre, où elle se trouverait ainsi figurer deux fois. — Nous ne parlons donc dans cet article du Brouillard des 7.000 fr. dus par Gatinaud que pour mentionner une convention de compte courant, dont les conditions sont stipulées au livre de correspondance ou par acte sous seing privé.

Art. 51. ——— *Du 17 id.* ———

Rousseau, à Limoges, a vendu pour notre compte à Lefort, à Cahors, 50 pièces rouennerie de Villiers 3.900 fr., que Lefort nous paye en s/ mandat sur Paris, au 28 février.

1re Quest. — Qui est-ce qui reçoit? — R. — Le commis des Effets à Recevoir.

2e Quest. — Qui est-ce qui fournit? — R. — Marchandises de Villiers.

Donc il faut écrire au Journal (art. 53) :

Doivent Effets à Recevoir à Marchandises de Villiers.

Reçu de Lefort, à Cahors, n° **111**, etc.,

En paiement des Marchandises ci-dessous, que Rousseau, à Limoges, lui a vendues, etc.

(Enumération de ces Marchandises comme au Brouillard).

Art. 52. ——— *Du 17 décembre 1875.* ———

Payé à Rousseau sa commission 1 p. °/₀ sur fr. 3.900, soit 39 francs.

1re Quest. — Qui est-ce qui reçoit 39 fr. ? — R. — Rousseau; mais il les reçoit à titre de salaire, pour une opération qui profite aux Marchandises de Villiers ; donc les Marchandises de Villiers sont le débiteur demandé, à moins que la maison Ferret, qui reçoit 3 p. °/₀ de commission pour vendre ces marchandises, ne soit tenue de supporter les frais payés à Rousseau, et que dans ce cas, au lieu de débiter les Marchandises de Villiers, on ne débite le Compte de Commissions ; mais nous supposons qu'il est convenu que les frais spécialement faits au mieux des intérêts de Villiers sont supportés par lui.

2e Quest. — Qui est-ce qui fournit 39 fr. ? — R. — La Caisse.

Conséquemment, il faut écrire au Journal (art. 54) :

Doivent Marchandises de Villiers à Caisse.

Payé à Rousseau, sa commission 1 p. °/₀ sur fr. 3.900, ci. 39 fr.

Art. 53. ——— *Du 18 id.* ———

Mr Rouix, à Clermont-Ferrand, m'envoie le compte de vente des étoffes que je lui ai remises en commission ; il en règle ainsi le produit net, qui s'élève à 5.196 fr. 20.

25 p. toile de lin, ens. 1.875m, à fr. 0,75, soit.... 1.406,25 ;
deux effets, nos 112 et 113, s'élevant ensemble à... 3.789,95 ;

soit en tout la même somme de............ 5.196,20.

Payé le port de 25 pièces de toile 9 fr. 55.

Pour plus de clarté dans les écritures, nous diviserons cet article en deux parties.

Première Partie. — *Compte d'Etoffes chez Rouix.* — 1re Question. — Qui est-ce qui reçoit ? — R. — Le commis des Etoffes et celui du portefeuille.

2e Quest. — Qui est-ce qui fournit? — R. — Le compte des Etoffes chez Rouix.

Ecrivons donc (art. 55 du Journal) :

Doivent Divers à Etoffes chez Rouix.

Rouix me remet ce qui suit en paiement de, etc.

Etoffes et Nouveautés (25 pièces, etc.) — Effets à Recevoir, nos..

Deuxième Partie. — *Port des 25 pièces de toile.* — 1re Quest. — Qui est-ce qui supporte le prix du port payé? — R. — Le compte d'Etoffes et Nouveautés.

2e Quest. — Qui est-ce qui fournit 9 fr. 55 c.? — R. — La Caisse.

Donc il faut écrire au Journal (art. 56) :

Doivent Etoffes et Nouveautés à Caisse.

Le prix du port des 25 pièces de toile ci-dessus...........

Nota. — En portant au compte d'Etoffes chez Rouix (fo 9 du grand-livre) les 5.196 fr. 20 ci-dessus, nous nous apercevons que le crédit de ce compte surpasse le débit de 259 fr. 85. C'est un bénéfice que nous n'avions pas prévu, et dont il faut passer écritures; or,

1re Quest. — Qui est-ce qui a reçu ce bénéfice?

R. — Le compte d'Etoffes chez Rouix.

2e Quest. — Qui est-ce qui doit en profiter?

R. — Le compte de Pertes et Profits.

Ecrivons donc au Journal (art. 57) :

Doivent Etoffes chez Rouix à Pertes et Profits.

Le solde du compte de ces étoffes............ 259 fr. 85

Art. 54. ——— *Du 18 décembre 1875.* ———

Remis à Gatinaud, à Châteauroux, no 109, etc., 1.460 fr.

1re Quest. — Qui est-ce qui reçoit? — R. — Gatinaud.

2e Quest. — Qui est-ce qui fournit? — R. — Effets à Recevoir.

(Ecrivons donc art. 58 du Journal) :

Doit Gatinaud, à Châteauroux, à Effets à Recevoir.

No 109, sur Orléans, au 25 décembre............

Art. 55. ——— *Du 18 id.* ———

Je remets à Roux une lettre de crédit de 6.000 fr. et je lui ouvre un compte courant, au crédit duquel j'inscris les 6.747 francs que je lui dois, valeur du 31 mars prochain.

Nota. — Cet article ne donne pas lieu à un article de journal. (Voyez le nota p. 212 et le § V, ci-après.)

Art. 56. — *Du 19 décembre 1875.* —

Vendu à Meilhard, à Périgeux, pour 3.820 fr. de Marchandises de Villiers, et pour 1.611 fr. 55 c. de toile, en tout 5.431 fr. 55. — Il me remet en paiement : n°s 114 et 115, ensemble, 1.720 francs, en espèces 3.618 fr. 75, et me retient 92 fr. 80 d'escompte à 2 1/2 p. °/₀ sur 3.711 fr. 55 payés comptant, soit 5.431 fr. 55, somme égale au montant de ma vente.

1re Quest. — Qui est-ce qui reçoit, dans la maison, 5.431^{f},55?

R. — Les comptes d'Effets à Recevoir, de Caisse et de Pertes et Profits.

2e Quest. — Qui est-ce qui en fournit la valeur ?

R. — Les March^{ses} de Villiers et les Etoffes et Nouveautés.

Ecrivons donc au Journal (art. 59) :

Doivent Divers à Divers.

(Motif) : Meilhard, à Périgueux, me remet :

Effets à Recevoir, n^{os}..... etc. — Caisse, espèces. — Pertes et Profits, etc.

(Motif du crédit) : En paiement des marchandises ci-dessous :

A Marchandises de Villiers, 30 p. etc. — A Etoffes et Nouveautés, etc.

Art. 57. — *Du 19 id.* —

J'informe Villiers, à Rouen, de la vente de ses marchandises, dont le prix total s'élève à la somme de 7.720 fr. (Voyez-en le compte au grand-livre).

En retranchant de cette somme,

1° Le coût du transport des dites marchandises, soit	86 fr.
2° La commission payée à Rousseau, ci	39 »
3° Enfin, notre commission à 3 p. °/₀, soit . . .	231 » 60 c.
Soit, en tout, la somme de	356 » 60 »
On trouve que nous restons devoir à Villiers.	7.363 » 40 »
Total pour preuve.	7.720 » 00 »

J'envoie, en paiement, à Villiers, deux effets de commerce, n°s 113 et 114, s'élevant, ensemble, à 2.899 fr. 95, et je l'invite à tirer sur moi, fin mars, pour le reliquat, soit 4.463 fr. 45.

Cet article en nécessite trois au journal : l'inscription de ma commission au compte des Marchandises de Villiers, l'arrêté de ce dernier compte, et la transcription au compte de Villiers des deux effets que je lui remets.

1er Art. — 1re Quest. — Qui est-ce qui supporte les frais de la commission que la maison a faite? — R. — Le compte des Marchandises de Villiers. Voilà le débiteur.

2e Quest. — Qui est-ce qui profite de ce bénéfice?

R. — Le commis des Commissions. Voilà le créancier.

Donc il faut écrire au Journal (art. 60) :

Doivent Marchandises de Villiers à Commissions.

Ma commission à 3 p. °/o sur 7.720 fr.......

2e Art. — Après avoir transporté l'article qui précède au grand-livre, on trouve que le crédit du compte des Marchandises de Villiers surpasse le débit de 413 fr. 40, et l'on se demande :

1re Quest. — Qui est-ce qui supporte ou qui doit compte de cet excédant ou solde de compte? — R. — Le commis des Marchandises de Villiers. Voilà le débiteur.

2e Quest. — Qui est-ce qui profite de ce bénéfice?

R. — Villiers. Voilà le créditeur.

Donc il faut écrire au Journal (art. 61) :

Doivent Marchandises de Villiers à Villiers.

Le solde du compte des dites marchandises. 413,40

3e Art. — 1re Quest. — Qui est-ce qui reçoit nos 113 et 114?

R. — Villiers. Voilà le débiteur.

2e Quest. — Qui est-ce qui fournit ces deux effets?

R. — Le commis des Effets à Recevoir.

Donc il faut écrire au Journal (art. 62) :

Doit Villiers, à Rouen, à Effets à Recevoir.

No 113, sur Lyon, au 5 mars, etc., etc.........

Art. 58. ——— *Du 20 décembre 1875.* ———

Haubert, à Nantes, m'envoie un chèque de 1.544 fr. 60 pour me rembourser de ma traite sur lui, de 1.540 fr, 75, qui me revient protestée, et des intérêts pour 15 jours, soit 3 fr. 85.

Je remets ce chèque à Milhac, mon banquier, et j'acquitte le compte de retour de la retraite qui m'est présentée par le voyageur de Lambert, à Angoulême.

1re Quest. — Qui est-ce qui reçoit ce chèque? — R. — Milhac.

2e Quest. — Qui est-ce qui en fournit le montant? — R. — La Caisse et le compte de Pertes et Profits.

Donc il faut écrire au Journal (art. 63) :

Doit Milhac, à Limoges, à Divers.

(Motif) : Je lui remets sur la caisse du crédit industriel et commercial, à Paris, un chèque de 1.544 fr. 60, que Haubert, à Nantes, m'envoie en remboursement de ce qui suit :

A Caisse,

Acquitté, n° 105, ma traite sur Haubert, revenue, etc. 1.540,75

A Pertes et Profits,

Int/ p. 15 jours de retard, à 6 p. °/₀ s/ fr. 1.540,75, ci. . 3,85

Art. 59. — *Du 20 décembre 1875.* —

Pris à la caisse de Milhac et versé dans la mienne 8.000 fr.

1re Quest. — Qui est-ce qui reçoit 8.000 fr.? — La Caisse.

2e Quest. — Qui est-ce qui fournit ces 8.000 fr.? — Milhac.

Ecrivons donc au Journal (art. 64) :

Doit Caisse à Milhac, à Limoges.

Reçu à sa caisse.......

Art. 60. — *Du 20 id.* —

Remis à Lejeune, à Limoges, nos 106 et 107, s'élevant, ensemble, à 2.418f,40, et en espèces, 2.540 fr.; en tout 4.958f,40.

1re Quest. — Qui est-ce qui reçoit? — R. — Lejeune.

2e Quest. — Qui est-ce qui fournit?

R. — Effets à Recevoir et Caisse.

Donc il faut écrire au Journal (art. 65) :

Doit Lejeune, à Limoges, à Divers.

A Effets à Recevoir,

N° 106, sur Limoges, 15 janvier, 575,80, etc., etc. 2.418 fr. 40

A Caisse,

Ma remise en espèces. . . . . 2.540 »

Art. 61. — *Du 21 id.* —

Gatinaud, à Châteauroux, me remet : nos 116 et 117, ensemble, 5.160 fr., en espèces 2.400 fr. et son virement sur Lejeune de 1.367 fr. 50, en tout 8.927 fr. 50.

1re Quest. — Qui est-ce qui reçoit 8.927,50? — R. — Le commis des Effets à Recevoir, le Caissier et Lejeune.

2e Quest. — Qui est-ce qui fournit cette somme? — Gatinaud.

Ecrivons donc au Journal (art. 66) :

Doivent Divers à Gatinaud, à Châteauroux.

Effets à Recevoir,

N° 116, sur Paris, au 1er avril, 3.875 francs etc., etc. . . . . 5.160 fr.

Caisse (espèces). . . . . 2.400 »

Lejeune, à Limoges,

Virement de Gatinaud sur ce dernier. . . 1.367,50 8.927,50

Art. 62. — *Du 22 décembre 1875.* —

Acquitté n° 5, traite Roux ; ord/ Lamarche, à Lyon, à vue, 800 fr.

1re Quest. — Qui est-ce qui reçoit 800 fr. ? — R. — Roux.

2e Quest. — Qui est-ce qui fournit cette somme ? — La Caisse.

Donc il faut écrire au Journal (art. 67) :

Doit Roux, à Limoges, à Caisse.

Acquitté n° 5, sa traite ord/ Lamarche, à vue. . . . . . .

Art. 63. — *Du 22 id.* —

Escompté à Rousseau, à Limoges, n°s 118, 119 et 120, ensemble 9.412 fr. — Je lui remets en espèces 9.338 fr. 80, et je lui retiens pour intérêts à 6 p. °/₀ et change à divers taux 73 fr. 20, en tout 9.412 fr.

1re Quest. — Qui est-ce qui reçoit les valeurs dont il s'agit?

R. — Le commis des Effets à Recevoir.

2e Quest. — Qui est-ce qui en fournit le montant?

R. — Le Caissier et le commis des Pertes et Profits.

Donc il faut écrire au Journal (art. 68) :

Doivent Effets à Recevoir à Divers.

(Motif) : Escompté à Rousseau, à Limoges, les effets suivants :

N° 118, sur Laval, au 31 janvier... 1.245, etc. 9.412

A Caisse,

Je lui paie en espèces le produit net de ce bordereau. 9.338,80

A Pertes et Profits,

Intérêts à 6 p. °/°. . . . 46 fr. 55, etc., etc. 73,20 9.412

Art. 64. ——— *Du 23 décembre 1875.* ———

Remis à Mme Roux 250 fr. et accepté n° 6, la traite de son mari, ord/ Lamarche, à Lyon, à 3 jours de vue, de 1.260 fr.

1re Quest. — Qui est-ce qui reçoit? — R. — Roux.

2e Quest. — Qui est-ce qui fournit? — R. — Le Caissier et le commis des Effets à Payer.

Ecrivons donc au Journal (art. 69) :

Doit Roux, à Limoges, à Divers.

A Caisse,

Remis à Mme Roux, sur l'autorisation de son mari . . . . 250 fr.

A Effets à Payer,

N° 6, mon acceptation, à 3 jours de vue. 1.260 1.510, »

Art. 65. ——— *Du 24 id.* ———

Vendu à Lejeune, à Limoges, 50 bouteilles de liqueurs assorties pour 162 fr. 50, et pour 2.981 fr. 10 de marchandises générales, en tout pour 3.143 fr. 60.

1re Quest. — Qui est-ce qui reçoit? — R. — Lejeune.

2e Quest. — Qui est-ce qui fournit? — R. — Le commis des Vins et Liqueurs et celui des Marchandises Générales.

Ecrivons donc au Journal (art. 70) :

Doit Lejeune, à Limoges, à Divers.

A Vins et Liqueurs,

50 bouteilles de liqueurs assorties, etc. . . 162,50

A Marchandises Générales,

180 k. sucre, etc. (le tout comme au Brouillard). 2.981,10 3.143,60

Art. 66. ——— *Du 26 id.* ———

Je remets à Milhac, mon banquier, nos 111, 112, 116, 119 et 120, s'élevant à 17.817 fr. Il me retient 126 fr. 50 pour intérêts à 5 p. %; reste net 17.690 fr. 50.

1re Quest. — Qui est-ce qui reçoit? — R. — Milhac, le net du bordereau, et le commis des Pertes et Profits, les 126 fr. 50 d'intérêts, dont il supporte la perte.

2e Quest. — Qui est-ce qui fournit? — R. — Le commis des Effets à Recevoir.

Donc il faut écrire au Journal (art. 71) :

Doivent Divers à Effets à Recevoir.

Remis en compte à Milhac le bordereau ci-après : (comme au Brouillard.)

Milhac, à Limoges,

Le produit net de ce bordereau, valeur de ce jour. 17.690,50

Pertes et Profits,

Intérêts à 5 p. % . . . . 126,50 17.817 »

Art. 67. — *Du 26 décembre 1875.* —

Lejeune, à Limoges, verse dans ma caisse 2.800 fr.

1re Quest. — Qui est-ce qui reçoit? — R. — Le Caissier.

2e Quest. — Qui est-ce qui fournit? — R. — Lejeune.

Ecrivons donc au Journal (art. 72) :

Doit Caisse à Lejeune.

Son versement dans ma caisse. . . . .

Art. 68. — *Du 26 id.* —

Acquitté mon acceptation, n° 6, du 23 courant, à 3 jours de vue.

1re Quest. — Qui est-ce qui reçoit 1.260 fr.? — R. — Le commis des Effets à Payer.

2e Quest. — Qui est-ce qui lui fournit cette somme pour acquitter son engagement du 23? — R. — Le Caissier.

Donc il faut écrire au Journal (art. 73) :

Doivent Effets à Payer à Caisse.

Acquitté n° 6, mon acceptation du 23 courant, à 3 jours de vue. . .

Art. 69. — *Du 27 id.* —

Accepté les traites nos 7 et 8 de Jounaud, s'élevant à 3.062f30.

1re Quest. — Qui est-ce qui reçoit mes acceptations? — Jounaud.

2e Quest. — Qui est-ce qui les fournit? — R. — Le commis des Effets à Payer.

Donc il faut écrire au Journal (art. 74) :

Doit Jounaud, à Bordeaux, à Effets à Payer.

J'accepte les effets suivants, etc. (comme au Brouillard).

Art. 70. — *Du 27 id.* —

Reçu de Divers les marchandises ci-dessous : de Villiers, à Rouen, pour 6.934 fr. 85 d'étoffes; de Bertin, à Lyon, pour

4.699f,40 de soieries. — Payé le port 63f,90, en tout 11.698f15.

1re Quest. — Qui est-ce qui reçoit? — R. — Le commis des Etoffes et Nouveautés.

2e Quest. — Qui est-ce qui fournit? — R. — Villiers, Bertin et le Caissier. Ecrivons donc au Journal (art. 75) :

Doivent Etoffes et Nouveautés à Divers.

A Villiers, à Rouen,

(L'énumération comme au Brouillard, ou : sa facture n° 12) 6.934,85

A Bertin, à Lyon,

(L'énumération comme au Brouillard, ou : sa facture n° 18) 4.699,40

A Caisse,

Payé le port des marchandises ci-dessus 63,90

Art. 71. — *Du 27 décembre 1875.* —

Je fais ma caisse, et j'y trouve un déficit de 80 fr.

1re Quest. — Qui est-ce qui reçoit ce déficit, ou plutôt qui doit le supporter? — R. — Le commis des Pertes et Profits.

2e Quest. — Qui est-ce qui fournit ce déficit? — R. — La Caisse.

Donc il faut écrire au Journal (art. 76) :

Doivent Pertes et Profits à Caisse.

Trouvé en moins dans ma caisse . . . .

Art. 72. — *Du 28 id.* —

Expédié des étoffes aux suivants : à Rouix, à Clermont-Ferrand, pour 3.913 fr. 75; à Meilhard, à Périgueux, pour 3.126 fr. 70.

1re Quest. — Qui est-ce qui reçoit? — R. — Rouix et Meilhard.

2e Quest. — Qui est-ce qui fournit? — R. — Le commis des Etoffes et Nouveautés.

Donc il faut écrire au Journal (art. 77) :

Doivent Divers à Etoffes et Nouveautés.

Rouix, à Clermont-Ferrand,

(Enumération des marchandises comme au Brouillard). 3.913,75

Meilhard, à Périgueux,

(Enumération des marchandises comme au Brouillard). 3.126,70

Art. 73. — *Du 29 id.* —

Vendu à divers au comptant pour 1.773 fr. de Mses Gles.

1re Quest. — Qui est-ce qui reçoit 1.773 fr.? — R. — La Caisse.

2e QUEST. — Qui est-ce qui fournit cette somme? — R. — Le commis des Etoffes et Nouveautés.

Ecrivons donc au Journal (art. 78) :

Doit Caisse à Marchandises Générales.

Vendu au comptant à divers :

(Enumération comme au Brouillard). . . . .

Art. 74. — *Du 29 décembre 1875.* —

Payé à Gandy, à Limoges, diverses marchandises, achetées pour le compte de Latour, à Tulle, la somme de 589 fr. 55, et expédié ces marchandises pour 645 fr. 40, au prix fort indiqué dans la facture de Gandy. D'où résulte un bénéfice de 55 fr. 85.

1re QUEST. — Qui est-ce qui reçoit? — Latour.

2e QUEST. — Qui est-ce qui fournit? — Caisse et Commissions.

Donc il faut écrire au Journal (art. 79) :

Doit Latour, à Tulle, à Divers.

(Enumération des marchandises au prix fort, ou : ma facture n° 22, etc.) 645,40

A Caisse,

Payé à Gandy sa facture n° 14 des marchses ci-dessus. 589,55

A Commissions,

Mon bénéfice pour Commission. 55,85

Art. 75. — *Du 30 id.* —

Vendu : 1° à de Villevers, à Limoges, 1 sac trèfle 104 fr. et 2 p. de toile 264 fr. 65, ensemble 368 fr. 65 ; 2° à Salon 2 p. mérinos et une b/ soie, net 2.520 fr. 10.

Pour plus de clarté nous ferons un article pour chaque acheteur.

1er Art. — 1re QUEST. — Qui est-ce qui reçoit le trèfle et la toile? — R. — Mr de Villevers.

2e QUEST. — Qui est-ce qui fournit ces choses? — R. — Le commis des Mses Générales et celui des Etoffes et Nouveautés.

Donc il faut écrire au Journal (art. 80) :

Doit de Villevers, à Limoges, à Divers.

A Marchandises Générales,

1 sac trèfle nouveau, 80 k. à fr. 1,30. . . . . 104 fr.

A Etoffes et Nouveautés,

2 p. de toile de ménage, ensemble 120 m. 30, à fr. 2,20. . 264,65

2e Art. — 1re Quest. — Qui est-ce qui reçoit les mérinos et la soie? — R. — Salon. Donc il faut écrire au Journal (art. 81) :
Doit Salon, à Limoges, à Etoffes et Nouveautés.
(Enumération comme au Brouillard). . . . .

Art. 76. ——— *Du 30 décembre 1875.* ———

La maison Ardant et Cie, de Limoges, me paie 126 fr. 85 de commission que me doit Sirvain, de Paris, pour mon achat de porcelaines pour son compte.

1re Quest. — Qui est-ce qui reçoit? — R. La Caisse.

2e Quest. — Qui est-ce qui fournit? — R. — Le commis des Commissions, à qui cette prime revient.

Donc il faut écrire au Journal (art. 82) :
Doit Caisse à Commissions.
(Motif de la recette, comme au Brouillard). . . . .

Art. 77. ——— *Du 31 id.* ———

Redon, menuisier à Limoges, me remet 30 fr. sur les 80 fr. que je lui ai prêtés le 27 du courant, et dont j'ai fait écritures au compte de Pertes et Profits, parce que, ne m'étant pas souvenu de ce prêt, que j'ai omis d'écrire en le faisant, j'en ai considéré le montant comme une perte.

Pour plus de clarté, nous transportons cet article au Journal en deux articles simples.

1er Art. — 1re Quest. — Qui est-ce qui a reçu 80 fr.? — Redon.

2e Quest. — Qui est-ce qui les a fournis? — La Caisse. Mais, la Caisse ayant été déjà créditée de 80 fr. par le débit de Pertes et Profits, c'est ce dernier compte qui reste créditeur.

Ecrivons donc au Journal (art. 83) l'article de contre-passation suivant (nos 323 et 326) :
Doit Redon, à Limoges, à Pertes et Profits.
Je lui prêtai, la semaine dernière, 80 fr., dont j'ai débité ce dernier compte, le 27 du courant, ci. . . . .

2e Art. — 1re Quest. — Qui est-ce qui reçoit 30 fr.? — La Caisse.

2e Quest. — Qui est-ce qui les fournit? — R. — Redon.

Donc il faut écrire au Journal (art. 84) :
Doit Caisse à Redon, à Limoges.
Reçu de ce dernier un à-compte de. . . . .

Art. 78. ——— *Du 31 décembre 1875.* ———

Je prélève à la Caisse pour Dépenses Domestiques 336 fr. 10, pour Frais Généraux 410 fr. 50, en tout 746 fr. 60.

1re Quest. — Qui est-ce qui reçoit? — R. — Le commis des Dépenses Domestiques et celui des Frais Généraux.

2e Quest. — Qui est-ce qui fournit? — R. — La Caisse.

Donc il faut écrire au Journal (art. 85) :

Doivent Divers à Caisse.

(Motif) : Prélevé ce qui suit :

Dépenses Domestiques,

Les dépenses de bouche faites dans le mois, etc. (comme au Brouillard) . . . .

Frais Généraux,

Un mois des appointements, etc. (comme au Brouillard). . . .

§ IV. — *Des articles à passer au Journal et au Grand-Livre avant de procéder à l'inventaire général (n° 331, nota).*

348. Avant de se livrer au travail de l'inventaire, il faut faire écritures des frais non enregistrés, des intérêts à payer et à recevoir, de la dépréciation du mobilier, etc., etc., afin de ne pas reporter une partie des frais ou des bénéfices d'une gestion à une autre gestion, et de ne pas se mettre dans l'impossibilité de connaître exactement le résultat de chaque exercice. — Tout chef de maison qui ne prend pas ce soin, qui ne fait pas scrupuleusement son inventaire, est incapable de prévenir les conséquences d'une mauvaise gestion, et, par suite, de bien diriger ses affaires (voyez, ci-après, chap. VI).

Art. 79. ——— *Du 31 id.* ———

Je porte en dépenses deux mois échus de mon loyer, soit 400 fr., et deux douzièmes de ma patente, 47 fr. 50, en tout 447 fr. 50.

1re Quest. — Qui est-ce qui supporte ces frais?

R. — Le commis des Frais Généraux.

2e Quest. — Qui est-ce qui fournit ou profite?

R. — Le commis du Loyer à Payer et le Percepteur.

Donc il faut écrire au Journal (art. 86) :

Doivent Frais Généraux à Divers.

A Loyer à Payer,
2 mois de Loyer échu ce jour. 400
A Percepteur,
2 douzièmes de ma patente échue aujourd'hui. 47,50 447,50

Art. 80. ——— *Du 31 décembre 1875.* ———

Expédié à Lambert, à Angoulême, pour 502 fr. 30 de marchandises achetées pour son compte à MM. Ardant et Cie, à Limoges, et que j'ai payées, y compris l'emballage, 449 fr., me réservant un bénéfice de 53 fr. 30 pour Commissions et Escompte.

1re Quest. — Qui est-ce qui reçoit? — R. — Lambert.

2e Quest. — Qui est-ce qui fournit? — R. — La Caisse et le commis des commissions, qui profite du bénéfice que je prélève.

Donc il faut écrire au Journal (art. 87) :

Doit Lambert, à Angoulême, à Divers.
Les marchandises ci-dessous, que j'ai achetées pour son compte à MM. Ardant et Cie, à Limoges :
A Caisse,
(Enumérer les marchandises aux prix faibles, comme au Brouillard, ou : le net de la facture de MM. Ardant et Cie, n° 15..... 441 fr. 50 ; emballage..... 7,50).
A Commissions,
Bénéfice pour ma commission . . . .

Nota. — Cette opération ne fait pas partie des articles uniquement faits en vue de l'inventaire. Nous la plaçons parmi ces articles pour démontrer une fois de plus aux élèves que les opérations du même genre ne se succèdent pas dans les affaires comme elles le font dans la plupart des méthodes de tenue des livres.

Art. 81. ——— *Du 31 id.* ———

Après avoir réglé les comptes courants de mes correspondants, je trouve qu'il m'est dû par MM.

Gatinaud, 96 fr. 05 ; Milhac, 192 fr. ; Roux, 103 fr. 80 d'intérêts, en tout 391,85.

1re Quest. — Qui est-ce qui reçoit, ou plutôt qui détient ces intérêts? — R. — Gatinaud, Milhac et Roux.

2e Quest. — Qui est-ce qui profite? — R. — Le commis de Pertes et Profits. Donc il faut écrire au Journal (art. 88) :

15

Doivent Divers à Pertes et Profits.

Gatinaud, à Châteauroux,

Intérêts et changes en ma faveur, s/ Cte Cnt arrêté ce jour. . .

(De même pour Milhac et Roux).

Art. 82. — *Du 31 décembre 1875.* —

Je dois 88 fr. 95 d'intérêts à Lejeune, à Limoges, et je compte 2 p. % de dépréciation sur le mobilier de mes magasins, soit 16 fr. 90.

1re Quest. — Qui est-ce qui supporte ces frais?

R. — Le commis des Pertes et Profits.

2e Quest. — Qui est-ce qui profite?

R. — Lejeune et le commis du mobilier.

Donc il faut écrire au Journal (art. 89) :

Doivent Pertes et Profits à Divers.

A Lejeune, à Limoges,

Intérêts en sa faveur, s/ Cte Cnt arrêté ce jour. . . . .

A Mobilier,

Dépréciation de 2 p. % sur fr. 845, montant, etc. . . . .

Art. 83. — *Du 31 décembre 1875.* —

Je remets à Mr de Villevers, à Limoges, une lettre de crédit de 15.000 fr. sur les maisons Lamarche, etc., et je lui ouvrirai, le 1er janvier, un compte courant que je débiterai de 368 fr. 65 qu'il me doit, valeur de ce jour.

§ V. — *Observations sur les Ouvertures de Crédit.*

349. Les lettres de crédit se copient sur le livre de correspondance. Elles ne donnent lieu, ordinairement, à l'ouverture de comptes, au grand-livre, au moment de la concession de crédit, que lorsqu'il y a remise d'espèces ou de titres. En dehors de ces conditions, il est d'usage de ne passer écritures au Journal des ouvertures de crédit (Liv. I, nc 432) qu'aux époques où elles sont l'objet d'opérations de banque (1).

350. Mais cet usage n'est pas une règle absolue : on peut

(1) C'est pour ce motif que nous ne faisons pas écritures au Journal des crédits accordés, le 18 et le 31 décembre, à MM. Roux et de Villevers.

passer écritures au Journal et au grand-livre d'une ouverture de crédit sans qu'il y ait remise d'espèces ou de titres au moment de la convention.

351. Dans ce cas, on ouvre deux comptes au crédité : un compte courant et un compte particulier. On débite le compte particulier et l'on crédite le compte courant du montant du crédit accordé ou crédité. Exemple :

Si l'on voulait transcrire au Journal l'ouverture du crédit consentie le 31 décembre à Mr de Villevers, on rédigerait cette opération de la manière suivante :

Du 31 décembre 1875.

Doit de Villevers, à Limoges, à lui-même s/ cte cnt.

Je lui remets une lettre-circulaire de crédit sur les maisons Lamarche, à Lyon, Labordes frères, à Nice, etc. . 15.000 fr.

On débiterait ensuite le compte courant de la somme dont Mr de Villevers est déjà débité au Compte de Divers. Cette contre-passation se ferait ainsi :

Doit de Villevers, s/ cte cnt, à lui-même, Cte de Divers.

Transporté le débit du dernier compte au premier, afin de ne pas conserver, en dehors de s/ cte cnt, deux comptes personnels à Mr de Villevers, ci. 368,65

352. Quand l'ouverture de crédit est faite sur nantissement ou sur hypothèque (Liv. 1, n° 420), on ouvre un compte au nantissement ou à l'hypothèque, et un autre compte au crédité, s'il n'a pas déjà de compte dans la maison. On débite le compte de nantissement ou d'hypothèque du montant du crédit ouvert, et l'on crédite de pareille somme le compte particulier du crédité.

Nota. — Faites le transport au grand-livre des opérations de ce chapitre, la vérification des écritures et l'inventaire suivant les règles des chapitres III et IV, ci-dessus. — Voyez, pour ce dernier travail, le résumé de l'inventaire, p. 55, ou l'inventaire complet, Liv. I, p. 211 et suiv. Mais il est bon que les élèves s'habituent à dresser eux mêmes l'inventaire de la maison, au moyen des livres auxiliaires ordinaires.

§ VI. — *Des Interruptions dans le Travail de l'Inventaire.*

353. Dans la pratique, le travail de l'inventaire est presque toujours interrompu,

Soit par la sortie, avant la fin de la gestion, d'objets déjà inventoriés,

Soit par la sortie, dans le premier mois du nouvel exercice, d'objets qu'on n'a pas encore eu le temps d'inventorier.

354. Lorsque des objets inventoriés sortent des magasins avant la date de clôture de la gestion, on les retranche de l'état estimatif, et l'on en transcrit le prix de vente au Journal et aux comptes du grand-livre de l'exercice courant.

355. Quand des objets non encore inventoriés sont vendus après la date de clôture de la gestion, on les inscrit dans l'état estimatif pour le prix qu'on les eût estimés si l'on avait eu le temps de les inventorier, et l'on en transporte le prix de vente au Journal et au grand-livre pour le compte du nouvel exercice.

QUESTIONNAIRE.

348. Quelles écritures faut-il faire avant de se livrer au travail de l'inventaire?

349. Où se copient les lettres de crédit, et quand donnent-elles lieu à l'ouverture de comptes au grand-livre? — 350. L'usage de ne passer écritures au Journal des ouvertures de crédit que lorsqu'il y a opération de banque est-il une règle absolue? — 351. Que fait-on dans ce cas? — Donnez un exemple. — 352. Quels comptes ouvre-t-on quand l'ouverture de crédit est faite sur nantissement ou sur hypothèque? — Lisez le nota.

353. Par quoi le travail de l'inventaire est-il presque toujours interrompu? — 354. Que fait-on lorsque des objets inventoriés sortent des magasins avant la date de clôture de la gestion? — 355. Que fait-on quand des objets non inventoriés sont vendus après la date de clôture de la gestion?

CHAPITRE VI.

DES ÉCRITURES PRÉPARATOIRES D'INVENTAIRE.

356. Les écritures préparatoires d'inventaire (1er nota, p. 192) sont des inscriptions, au journal et au grand-livre, de bénéfices ou de plus-values, de pertes, de dépréciations ou de frais qui n'ont pas encore été comptés.

357. On les fait avant de dresser la balance générale, dans laquelle elles doivent figurer. Elles se composent d'écritures obligatoires et de l'ouverture de comptes facultatifs.

§ I. — *Des Écritures obligatoires.*

358. Les écritures obligatoires comprennent :

1° Le règlement des intérêts et changes résultant des comptes courants portant intérêts ;

2° La dépréciation du mobilier, du matériel et de l'agencement, et de l'amortissement de tant pour cent des frais de premier établissement, du fonds de commerce, du brevet d'invention, etc. (Voyez n° 18 et la note 2, p. 12);

3° La dépréciation ou la plus-value des immeubles, s'il y a lieu ;

4° Les frais généraux portés en dépense qui ne sont pas échus, et le prix des provisions restant en magasin;

5° Enfin, l'ouverture, lors du premier inventaire, de deux nouveaux comptes : l'un à Loyer à Payer, l'autre à Contributions à Payer ou au Percepteur.

359. On crédite ces nouveaux comptes, savoir :

Le compte de Loyer à Payer, des loyers échus et non payés;

Le compte de Contributions à Payer, des douzièmes échus des contributions, de la patente ou des primes d'assurances,

Et l'on porte ces divers frais en dépense au débit du compte de Frais Généraux. (Voyez, pour la rédaction de ces écritures, les articles 79, 81 et 82 du *Brouillard,* et 86, 88 et 89 du *Journal).*

§ II. — *Des comptes dont l'ouverture est facultative.*

360. Beaucoup de comptables comprennent, dans le travail préparatoire d'inventaire, l'ouverture de certains comptes spéciaux, dont les affaires, à l'inscription desquelles il sont destinés, se portent, dans les maisons ordinaires, à des comptes particuliers et au compte de Pertes et Profits : tels sont les comptes de Factures à Recevoir, de Factures à Payer, de Réescompte, d'Effets en souffrance, de Créances d'un Recouvrement douteux, etc.

361. Ces divers comptes ne font point essentiellement partie du travail préparatoire d'inventaire : les grands établissements les ouvrent et les tiennent parfaitement pendant le cours d'une gestion, sans attendre à la fin d'un exercice pour les établir.

1. — Du compte de Factures à Recevoir.

362. On débite ce compte des ventes au comptant dont les factures ne sont pas immédiatement acquittées, quand on ne

veut pas ouvrir de comptes particuliers aux acheteurs auxquels ces factures sont remises. Il se tient comme le compte de Divers, et les articles de Journal auxquels il donne lieu, se rédigent comme ceux qui ont rapport à la comptabilité spéciale.

Supposons, comme exemple, que Ferret vende pour
200 fr. de marchandises à Martin, à Paris.
150 id. à Bernard, id.

Et qu'il veuille en inscrire les factures au compte de Factures à Recevoir,

Il passera ces opérations au Journal comme suit :

Doivent Factures à Recevoir à March[ses] Gén[les],
Martin, à Paris,
Enumération des march[ses], ou : ma facture n°... 200 fr.
Bernard, à Paris,
Enuméra[tion] des objets vendus, ou : ma facture n°... 150 350 fr.

Puis, il écrira au grand-livre, au débit du compte de Factures à Recevoir :

Par Martin, à Paris, ma facture, etc. . . . . .
» Bernard, id. id. . . . . . .

Enfin, il créditera, comme à l'ordinaire, le compte de Marchandises Générales, et il débitera, lors du paiement, le compte qui en recevra le montant, et créditera celui de Factures à Recevoir.

Si, par exemple, Martin paie en argent, et Bernard, par sa traite, sur Marseille, au 31 janvier, Ferret écrira au Journal :

Doivent Divers (1) à Factures à Recevoir.
Caisse,
Martin, à Paris,

---

(1) On comprend, d'ailleurs, que, si Martin et Bernard ne payaient pas en même temps, cet article (du troisième genre) serait remplacé, au Journal, par deux articles simples commençant,

L'un par :
Doit Caisse à Factures à Recevoir.
Martin, à Paris,
Sa remise en espèces. . . . .

L'autre par :
Doivent Effets à Recevoir à Factures à Recevoir.
Bernard, à Paris,
N° 121, s/ remise sur Marseille, 31 janvier. . . . .

Me remet en espèces . . . . 200 fr.

Effets à Recevoir,

Bernard, à Paris,

Sa remise n° 121, sur Marseille, au 31 janvier. . 150 350 fr.

Et reportant cet article au grand-livre, il débitera Caisse et Effets à Recevoir, et inscrira au Crédit de Factures à Recevoir :

A Martin, à Paris, espèces. . . . .
» Bernard, id. n° 121, sa remise. . . . . .

Absolument comme s'il s'agissait du compte de Divers, dans lequel les noms des débiteurs sont précédés de *Par*, et ceux des créanciers, de *A*, à l'inverse des autres comptes.

II. — Du compte de Factures à Payer.

363. Ce compte est crédité des notes des fournisseurs qui n'ont pas été payées par la maison. Il se tient comme celui de Factures à Recevoir, et donne lieu, au Journal, à des articles analogues à ceux dont nous donnons les formules plus haut.

III. — Du compte de Réescompte.

364. Ce compte est spécial aux maisons de banque qui ramènent, par l'escompte, à l'époque de l'inventaire, leurs valeurs de portefeuille en valeurs d'espèces, ou valeurs effectives.

365. On crédite le compte de Réescompte, par le débit de celui de Pertes et Profits, ou de celui d'Escompte, de l'agio ou escompte des effets en portefeuille calculé au taux auquel on les escompterait, si la négociation en était offerte à la maison.

366. Ce compte fait donc partie du travail préparatoire d'inventaire, dans les maisons qui le tiennent; tels que les établissements de crédit, les banques de dépôts et comptes courants.

IV. — Du compte d'Effets en souffrance.

367. Ce compte est débité, — par le crédit de Traites et Remises ou d'Effets à Recevoir, — du montant des valeurs qui n'ont pas été payées à l'échéance.

368. — On ouvre également un compte :

1° Aux effets dont les souscripteurs sont en faillite, sous le titre de Faillite du Tribunal de commerce;

2° Aux effets en recouvrement, sous le titre d'Effets remis à la caisse.

V. — Du compte de Créances véreuses, ou d'un Recouvrement douteux.

369. On débite ce compte du montant des mauvaises créances, que l'on porte au crédit des comptes de leurs débiteurs.

370. Lorsqu'une créance est considérée comme perdue, on en débite le compte de Pertes et Profits, par un article de Journal ainsi conçu :

Doivent Pertes et Profits à Créances Véreuses.
Ou : A Tel (si la créance n'est pas inscrite à ce dernier compte) :
N/ créance sur Tel, mort (ou devenu) insolvable. . .

QUESTIONNAIRE.

356. Qu'est-ce que les écritures préparatoires d'inventaire? — 357. Quand les fait-on, et de quoi se composent-elles?

358. Que comprennent les écritures obligatoires? — 359. De quoi crédite-t-on ces nouveaux comptes, et au débit de quel compte porte-t-on ces divers frais?

360. Que comprennent, dans le travail préparatoire d'inventaire, beaucoup de comptables? — 361. Ces divers comptes font-ils partie du travail préparatoire d'inventaire? — 362. De quoi débite-t-on le compte de Factures à Recevoir, et comment se tient-il? — Donnez un exemple. — 363. De quoi est crédité le compte de Factures à Payer? — 364. Dans quelles maisons est-il spécialement fait usage du compte de Réescompte? — 365. De quoi crédite-t-on le compte de Réescompte? — 366. Dans quelles maisons ce compte fait-il partie du travail préparatoire d'inventaire? — 367. De quoi est débité le compte d'Effets en souffrance? — 368. A quoi ouvre-t-on également un compte? — 369. De quoi débite-t-on le compte de Créances véreuses? — 370. Que fait-on lorsqu'une créance est considérée comme perdue? — Donnez un exemple.

SUPPLÉMENT AU BROUILLARD.

—

PETITE COMPTABILITÉ AGRICOLE POUR LES ÉCOLES RURALES.

Nous devons ces exercices à M. H. Ducoudray, maire d'Azat-le-Ris, qui a bien voulu les extraire lui-même de ses livres, et les accompagner, en nous les remettant, d'un résumé extrêmement intéressant des cours d'agriculture et de comptabilité qu'il a faits, pendant plusieurs hivers, à la classe d'adultes de son Instituteur, et qu'à notre grand regret, nous ne pouvons insérer dans ce volume, à défaut d'espace.

L'auteur de ces notes — l'un des agriculteurs pratiques, de la Vienne et de la Haute-Vienne, qui opèrent sur la plus grande échelle et avec le plus de succès, — pense, comme nous, que le cours de comptabilité, dans les Ecoles Primaires, doit précéder celui d'agriculture, non-seulement parce que le besoin d'ordre, dans les affaires, qu'imposent les exigences de la vie réelle, en rend aujourd'hui les connaissances absolument indispensables à toutes les classes de la société, mais, surtout, parce qu'il démontre mieux qu'on ne saurait le faire par de longs discours, la supériorité des gains du cultivateur sur le salaire de l'ouvrier de nos villes, et que, par suite, il est éminemment propre à paralyser l'émigration, ce mouvement maladif de nos campagnes qui est, au premier chef, de l'avis de tous les bons esprits,

« Une cause de gêne alimentaire pour la société,
» Une situation contre nature pour la famille,
» Une source de démoralisation et de malheur pour l'individu (1). »

Nous divisons ces exercices en deux petites comptabilités : une comptabilité de deux domaines exploités par colons, et une comptabilité d'un domaine exploité par domestiques. Cette dernière partie conviendra au plus grand nombre. Avant d'en établir les comptes, les élèves referont les exercices que nous donnons p. 3 à p. 8, et liront attentivement les principes et les exercices des quatre premiers chapitres du Titre IV. Ils feront même bien, s'ils en ont le temps, de faire la comptabilité et l'inventaire du mois de novembre de la maison Ferret.

CHAPITRE PREMIER.

BROUILLARD OU MAIN-COURANTE.

1re PARTIE. — Comptabilité du Domaine de la Brédanchère, exploité par les sieurs LANAU et CHARRAU, et de celui de Lantigny, exploité par FRANÇOIS TONNA.

	f.	c.	f.	c.
1. ——— *Du 25 novembre 1874.* ———				
Vendu au comptant à Martin, à... (2).				
4 cochons de Tonna, de Lantigny, à fr. 65 l'un..			260	»
2. ——— *Du 25 id.* ———				
Vendu au comptant, à la foire de Montmorillon, à Trouvé,				
1 vache grasse de Tonna, à Lantigny.........			280	»

(1) *L'Emigration*, par P. Labrune, archiprêtre d'Aubusson, p. 188. Excellente brochure qui a déjà valu à l'auteur des *Mystères des Campagnes* les félicitations des hommes les plus éminents, et que nous voudrions voir dans toutes les bibliothèques scolaires. 1 vol. in-12, Guéret, librairie LABRUNE; Limoges, librairie LEBLANC. 1 fr.

(2) Mr Ducoudray néglige, le plus souvent, d'indiquer le domicile des personnes avec lesquelles il fait des affaires, parce que, les affaires, en agriculture, se font presque toujours au comptant, et que ceux qui les traitent sont généralement voisins, et parfaitement connus de tous. — Nous croyons qu'il serait mieux de mentionner le domicile des parties, quoique, dans l'espèce, cela n'ait pas d'importance.

	F.	C.	F.	C.
3. —— Du 25 janvier 1875. ——				
Vendu au comptant, à la foire de Montmorillon, à Mr Bra, 13 moutons de Lanau, à la Brédanchère, à fr. 20.			260	»
4. —— Du 17 février id. ——				
Le colon de Lantigny, Tonna, a tué un cochon gras, pris dans le domaine, pesant 147 kgr., qu'il paiera 1 fr. 20 le kgr................			176	40
5. —— Du 25 id. ——				
Payé à Servin 2 m. 33 de tuyau pour le fourneau à cuire les légumes, au domaine de La Brédanchère................................			8	75
6. —— Du 1er mars id. ——				
Les colons de La Brédanchère, Lanau et Charrau, ont tué un cochon de 129 kg. pris dans le domaine, à fr. 1,20 le kg................			154	80
7. —— Du 11 id. ——				
Vendu au comptant, à Bachelier, à... 2 bœufs du domaine de Lantigny..............			960	»
8. —— Du 11 id. ——				
Acheté au comptant, de Lamarchaire, à... 2 bœufs pour Tonna, de Lantigny............			955	»
9. —— Du 11 id. ——				
Vendu au comptant, à Trouvé, boucher à Montmorillon, 2 bœufs du domaine de La Brédanchère.......			985	»
10. —— Du 13 id. ——				
Vendu au comptant, à Renaud, à la foire du Dorat, 10 cochons nourrains du domaine de La Brédanchère, à fr. 40 l'un, ci....................			400	»
11. —— Du 13 avril id. ——				
Vendu au comptant, à divers, à la foire du Dorat, les animaux suivants, du domaine de Lantigny,				
A Mr Desgranges, 6 cochons nourrains, à fr. 45	270	»		
A Gachet, 2 — — — 40	80	»		
A Renaud, 5 — — — 70	350	»	700	»
12. —— Du 11 mai id. ——				
Vendu au comptant, à Trouvé, 2 bœufs gras, du domaine de Lantigny, la somme de................................			1.100	»
13. —— Du 11 id. ——				
Payé à Clodel 253 kg. 5 de tourtelle (1) prise par Tonna, de Lantigny, pour ses bœufs, à fr. 0,14 le kg............................			35	50

(1) Tourteau du résidu de grains de colza dont on a exprimé l'huile, et que l'on mêle à la pâture des bœufs pour les engraisser.

	F.	C.	F.	C.
14. — *Du 11 mai 1875.* —				
Vendu au comptant, à Desgranges, 12 cochons du domaine de La Brédanchère, à fr. 29.			348	»
15. — *Du 11 id.* —				
Remis à Lanau, de la Brédanchère, la somme de..			100	»
16. — *Du 25 id.* —				
Payé pour impôts et prestations au compte de Tonna, de Lantigny, la somme de.			160	25
17. — *Du 10 juin id.* —				
Remis à Charrau, de La Brédanchère, la somme de.			100	»
18. — *Du 25 id.* —				
Payé pour impôts et prestations au compte de Lanau et Charrau, de La Brédanchère.			134	95
19. — *Du 13 juillet id.* —				
Acheté au comptant, de Rabillia, à la foire du Dorat, 1 veau, pour le domaine de La Brédanchère, la somme de.			78	50
20. — *Du 13 id.* —				
Vendu au comptant, à la foire du Dorat, 1 génisse de lait, du domaine de La Brédanchère.			36	»
21. — *Du 13 id.* —				
Vendu au comptant, au Dorat, à Penaud, 1 petite génisse, du domaine de Lantigny, la somme de.			42	»
22. — *Du 13 id.* —				
Acheté au comptant, à Guénand, 1 veau, pour le domaine de Lantigny, la somme de.			70	75
23. — *Du 13 août id.* —				
Vendu au comptant, à Taytaud, du Dorat, 2 génisses de lait, du domaine de La Brédanchère.			80	»
24. — *Du 13 id.* —				
Acheté au comptant, au Dorat, de Rivière, 2 veaux, pour La Brédanchère, la somme de...			144	50
25. — *Du 27 id.* —				
Vendu au comptant, à Michaud, à... 16 brebis, du domaine de La Brédanchère, à fr. 7.			112	»
26. — *Du 1er au 24 7bre id.* —				
Partagé les récoltes du domaine de La Brédanchère. Ces récoltes se composent, savoir :				

	F.	C.	F.	C.
1º En froment de............. 1.073 doub. déc.				
desquels il faut déduire,				
Pour la semence..... 65 d. d.				
Pour le maréchal.... 5 —				
Pour l'affranchisseur. 1 —				
En tout...... 71 ci... 71 — —				
Net............. 1.002 doub. déc.				
Dont la moitié pour moi est de 501 d. d., à fr. 4,50	2.254	50		
2º En avoine d'été, de........ 878 doub. déc.				
A déduire pour semence..... 64 — —				
Net........... 814 doub. déc.				
Dont la moitié pour moi est de 407 d. d., à fr. 1,50	610	50		
3º En colza, de 26 doub. déc. dont la moitié pour moi est de 13 doub. déc., à fr 4, ci...	52	»		
4º En chanvre, de 78 kilg., dont la moitié pour moi est de 39 kilg., à fr. 0,80 le kilg., ci... .	31	20	2.948	20
27. ——— *Du 1er au 24 7bre 1875.* ———				
Partagé les récoltes du domaine de Lantigny, et fait transporter ma part dans mes greniers. Elles se composent, savoir :				
1º En froment, de................. 1.364 d. d.				
Prélevé pour la semence... 68 d. d.				
Pour le maréchal......... 5 —				
Pour l'affranchisseur (hongreur)................. 1 —				
En tout........... 74 ci.. 74 —				
Reste net............ 1.290 d. d.				
Dont la moitié est de 645, estimés 4 fr. 50 le d. d.	2.902	50		
2º En avoine d'été, de............ 1.188 d. d.				
Prélevé pour la semence.......... 70 —				
Reste net............ 1.118 d. d.				
Dont la moitié pour moi est de 559, à fr. 1,50...	838	50		
3º En colza, de 29 doubl. déc. dont la moitié pour moi est de 14 1/2 d. d., à 4 fr. l'un ci........	58	»		
4º Haricots, 12 d. d., dont la moitié, 6 d. d., à fr. 4,50, vaut............................	27	»		
5º En blé noir, de 42 d. d., dont la moitié, 21 d. d., à fr. 1,75 le double décalitre, vaut..........	36	75	3.862	75
Nota. — Les opérations que nous transcrivons ici ont été faites en 1869, et non à la date que nous leur donnons pour les faire concorder avec les opérations du Brouillard, p. 32. — Mr Ducoudray prend note, sur un carnet, des récoltes de ses domaines à mesure qu'il en constate le rendement, et il ne les transcrit sur ses livres en un seul article par domaine, que lorsque le partage en a été fait. Il ne parle point des menues denrées qu'il abandonne à ses colons.				

	F.	C.	F.	C.
28. — *Du 25 7bre 1875.* —				
Vendu au comptant, à Montmorillon, à Renard, 11 moutons, de La Brédanchère, à f. 11 le mouton.			121	»
Et j'ai autorisé le colon Lanau à recevoir et à garder le prix de ces 11 moutons, ci........			121	»
29. — *Du 20 8bre id.* —				
Acquitté le mémoire des réparations faites aux charrettes du domaine de La Brédanchère par Gouillard, charron, s'élevant à la somme de.	81	»		
Et payé au même pour réparations locatives faites pour le compte des colons............	10	»	91	»
30. — *Du 21 id.* —				
Acquitté le mémoire des fournitures et réparations d'instruments aratoires au domaine de La Brédanchère faites par Barlier, maréchal, et s'élevant à..............................			93	15
31. — *Du 23 id.* —				
Payé à Clodel 125 kg. de tourtelle prise par les colons de La Brédanchère pour leurs bœufs, à 17 fr. les cent kg., ci.....................			21	25
32. — *Du 25 id.* —				
Payé à Petit-Pied, de Lussac-les-Eglises, 6 journées de location d'une machine à battre, à La Brédanchère, à fr. 20 par jour..........	120	»		
6 journées 1/2 de la même machine pour le domaine de Lantigny, à 20 fr. par jour, ci.....	130	»	250	»
33. — *Du 25 id.* —				
Payé à Propin, boulanger, 250 kg. de son fourni à Tonna, de Lantigny, pour ses bestiaux, à fr. 17 les cent kg., ci.....................			42	50
34. — *Du 25 id.* —				
Vendu en foire, à Montmorillon, les animaux suivants du domaine de Lantigny,				
A Legros, 11 brebis, à fr. 14 l'une, ci.........	154	»		
A Leclair, 13 moutons, à fr. 26 l'un, ci.......	338	»	492	»
35. — *Du 4 9bre id.* —				
Acquitté le mémoire des fournitures et travaux de maréchalerie de Barlier, maréchal, pour le domaine de Lantigny, s'élevant à la somme de.			89	»
36. — *Du 4 id.* —				
Je porte au compte de Tonna, à Lantigny, la somme de dix francs qu'il est convenu de me payer pour réparations locatives, ci........			10	»
NOTA. — Cette somme de 10 fr. n'ayant pas été dépensée, je l'inscris à l'Avoir du compte de Récoltes de Lantigny. — L'année agricole se terminant, dans le pays, le 11 novembre, je procède à l'estimation des cheptels de mes domaines, afin de clore cet exercice, et de savoir quels en sont les résultats définitifs.				

	F.	C.	F.	C.
37. ——— *Du 8 9bre 1875.* ———				
Le cheptel mort et vif du domaine de Lantigny, est évalué à la somme de..................	9.435	»		
Il fut estimé, le 14 novembre 1874, à la somme de..	9.160	»		
D'où résulte un bénéfice de.................			275	»
38. ——— *Du 10 id.* ———				
Le cheptel mort et vif du domaine de La Brédanchère est estimé, suivant l'inventaire que j'en ai fait, la somme de	7.315	»		
Il fut évalué, le 14 novembre 1874, à la somme de..	6.984	»		
D'où résulte, en faveur de cette année, un bénéfice de..............................			331	»
NOTA. — Les bénéfices de cheptel n'étant pas réalisés en espèces, ne sont pas partagés à la fin de l'année entre le propriétaire et le colon : ils restent à la masse du cheptel, et ne sont réglés entre les deux parties que lorsqu'il y a résiliation de bail, ou changement de colon ou de propriétaire.				
39. ——— *Du 10 id.* ———				
Etant fermier des domaines de La Brédanchère et de Lantigny, j'en ai inscrit le prix de ferme, en le payant, à mon Compte Général de Fermage, par lequel je solde tous mes comptes de fermes, et que je solde lui-même par le compte de Pertes et Profits. — Il faut donc ouvrir un Compte Spécial de Fermage pour cette petite comptabilité, et y inscrire par le crédit de Caisse, pour				
Le prix de ferme de La Brédanchère...........	2.300	»		
Le prix de id. de Lantigny.................	2.700	»	5.000	»

2e PARTIE. — Comptabilité du Domaine de Vithe, exploité par domestiques placés sous la direction de JEAN BARDAN, et que M. DUCOUDRAY nourrit dans le Domaine par les soins de la femme BARDAN.

	F.	C.	F.	C.
1. ——— *Du 25 novembre 1874.* ———				
Acheté au comptant, à la foire de Montmorillon, savoir :				
De Blanchaud, 88 moutons, à fr. 22 l'un........	1.936	»		
De Chassat, 15 cochons nourrains, à fr. 30.....	450	»		
De divers, 6 bœufs, ensemble, la somme de....	3.015	»	5.401	»
2. ——— *Du 31 décembre id.* ———				
Donné aux domestiques, comme étrennes, pour les encourager à bien faire..............			80	»
3. ——— *Du 11 février 1875.* ———				
Vendu au comptant, à Pacaud, 88 moutons, à fr. 36 le mouton, ci.............			3.168	»
4. ——— *Du 13 mars id.* ———				
Vendu au comptant, à la foire du Dorat,				
A Berthon, 14 cochons, à fr. 143 l'un..........	2.002	»		
A Nadaud, 6 bœufs gras, ensemble, la somme de..............................	4.475	»	6.477	»

	F.	C.	F.	C.
5. ——— *Du 15 mars 1875.* ———				
Payé à Lagarde, d'Azat-le-Ris,				
1.000 kg. de tourtelle, à fr. 18 les 0/0 kg...	180	»		
200 kg. de sel, à fr. 16 les 0/0 kg..............	32	»	212	»
6. ——— *Du 25 id.* ———				
Payé à Mr Butaud, 2.000 kg. de son, à fr. 14 les 0/0 kg..................................			280	»
7. ——— *Du 27 id.* ———				
Vendu à Renaudau, 500 kg. de trèfle, à fr. 120 les 100 kg..................................			600	»
8. ——— *Du 14 avril id.* ———				
Livré du 4 du courant, à ce jour, à Mr Richard, 4.400 doubles décalitres de pommes de terre que je lui ai vendus le 27 mars, à fr. 0,50 le double décalitre, ci..........................			2.200	»
9. ——— *Du 22 mai id.* ———				
Acheté à la foire de Limoges, 8 veaux, ensemble, la somme de................			911	»
10. ——— *Du 29 id.* ———				
Payé à David, maréchal, le montant de sa note...	186	35		
— à La Toulousaine, ma prime d'assurance contre la grêle, ci..........................	323	»	509	35
11. ——— *Du 2 juin id.* ———				
Payé à La Sauvegarde, de Bordeaux, ma prime d'assurance contre l'incendie, ci............			63	10
12. ——— *Du 15 id.* ———				
Payé le prix des quantités de phosphate ci-après, qui m'ont été livrées à diverses reprises :				
4.000 kg. mis cet hiver dans les prairies, à la dose de 1.000 kg. à l'hectare, à fr. 7 les 100 kg..................................	280	»		
9.000 kg. mis et à mettre chaque soir, pendant dix mois, dans les étables des bestiaux, sous la litière, à la dose de 1 kg. par tête de bétail, à fr. 7 les 100 kg..........................	630	»		
4.200 kg. mis entre les couches alternatives de terreau et de fumier que je fais superposer en tas, à la sortie des cours et des étables, à fr. 7 les 100 kg..........................	294	»	1.204	»
13. ——— *Du 15 id.* ———				
Payé à diverses personnes des fournitures de litière..................................			64	»
14. ——— *Du 30 id.* ———				
Payé les impôts et les prestations du domaine, ci.	83	90		
Acquitté le prix de 2 barriques de vin pour les domestiques, à fr. 78 la barrique..........	156	»		
Porté en dépense : 8 kg. de laine donnée aux domestiques, à fr. 2,20 le kg..............	17	60		
2 cochons gras pris dans le domaine pour les domestiques, à fr. 140 l'un..................	280	»	537	50

	F.	C.	F.	C.
15. — *Du 20 septembre 1875.* —				
Terminé l'emmagasinage des récoltes, qui se composent de				
2.519 doubl. décal. de froment, à fr. 4 le d. d.	10.076	»		
141 — — de seigle, à fr. 2,80 le —	394	80		
172 — — d'avoine d'hiver, à f. 1,75 —	301	»		
60 — — id. d'été, à fr. 1,50 —	90	»	10.861	80
NOTA. — Mr Ducoudray ne tient pas compte des légumineux qu'il récolte, et qui se consomment dans le domaine. Il ne fait écritures que des excédants qu'il vend (voy. art. 8, 14 avril, ci-dessus).				
16. — *Du 30 id.* —				
Payé à Petit-Pied pour le battage à la vapeur de 2.892 doubles décalitres de grains, à fr. 0,10 le double. déc.			289	20
17. — *Du 5 octobre id.* —				
Donné pour acquit de mes abonnements,				
A David, maréchal, 5 d. d. froment, à fr. 4....	20	»		
A l'affranchisseur, 1 — — à fr. 4....	4	»	24	»
18. — *Du 5 id.* —				
Pris dans mes greniers 23 hect. de blé pour les semences, à fr. 20 l'hectolitre, ci........			460	»
19. — *Du 13 id.* —				
Payé à Mr Dorat, vétérinaire..................	30	»		
Acquitté le mémoire de Petit-Pied s'élevant.				
Pour fournitures de chandelles, à fr...... 25 »				
— — d'huile, à fr.............. 84 »				
Pour 300 kg. de sel, à fr. 16 les 100 kg... 48 »	157	»	187	»
20. — *Du 25 id.* —				
Payé les amendements suivants qui ont été mis dans les terres de la présente sole :				
3.000 kg. de phospho-guano, à la dose de 400 kg. par hect., à fr. 32,50 les 100 kg......	975	»		
3.000 kg. de superphosphate, dans les défrichements, à la dose de 500 kg. à l'hectare, à fr. 14 les 100 kg.........................	420	»	1.395	»
21. — *Du 30 id.* —				
Prélevé à ma caisse pour payer, savoir :				
Différentes réparations faites dans l'année......	400	»		
La location de la famille Bardan, composée de 3 hommes et 2 femmes, ensemble..........	700	»		
Les services, pour l'année, des sieurs Rigolet et Jarrige..................................	590	»		
400 journées d'homme, en moyenne, à fr. 2 l'une...	800	»		
240 journées pour lever la récolte, à fr. 2,50, ci.	600	»		
3 journaliers loués pour les travaux d'emblavure, à fr. 50 chacun pour un mois, ci.....	150	»	3.240	»
22. — *Du 30 id.* —				
Porté en dépense 65 hectolitres pris dans le grenier et consommés dans le domaine, à fr. 20.			1.300	»

	f.	c.	f.	c.
23. —— *Du 5 novembre 1875.* ——				
Je porte en dépense 836 hectolitres de chaux grasse prise à ma tuilerie de Mareuil, et employée comme amendement, à fr. 2 l'hect.			1.672	»
NOTA. — Dans l'assolement biennal, comme le nôtre, le chaulage produit de bons effets pendant 6 ans. Je me ménage donc des bénéfices en faisant supporter au présent exercice la totalité des frais de cet amendement ; mais je prévois qu'il me faudra faire dans la propriété certains frais moins productifs qui en atténueront l'importance. Il y aura compensation. — H. D.				
24. —— *Du 6 id.* ——				
La Toulousaine règle mon indemnité de la grêle à 4.864 fr. 35, qu'elle me fera payer par son agent, le 10 décembre prochain, ci........			4.864	35
25. —— *Du 9 id.* ——				
Pour arrêter les comptes de la gestion, je fais l'inventaire de mon cheptel, et je l'évalue à la somme de..............................	14.975	»		
Il fut estimé, le 12 novembre dernier...........	13.345	»		
D'où résulte un bénéfice de.................			1.630	»
26. —— *Du 10 id.* ——				
Le domaine que j'exploite par domestiques, pour le mettre en bon état de culture, avant de le confier à un colon, se compose de 58 hectares, déduction faite de 6 hectares de bois. Lorsque mon père m'en fit don, en 1872, il en retirait, en moyenne, 2.500 fr. par an. Ce revenu net constaté, je débite le compte de Pertes et Profits et je crédite celui de Rente, de..................................			2.500	»

CHAPITRE II.

DE L'ORGANISATION DES ÉCRITURES DE CETTE PETITE COMPTABILITÉ.

Mr Ducoudray tient ses écritures en partie double. Sa comptabilité est fort simple : elle ne se compose que de comptes indispensables. Chaque domaine exploité par colon a trois comptes spéciaux : un Compte de Cheptel à $\frac{1}{2}$, un Compte de Récoltes et le Compte du Colon.

Les frais d'entretien du matériel et d'achats de fourrage, s'il y a lieu, sont supportés par le compte de cheptel ; les semences et les frais payés en nature sont prélevés sur les récoltes.

Il n'est point question dans les écritures des produits qui se consomment dans le domaine. — Les frais d'engrais et d'amendements n'ont généralement pas de compte spécial : ils sont presque toujours supportés par le Compte de Cheptel.

Le domaine exploité par domestiques et journaliers a quatre comptes : un Compte de Cheptel, un Compte de Récoltes, un Compte d'Engrais et un Compte d'Exploitation et de Réparation.

Outre ces comptes et son Compte de Caisse, Mr Duçoudray tient encore les neuf Comptes Généraux suivants :

1° Un Compte de Grenier ; — 2° Un Compte de Fermage et de Frais Imprévus, dans lequel il inscrit ses prix de ferme et les frais de réparation ou d'amélioration qu'il fait dans les domaines qu'il tient à bail ; — 3° Un Compte de Rente, dans lequel il inscrit la valeur locative de ses propriétés ; — 4° Un Compte de Frais Généraux d'Administration ; — 5° Un Compte de Pertes et Profits ; — 6° Un Compte d'Obligations à Recevoir ; — 7° Un Compte d'Obligations à Payer ; — 8° Un Compte d'Immeubles ; — Et 9° un Compte de Capital, qui solde tous les autres comptes.

§ I. — *Du Réglement des Comptes. — 1re Partie.*

LANTIGNY. — Les ventes de bestiaux s'élèvent à. .		4.010f40
Les achats et les frais inscrits au Cte de Cheptel sont de.		1.322,75
Bénéfice net, non compris l'excédant du cheptel.		2.687,65
Dont la moitié pour Tonna est de. . . .	1.343,85	
Tonna a reçu dans l'année.	346,65	
Il lui reste dû 997f20 qui lui sont payés comptant, ci.		997,20

LA BRÉDANCHÈRE. — Les ventes de bestiaux s'élèvent à.		2.496f80
Les achats et les frais inscrits au Cte Cheptel sont de. .		547,15
Bénéfices, non compris l'excédant du cheptel, . . .		1.949,65
Dont la moitié pour les colons est de. . .	974,85	
Ils ont reçu en nature ou en espèces. . .	620,75	
Il leur est dû 354f10 qui leur sont payés comptant, ci.		354,10

SITUATION DU FERMIER. — Sa part des bénéfices est de 1.343,80 + 137f50 d'excédant, à Lantigny, soit. 1.481f30

Sa part des récoltes a été estimée. 3.862,75

Bénéfice brut sur le domaine de Lantigny. 5.344,05

La part des bénéfices de cheptel, à La Brédanchère, est de 974f80 + 165,50 d'excédant, soit de 1.140f30

Sa part des récoltes est évaluée à. . . 2.948,20

Bénéfices bruts sur ce domaine. 4.088,50

En tout. 9.432,55

A déduire le prix de ferme, 5.000f — 10f, ci. . . . 4.990,00

Bénéfice net, 89 p. %. 4.442,55

2e Partie. — En additionnant les sommes inscrites à l'AVOIR du Compte de Cheptel et de celui du Compte de Récoltes du domaine de Vithe, on trouve un total de 29.801f15

La somme des débits des quatre comptes étant de. . 17.829,15

L'excédant des produits sur les frais est de. . . . 11.972,00

Retranchant la rente ou revenu moyen, jusqu'en 1872, de cette partie de l'héritage. 2.500,00

On trouve un excédant de 378,88 p. %, ci. . . 9.472,00

Soit une augmentation de revenu de 163 fr. 31 par hectare.

Ce chiffre dit mieux que nous ne saurions le faire en faveur d'une cause que nous défendons depuis si longtemps avec plus de persévérance que de succès!

TITRE V.

Notions de Comptabilité Supérieure.

---

§ I. — *Exemple de Liquidation faite par un Tiers* (nº 346).

Les syndics et les liquidateurs pour le compte d'autrui doivent tenir, sur leurs livres personnels, une comptabilité régulière de toutes les liquidations qui leur sont confiées. Ceux qui, pour plus de commodité, ouvrent les comptes de chaque liquidation sur des livres *ad hoc*, sont donc tenus de considérer ces livres comme des livres auxiliaires-spéciaux de leur comptabilité générale. — C'est une question d'ordre public.

Nous insistons sur ce point, parce que nous sommes convaincus que la garantie d'impunité que les faillis espèrent trouver dans la mauvaise comptabilité de beaucoup de syndics, et, par suite, dans un apurement incomplet de leurs comptes, est l'une des causes de la multiplicité des sinistres, qui ruinent plus encore la société par les désastres moraux dont ils l'accablent, que par les misères qu'ils implantent au foyer de leurs victimes!

APPLICATION.

Supposons que Ferret soit chargé, le 5 janvier, de la liquidation de la maison Maneix, qui a vendu son fonds de commerce, son mobilier, etc., et dont le bilan se compose encore, savoir :

A l'Actif,	
De Marchandises et d'un matériel évalués à..................	40.000f, »
D'Effets à recevoir d'une valeur de..........................	20.000, »
De Créances actives s'élevant à..............................	30.000, »
En tout, de..........................	90.000, »
Au Passif,	
D'Effets en circulation d'une valeur de......................	12.000f, »
De Dettes passives s'élevant à...............................	8.000, »
Et finalement d'un actif net de..............................	70.000, »
Total égal à celui de l'actif brut...................	90.000, »

Supposons, en outre, que les frais de déplacement, et autres, occasionnés par cette opération, soient acquittés par le liquidateur, et qu'ils s'élèvent à 500 fr.

Dans ces hypothèses, Ferret ouvre sur son grand-livre les comptes de :

1º Liquidation de Maneix ; (*Voy. les art. de Journal, p. 246.*)

2º Marchandises et matériel de Maneix ;

3º Remises et créances de Maneix ;

4º Acceptations et créanciers de Maneix ;

5º Maneix, son compte d'espèces, *s'il tient à avoir sous les yeux la balance des entrées et des sorties d'espèces occasionnées par la liquidation.*

TABLEAU DES COMPTES DE LA LIQUIDATION MANEIX AU GRAND-LIVRE.

F° 13. DOIT LIQUIDATION DE MANEIX, *AVOIR : F° 13.*

1876.							1876.						
Jan.	5	A Divers, Passif...	24	»	20.500	»	Jan.	5	Par Divers, Actif....	24	»	90.000	»
	11	» Id. Solde en Liquid.	32	»	76.000	»		11	» March. Sold. en liq.	32	14	6.500	»
					96.500	»						96.500	»

F° 14. DOIVENT MARCHANDISES ET MATÉR[el] DE MANEIX, *AVOIR : F° 14.*

1876.							1876.						
Jan.	5	A Liquidation M.	24	13	40.000	»	Jan.	10	Par Caisse, m/vente au c/	30	17	46.500	»
	11	Id. Solde en liquid.	32	13	6.500	»							
					46.500	»						46.500	»

F° 15. DOIVENT REMISES ET CRÉANCES DE MANEIX, *AVOIR : F° 15.*

1876.							1876.						
Jan.	5	A Liquidation M.	24	13	50.000	»	Jan.	10	Par Caisse, Recouvrem.	30	17	49.000	»
								11	» Liquidation, Solde.	32	13	1.000	»
					50.000	»						50.000	»

F° 16. DOIVENT ACCEPTATIONS ET CRÉANC. DE MANEIX, *AVOIR : F° 16.*

1876.							1876.						
Jan.	10	A Caisse, Payé à Divers	31	17	20.000	»	Jan.	5	Par Liquidation, Passif.	24	13	20.000	»

F° 17. DOIT CAISSE, Cte D'ESPÈCES DE MANEIX, CAISSE, *AVOIR : F° 17.*

1876.							1876.						
Jan.	10	A Divers, Espèces...	30	»	95.500	»	Jan.	5	Par Liquid., Div. frais.	24	13	500	»
								10	» Acc. et Créanciers.	31	16	20.000	»
								11	» Liquid. M., Solde.	32	13	75.000	»
					95.500	»						95.500	»

Après avoir organisé au grand-livre les comptes de la liquidation Maneix, Ferret écrira au Journal les deux articles suivants :

		Fo 24. —— *Du 5 janvier 1870.* ——	F.	C.	F.	C.
	13	Divers A Liquidation de Maneix.				
14		Marchandises et Matériel de Maneix, Enumération des marchandises............	40.000	»		
15		Remises et créances de Maneix, Enumération des effets et des débiteurs.	50.000	»	90.000	»
		Fo 24. —— *Du 5 id.* ——				
13		Liquidation de Maneix,				
	16	A Acceptations et créanciers de Maneix, Enumération des effets en circulation et des créanciers..............................	20.000	»		
	17	A Caisse, Divers frais, etc., etc...............	500	»	20.500	

Enfin, admettons, pour abréger, que Ferret fasse cette liquidation comme suit :

D'une part,

Le 10 janvier, il vend au comptant, à l'encan, les marchandises et le matériel le prix net de....................................	46.500f, »
Et il retire des remises et créances la somme de............	49.000, »
Soit, en tout....................	95.500, »

D'autre part,

Il paie les dettes passives la somme de......................	20.000f, »
Et règle le compte, le lendemain, par sa remise du reliquat, en espèces, à la caisse de M. Mallet, banquier à Paris, au crédit de Maneix, ci..	75.000, »
Auxquels il faut ajouter les frais qu'il a payés, pour trouver un total égal à celui des rentrées, ci......................	500, »
Total..............................	95.500, »

Quelles écritures fera-t-il ? — Il écrira au journal les articles suivants, afin d'éviter un article de Divers à Divers :

		Fo 30. —— *Du 10 janvier 1870.* ——	F.	C.	F.	C.
17		Caisse A Divers.				
	14	A Marchandises et Matériel de Maneix, Le prix net de la vente à l'encan desdites marchandises et matériel..........	46.500	»		
	15	A Remises et Créances de Maneix, Enumération des recettes ou des pièces justificatives, ci............................	49.000	»	95.500	»
		Fo 31. —— *Du 10 id.* ——				
16	17	Acceptations et Créances de Maneix A Caisse.				
		Acquitté nos..... etc., etc................			20.000	»

Ensuite, après avoir porté ces différentes sommes au grand-livre, il balancera, par le compte de liquidation de Maneix, les comptes non soldés de sa liquidation,

Marchandises, etc., qui a un solde créditeur de................ 6.500f, »
Remises et Créances, qui se balance par un solde débiteur de... 1.000, »

Et il soldera, en même temps, le compte de liquidation par le crédit de Caisse, dans le deuxième article, ci-dessous. Il écrira donc au journal :

			F.	C.	F.	C.
		Fo 32. —— *Du 11 janvier 1876.* ——				
14	13	Marchandises, etc. A Liquidation Maneix.				
		Solde en liquidation..........................			6.500	»
		Fo 32. —— *Du 11 id.* ——				
13		Liquidation Maneix A Divers.				
	15	A Remises et Créances de Maneix, Solde en liquidation..........................	1.000	»		
	17	A Caisse, Remis en espèces à M. Mallet, banquier à Paris, pour le compte de Maneix, le solde de la liquidation de ce dernier..................	75.000	»	76.000	»

§ II. — *De l'Ouverture des Livres des Sociétés.* (Liv. I, p. 214.)

Société en participation. — Dans les sociétés en participation, les associés chargés de l'opération ouvrent, sur leurs livres, un compte à la société et à chaque associé, indépendamment des autres comptes qu'ils consacrent aux affaires de l'association. Ils ajoutent la raison sociale à chaque titre de compte, et ils informent leurs co-intéressés de toutes les opérations de la participation, à mesure qu'ils les font (voyez la comptabilité de la société F. R. L., art. 36, 37 et 39-47 du Brouillard et du Journal).

Société en nom collectif. — Les sociétés en nom collectif n'ont pas de compte de Capital. Chaque associé a trois comptes personnels : son Compte de Fonds, son Compte Courant et son Compte de Levées. (Liv. I, no 486.)

Les Comptes de Fonds tiennent lieu du Compte de Capital, et les Comptes de Levées représentent le Compte de Dépenses Domestiques.

L'ouverture des Livres de la Société se fait par un article de journal dans lequel on débite les Comptes Courants et l'on crédite les Comptes de Fonds des associés du montant de l'apport social de chacun d'eux. Cet article se formule ainsi :

Doivent Divers, leurs Comptes Courants,
A Eux-Mêmes, leurs Comptes de Fonds,
N/ s/ Tel, son apport social, etc. etc.

Et, lorsque chaque associé effectue son apport total ou partiel, on débite, par un autre article, les comptes qui reçoivent les valeurs ou les objets remis, et l'on crédite son Compte Courant du montant de l'apport effectué.

Associés en commandite simple. — Le commanditaire simple a deux comptes dans les livres de la société : son Compte de Commandite et son Compte Courant. — On débite son Compte Courant et l'on crédite son Compte de Commandite du montant de sa commandite. Et lorsqu'il effectue sa mise, on débite les comptes qui en reçoivent le montant, et l'on crédite son Compte Courant. (Liv. I, nos 488-489.)

Toutefois, si les associés effectuent leurs mises de fonds au moment de l'engagement ou avant l'ouverture des livres, on peut débiter les comptes qui reçoivent par le crédit des Comptes de Fonds ou des Comptes de Commandite, et, s'il y a lieu, débiter les Comptes Courants du reliquat ou les créditer de l'excédant des apports ou des mises. Mais il est plus simple d'opérer comme nous venons de le dire.

Des sociétés par actions. — L'ouverture des livres des sociétés par actions se fait en un article de journal, dans lequel on débite le Compte d'Actions et l'on crédite celui de Capital du montant nominal des actions émises. Cet article se rédige ainsi :

Doivent Actions à Capital.

Tant d'actions de 500 fr. chacune, du no 1 au no....., ci.......

Puis, comme les actions ne sont presque jamais entièrement libérées au moment de la souscription, on débite, par le crédit du Compte d'Actions, le Compte de Capital non Appelé et les comptes qui reçoivent la fraction du prix des titres négociés payée par les actionnaires.

FIN DU LIVRE DEUXIÈME ET DERNIER.

TABLE DES MATIÈRES.

TITRE I. — Des premiers principes et des documents essentiels de Comptabilité.

CHAPITRE Ier.

DE LA COMPTABILITÉ ET DES DIVERSES CATÉGORIES DE COMPTES.

CHAPITRE II.

CHAPITRE III.

DE LA CORRESPONDANCE ET DU LIVRE COPIE DE LETTRES.

CHAPITRE IV.

TITRE II. — De la Comptabilité Auxiliaire.

PREMIÈRE SECTION.

CHAPITRE Ier.

DES LIVRES AUXILIAIRES OU ACCESSOIRES.

CHAPITRE II.

DE LA TENUE DES LIVRES DE MARCHANDISES ET DE DENRÉES.

LIMOGES. — Imprimerie Mme J. Dumont, place Saint-Martial.

LE

COURS COMPLET D'AFFAIRES

ET DE COMPTABILITÉ

PAR EM. PERRIN

SE SUBDIVISE AINSI :

LIVRE I. — Cours Préparatoire : Calcul mental, Arithmétique Complète, Echanges, Notions de Législation Usuelle, Formules d'Actes. Langage des Affaires.

Un beau volume in-8°, cartonné. 2 fr. 25 c.

LIVRE II. — La Comptabilité générale et les Comptabilités spéciales. les Comptes courants et la Tenue des Livres par toutes les Méthodes. — Notions de Comptabilité supérieure.

Un beau volume in-8°. cartonné. 2 fr. 25 c

LA PARTIE DU MAITRE

Un beau volume in-8°, cartonné. 2 fr

CHAQUE LIVRE SE VEND SÉPARÉMENT.

Imprimerie Mme J. Dumont, place St-Martial, Limoges

www.ingramcontent.com/pod-product-compliance
Ingram Content Group UK Ltd.
Pitfield, Milton Keynes, MK11 3LW, UK
UKHW020135130726
13696UKWH00001B/373